Paul Parin

Es ist Krieg und wir gehen hin

EVROPA

Begonnen hat die jugoslawische Mission von Goldy und Paul Parin irgendwann im Herbst 1944, als sie sich mit fünf anderen Schweizer Ärzten, bepackt mit einer chirurgischen Ausrüstung, auf den Weg nach Jugoslawien und zu den Partisanen Titos machten. Abenteuerlich, oft tragikomisch, die Reise ins karge, weglose Montenegro und die ersten Begegnungen mit den Partisanen, die Einsätze »im Wald« und in den Spitälern; zugleich das begeisternde Erlebnis einer »konkreten Utopie«, eines Sozialismus mit brüderlichem Antlitz. Und am Ende die bittere Erfahrung, daß dieser Sozialismus, trotz Titos Bruch mit Stalin, zu einer neuen Zwangsjacke wird.
Paul Parin schreibt diese Erinnerungen mit einem Abstand von 45 Jahren, in dem Moment, als Ost-Europa zusammenbricht und Jugoslawien zum »ehemaligen Jugoslawien« wird.
Das Buch von Goldy und Paul Parin ist eine Erinnerung an »den besten Teil unseres Lebens« und zugleich Zeugnis dafür, wie eine Utopie lebendig geblieben ist und ein Lebenswerk geprägt hat, der Unterdrückung und Ausbeutung entgegenzutreten, wo immer sie sich erheben: als Partisanen im Geiste.

Paul Parin, geboren 1916, Neurologe, Psychoanalytiker und Schriftsteller. Nach dem Studium freiwillig als Arzt zur jugoslawischen Partisanenarmee (1944/45). Nach dem Krieg Fachausbildung und Privatpraxis als Psychoanalytiker in Zürich (bis 1990). Mit seiner Frau, der Analytikerin Goldy Parin-Matthèy, und dem Neurologen und Psychoanalytiker Fritz Morgenthaler unternahm Parin mehrere Forschungsreisen nach West-Afrika. 1992 erhielt er den Erich-Fried-Preis, 1995 die Ehrendoktorwürde der Universität Klagenfurt, 1997 den Sigmund Freud-Preis für wissenschaftliche Prosa. Paul Parin lebt in Zürich.
Das Werk von Paul Parin bei EVA: *Der Widerspruch im Subjekt*. Ethnopsychoanalytische Studien (1978/1992); *Die Weißen denken zuviel*. Psychoanalytische Untersuchungen bei den Dogon in Westafrika (1963/1996, 5. Aufl.); *Zu viele Teufel im Land*. Aufzeichnungen (1985/1993); *Untrügliche Zeichen von Veränderung*. Jahre in Slowenien (1980/1992); *Karakul*. Erzählungen (1993); *Eine Sonnenuhr für beide Hemisphären* und andere Erzählungen (1995); 1996 erschien von Ursula Rütten *In unwegsamem Gelände. Paul Parin, Erzähltes Leben*.

PAUL PARIN

Es ist Krieg und wir gehen hin

Bei den jugoslawischen Partisanen

Mit einem Vorwort von Paul Parin
zur Neuausgabe 1997

Europäische Verlagsanstalt

Die Deutsche Bibliothek – CIP-Einheitsaufnahme

Parin, Paul:
Es ist Krieg und wir gehen hin / Paul Parin.
Mit einem Vorwort von Paul Parin. –
Hamburg: Europäische Verlagsanstalt, 1997
(eva-Taschenbuch; Bd. 235)
ISBN 3-434-50417-6

eva-Taschenbuch Band 235

Zuerst erschienen 1991, Rowohlt · Berlin
Umschlagfoto: Stab des Spitals in Badija, 1944, mit
Goldy Parin-Matthèy und Paul Parin (rechts).
Der Verlag dankt Goldy und Paul Parin für
die freundliche Genehmigung zum Abdruck.
Signet: Dorothee Wallner nach Caspar Neher »Europa« (1945)
Herstellung: Das Herstellungsbüro, Hamburg
Gesamtherstellung: Clausen & Bosse, Leck

Printed in Germany 1997

Wir beide, Goldy und ich, mußten
dieses Buch schreiben; da sie nicht gerne schreibt,
habe ich es für sie geschrieben.

Inhalt

Vorwort zur dritten Auflage

Dieses Buch hat ein Zeitzeuge geschrieben. Wenn ich auch über achtzig Jahre alt bin, viel gesehen und erlebt habe, war ich nur selten einmal Zeitzeuge. Das ist man nicht, es hängt nicht vom eigenen Willen oder Lebenslauf ab. Dazu wird man gemacht, wenn man als Zeitzeuge verwendbar ist. Dies ist gerade heute (April 1997) der Fall. Um die Jahreswende 1996/97 ist die Politik der Schweiz zur Zeit des Dritten Reiches und vor allem während des Zweiten Weltkriegs Gegenstand öffentlicher Anklagen geworden: Gelder jüdischer Flüchtlinge, deponiert in Schweizer Banken, seien nach dem gewaltsamen Tod der Besitzer den Erben vorenthalten worden; die Schweizer Nationalbank und andere Banken hätten geraubtes Gold aus Deutschland verwertet, wodurch der kriegführende Hitlerstaat harte Devisen zum Import kriegswichtiger Erze bekommen habe; die Schweizer Wirtschaft, besonders die Industrie, habe trotz der erklärten Neutralität der Schweiz der deutschen Kriegswirtschaft beträchtliche Hilfe geleistet usw. Dies vor dem Hintergrund furchtbarer Tatsachen: daß die Schweiz nach der Devise «das Boot ist voll» 30000 (in Wirklichkeit unzählbare) jüdische Flüchtlinge an ihren Grenzen zurückgewiesen und damit dem gewaltsamen Tod ausgeliefert habe; daß die Pässe von Juden mit einem Stempel «J» gekennzeichnet worden sind, der auf Initiative der Schweizer Diplomatie eingeführt worden sei.

Während die offizielle Schweiz nach einigem Zögern dem Druck aus dem Ausland nachgegeben hat und, mehr als fünfzig Jahre nach dem Ende des Krieges, darangeht, ihre «dunkle Vergangenheit» nochmals historisch zu durchforschen, die materiellen Schulden zu begleichen und mit großzügigen Gesten ihr Ansehen zu verbessern, ist in der Schweiz eine Polemik entstanden: Eine «dunkle Vergangenheit» gebe es gar nicht – keinerlei Grund, irgendeine Mitschuld zuzugeben, sich für die Politik oder Wirtschaft während der Kriegsjahre zu entschuldigen. Ein Mythos hat sich während des Krieges etabliert und ist seither von der offiziellen Schweiz gepflegt und propagiert worden: Die Schweizer Armee, ja das ganze Schweizer Volk, habe, in strikter Einhaltung seiner Neutralität, zum Widerstand bereit, alle Schweizerinnen und Schweizer und die Flüchtlinge, die hier Asyl gefunden hatten, wehrbereit im «Aktivdienst», unter großen Opfern vor einer Invasion der Achsenmächte bewahrt. Da die siegreichen Alliierten der Schweiz nach der freiwilligen Spende von 250 Millionen Franken im Vertrag von Washington (1946) einen vollständigen «Persilschein» erteilt hatten, war während der Jahre des Kalten Krieges und einer ungebrochenen Prosperität der Eidgenossenschaft bis vor kurzem kein Anlaß gewesen, die dunklen Seiten der Vergangenheit zu hinterfragen.

Da sind Zeitzeugen gefragt: Wie war es wirklich? Eigentlich wäre die Frage überflüssig. Historiker, Schriftsteller und andere Intellektuelle haben jene Vergangenheit durchforscht, die Kollaboration mit dem Dritten Reich aufgedeckt und jenseits der mythischen Verklärung ein realistisches Bild der «Schweiz im Zweiten Weltkrieg» entworfen.

Der oft zitierte Satz «Zeitzeugen sind Lügner» ist nicht ganz falsch. Ich weiß, daß ich mit meinen Erinnerungen nicht objektiv umgehe. Ich erinnere das am besten, was mich am meisten bewegt hat, als es passiert ist. Was mir gleichgültig war, bleibt vergessen. Wie es wäre, wenn die Umstände es verlangten oder wenn gute Freunde mich drängen würden, über Ereignisse zu berichten, an die ich mich nur verschwommen erinnere, weiß ich nicht. Es gibt jedoch unverdächtige Ausnahmen, auch in diesem Buch, wo ich bewußt Zeitzeuge sein wollte.

Ich bin ausführlich darauf eingegangen, welche Schwierigkeiten uns die Schweizer Behörden gemacht haben, unsere medizinische

Hilfsmission zu den Alliierten zu bringen. Nur mit erpresserischen Finten konnten wir Ärzte Militärurlaub für unsere Mission im Ausland erlangen. Es verstoße gegen die Neutralität der Schweiz, wurde uns vorgehalten. Obzwar die offizielle Schweiz den deutschen Armeen an der Ostfront massive medizinische Hilfe geleistet hatte. Ich wollte mit unserer persönlichen Erfahrung klarstellen, daß das Axiom der Neutralität der Eidgenossenschaft im Zweiten Weltkrieg eine zwar nützliche, aber schamlose Lüge war. (Nach dem Krieg galt unsere CSS-Mission allerdings als «Beweis» dafür, daß die Eidgenossenschaft, auf humanitärem Gebiet strikt neutral, beiden Seiten geholfen hatte.)

Ich habe meine Motive, die Erinnerungen so lange – 44 Jahre – nach dem Krieg aufzuzeichnen, erwähnt. Es ging mir, wie anderen Schriftstellern auch, vor allem darum, Erinnerungen vor dem Vergessen zu bewahren. Ein weiteres Motiv war, daß ich einen lebendigen Beitrag zum Geschichtsbild der Föderativen Volksrepublik Jugoslawien geben wollte, in dem Moment, als ihr katastrophaler Zerfall zu erwarten war. Das Buch habe ich in den Jahren 1989 und 1990 geschrieben, Anfang Oktober 1990 war das Manuskript fertig – der Krieg war noch nicht ausgebrochen. Anfang Oktober 1991 ist die erste Ausgabe erschienen – Vukovar wurde gerade von der serbischen Armee, der ehemaligen Jugoslawischen Volksarmee, zerstört. Ich hatte geschrieben: «Eine mächtige faschistische Bewegung ist in dem Staatsgebilde entstanden, das vor mehr als vierzig Jahren aus dem antifaschistischen Kampf hervorging.» Heute sind die Nebel einer mythischen nationalen Ideologie in Serbien und Kroatien und die zynische Politik der Weltmächte durchsichtiger geworden und geben den Blick auf die Vorgeschichte der blutigen Konflikte frei.

Als Zeitzeuge war ich nicht gefragt, als Warner habe ich nichts bewirkt. Dennoch war ich angenehm überrascht, als die Verlegerin [Dr. Sabine Groenewold] mir vorgeschlagen hat, noch in diesem Jahr eine dritte Auflage herauszubringen. Meine freudige Zustimmung hat wenig mit der Vergangenheit zu tun oder mit dem Versuch, gegen das Vergessen anzuschreiben. Vielmehr denke ich an die Zukunft und hoffe, daß das Buch diesmal nicht zu spät kommt, sondern früh genug, vielleicht zu früh. Um meinen Optimismus zu begründen, muß ich weiter ausholen.

Seitdem wir uns im Jahr 1946 entschlossen hatten, die Föderative Volksrepublik Jugoslawien zu verlassen, die sich damals rapide in einen stalinistischen, bürokratisch verwalteten Staat verwandelt hatte, haben wir nicht mehr in Jugoslawien gelebt. Fünf Jahre nach dem Bruch Titos mit Stalin (im Jahr 1948) hat die Sanitätsverwaltung der Armee die Teilnehmer der Ersten Mission der CSS zu einem Ferienbesuch eingeladen und uns anschließend in Belgrad bewirtet. Wir haben Kollegen und Kolleginnen aus den Kriegsjahren wiedergesehen. Sogar eine Genossin, die Goldy bei den Internationalen Brigaden in Spanien kennengelernt und seither nicht mehr getroffen hatte, war zum Gastmahl eingeladen worden. Alle, die wir trafen, waren froh, daß der große Bruder UdSSR nun den «eigenen Weg» zum Sozialismus mit mehr Bürgerfreiheit und Selbstverwaltung nicht mehr verhindern konnte.

Von da an haben wir den abgebrochenen Kontakt mit einigen Freunden wieder aufgenommen und gelegentlich mit den Soziologischen Abteilungen der Belgrader und Zagreber Universitäten und mit der Psychiatrie in Zagreb fachlich zusammengearbeitet. Wir kamen zu kurzen Besuchen ins Land, meist auf der Durchreise. Immer weniger alte Bekannte waren da. Auch in Slowenien waren beinahe alle Menschen, die ich vor dem Krieg gekannt hatte, verschwunden oder gestorben. Unser Interesse am Gang der Politik hatte einer nostalgisch gefärbten Sympathie für ein schönes Ferienland Platz gemacht.

Das änderte sich im Herbst 1984. Wir kamen mit dem Auto aus Griechenland. In der (damals noch autonomen) Region Kosovo blieben wir zwei Tage und wurden Zeuge der polizeilich-militärischen Unterdrückung der Albaner (die über 80 % der Bevölkerung der Region ausmachen) durch die serbische Zentralmacht. Auf der Heimreise besuchten wir unseren letzten und besten Freund, Gojko Nikoliš, in Belgrad. Wir erzählten ihm, was wir in Kosovo gesehen hatten. Er sagte traurig: «Ja, wir sind dabei, uns künstlich ein Nordirland-Problem zu schaffen, wir werden es nie mehr loswerden, und vielleicht werden wir alle daran zugrunde gehen.»

Seitdem hat das zerfallende Jugoslawien durch die schrecklichen Kriege, die mit dem Angriff der Jugoslawischen Armee gegen die Republik Slowenien im Juni 1991 begonnen haben, die Öffentlichkeit der europäischen Staaten und der USA aufgestört. Ich konnte und wollte nicht schweigen. Zusammen mit Goldy Parin-Matthèy hatte ich einen ersten warnenden Aufsatz «Freiheit und Unabhängigkeit für Kosovo» geschrieben, der im November 1988 im *Wiener Tagebuch* erschienen ist. Ich habe gleich zu Beginn der Gewalttaten öffentlich Stellung genommen und meine Kritik auf die Politik der europäischen Staaten gerichtet und, als die Vereinten Nationen eingegriffen hatten, auch auf diese; von 1991 bis 1996 über sechzig Mal in Aufsätzen, die in Zeitungen und Zeitschriften in der Schweiz, Deutschland, Österreich, aber auch fünfmal in unabhängigen Medien in Serbien und Kroatien erschienen sind, in Interviews, Vor- und Nachworten zu Büchern geflüchteter Autoren, in Ansprachen, im Radio und Fernsehen und bei öffentlichen Diskussionen. Einige Titel meiner Aufsätze: «Gedanken eines entsetzten Zuschauers», «Das Lügenarsenal des Westens», «Dieser Krieg ist kein Bürgerkrieg», «Die Libanonisierung Jugoslawiens».

Als die Kampfhandlungen im Spätherbst 1995 mit dem Abkommen von Dayton (USA) aufgehört hatten, habe ich versucht, das Geschehen von der Geschichte des ehemaligen Jugoslawien abzuleiten. Im Vortrag «Die Ethnisierung der Politik; am Beispiel Serbien» (Hamburger Institut für Sozialforschung, 29. Februar 1996) gehe ich auf jene Entwicklung ein, die den Tito-Kommunismus erst zu einem National-Kommunismus, dann zu einem National-Sozialismus transformiert hat. Ein militanter Ultranationalismus war entstanden, eine verderbliche Wendung, die in Kroatien nach den Wahlen 1990 den Sieg der HDZ, einer nationalistisch-chauvinistischen Partei, und ihres Führers Franjo Tudjman gebracht hat. Eine «Fassadendemokratie» war installiert, nicht unähnlich der in Serbien mit dem Führer Slobodan Milosević. Schließlich ist die lange als ein wehrloses Opfer angegriffene Republik Bosnien-Herzegowina in den Sog nationalistischer Politik geraten.

Von alldem ist in dem Buch, das, seit 1991 unverändert, erscheint, nichts zu lesen. Dennoch glaube ich, daß es einen Beitrag für zukünftige politische Diskussionen leistet: nicht im Inhalt der erzählten Erfahrungen und Abenteuer, sondern in der Auseinandersetzung der Erzähler mit den Ereignissen und unserer Deutung der geschichtlichen Epoche.

Wenn ich in dem Buch blättere, das vor fünfeinhalb Jahren erschienen ist, stelle ich fest, daß wir damals mit typischen gesellschaftlichen und politischen Konflikten zu tun hatten, mit denen wir uns beim Erzählen mehr oder weniger ausführlich auseinandergesetzt haben. Im Krieg treten ja manche gesellschaftliche Probleme krasser hervor als in ruhigen Zeiten. Es fällt auf, daß das Probleme sind, die, vom Kontext des Ortes und der Zeit losgelöst, auch für unsere Zeit gelten – noch immer, oder schon wieder.

Stichwortartig zähle ich auf: «Ist ein Sozialismus mit brüderlichem Antlitz möglich?» In unserem ersten Partisanenspital in Badija schien das beinahe verwirklicht zu sein. «Primitivismus» ist ein Grund dafür, daß jede einzelne Verbesserung auf technische und organisatorische Schwierigkeiten stößt. «Familien- und Clanloyalitäten» sind unerwartet mächtige Kräfte, die sich auch nach der revolutionären Umgestaltung aller staatlichen Strukturen unweigerlich geltend machen und zur Umgestaltung einer Parteihierarchie in einen Familienklüngel beitragen mögen, zum Beispiel bei der Wahl des ersten Präsidenten von Montenegro. «Mitläufer und Profiteure» integrieren sich rasch und korrumpieren eine scheinbar integre Gemeinschaft. Die Frage, ob «der neue Mensch» aus dem revolutionären Befreiungskrieg hervorgeht, hat uns immer wieder beschäftigt. Wie es trotz guter Voraussetzungen dann doch schiefgeht, wird im 15. Kapitel diskutiert. Vielleicht ist das ein Beitrag zur ungelösten Frage, ob es überhaupt möglich ist, eine Veränderung des Menschen zu einem sozial verträglicheren Wesen zu erzielen.

«Nationalismus als Fallgrube der Politik» hat die Ideologie der jüngsten Kriege im ehemaligen Jugoslawien geprägt. Wir haben unser Gedächtnis nach nationalistischen Manifestationen, die wir selber gesehen haben, durchforscht und konnten von ganz wenigen, eigentlich nur von zwei Erfahrungen erzählen, bei denen alte nationalistische Vorurteile manifest geworden sind. Über die Latenz solcher gefühlsgetragenen kollektiven Traditionen sagt das Buch etwas aus. Damals im Jahr der Siege waren alle Aggressionen gegen die grausame Besatzungsmacht gerichtet. Mißverstehen und Verachtung der Albaner waren bei Serben und Montenegrinern festzustellen. Wie leicht aus harmlos scheinenden Manifestationen verderblicher Haß wird –, und zu einer rassistischen Politik verwendet werden kann –, haben wir seither erlebt. Die «Ethnisierung der Politik» (1990 bis heute) kommt im Buch nicht vor.

Als wir beide, Goldy Parin-Matthèy und ich, beschlossen, unsere Erinnerungen aus dem Befreiungskrieg der Partisanen niederzuschreiben, wählten wir als Titel «Reise an den Rand der Utopie». Gemeint war unsere Utopie eines brüderlichen Sozialismus. Zur Zeit der Schlußredaktion im Januar 1991 – der Golfkrieg war gerade in seine heiße Phase gelangt – war der Ausdruck «Utopie» für einen Buchtitel unmöglich geworden. Allzu viele deutsche «Linke» hatten mit dem Zusammenbruch der Sowjetunion und dem Ende der DDR ihre sozialistische Utopie verloren; das Ende der Utopien sei erwiesen.

Wir haben diese Zeit anders erlebt. Eine Enttäuschung an den real existierenden Sozialismen, an die wir längst keine utopischen oder andere Hoffnungen geknüpft hatten, spielte für uns keine Rolle. Unser utopisches Denken, die Hoffnung auf eine gerechtere und friedlichere Welt, ist dem Geist der Aufklärung, deren späte Repräsentanten wir sind, verhaftet geblieben.

Wir wissen, daß die Zahl einer der Gerechtigkeit und Humanität verpflichteten und um sie ringenden linken Intelligenzija in allen westlichen Ländern zusammengeschrumpft ist. Die Gegenwart trachtet, dem unvermeidlichen Streben nach einer Verbesserung der menschlichen Verhältnisse auf andere Weise gerecht zu werden: Freier Markt, Globalisierung, Zusammenschluß oder Neugruppierung, und vieles mehr – nichts von all dem vermag bisher den Erfolg der politischen und wirtschaftlichen Anstrengungen zu garantieren. Doch sind die Ideale, die wir Antifaschisten hatten, nicht vergessen. Die Antifaschisten und Antifaschistinnen, die ihre erste große Niederlage nach zweieinhalb Jahren des Widerstands der Spanischen Republik gegen den Aufstand des Generals Franco erlebt und die sich später, wie wir im Zweiten Weltkrieg, engagiert haben, sind tot oder sehr alt. Ihre Ideen finden sich jedoch in den Statuten der Internationalen Gremien und sehr oft in den politischen Deklarationen der demokratisch konstituierten Staaten; sie bewegen viele Menschen der Generation, die nach Ende des Kalten Krieges herangewachsen ist.

Die monetäre Wirtschaft, wie die gegenwärtige Phase der kapitalistischen Ordnung genannt wird, erfordert weltweit eine Politik nach der uralten machiavellistischen Maxime: Gut ist, was meinem Staat nützt. Dies steht im Widerspruch zu den Werten, die uns Antifaschisten bewegt haben, wie Gerechtigkeit und Menschenrecht. Aus der Geschichte kann nichts gelernt werden, und erst recht nicht aus unseren kleinen und ganz begrenzten Erlebnissen. Vielleicht läßt sich aber unsere Erfahrung vermitteln, daß es mitunter möglich ist, den Werten der Aufklärung – unserer Utopie – verpflichtet zu bleiben und dennoch etwas Vernünftiges zu unternehmen. Dieses Problem wird sich jetzt, bald, und in weiterer Zukunft immer wieder stellen.

Paul Parin, Zürich im April 1997

«Druže Tito, ljubičice bijela...»
«Genosse Tito, du weißes Veilchen...»
Partisanenlied

«Ich bin der Sieg
mein Vater war der Krieg
der Friede ist mein lieber Sohn
er gleicht meinem Vater schon»
Erich Fried

I

Smrt fašizmu, sloboda narodu – Tod dem Faschismus, Freiheit dem Volk

Durch die staubigen Straßen von Belgrad, über Schutt und Trümmer, zwischen zerstörten Häusern und verfallenen Fassaden, unter der Sonne des viel zu heißen Sommers 1945 spaziert ein großgewachsener Herr, im Cut, mit Edenhat, Handschuhen, Sonnenbrille. Er schwingt seinen eleganten Stab. Macky Messer in Soho, so schiebt er sich elastisch durch die Menge der grauen Gestalten, der zerfetzten Trachten aus den Bergen, der behäbigen Bäuerinnen vom Srijem, der abgerissenen Partisanen und der Genossen von der Roten Armee mit ihren goldenen Achselklappen. Dr. Eduard Zellweger, Botschafter der Eidgenossenschaft, macht Antrittsvisiten. Die Gesandten der Alliierten sind besser ausgestattet, der Amerikaner kommt im *military jeep*, Engländer und Franzosen verfügen über Limousinen mit Fahrern in Uniform. Die Schweiz spart, aber der Botschafter wird vom Marschall in Einzelaudienz empfangen. Tito ist sehr freundlich. Er spricht im leicht gebrochenen Deutsch des ehemaligen k. und k. Unteroffiziers.

Zellweger soll gefragt haben: «Was kann ich jetzt gleich für Ihr Land tun?» Darauf der Marschall: «Besorgen Sie uns doch drei Abonnements der *Neuen Zürcher Zeitung*; wir benötigen den Wirtschaftsteil.» Der Botschafter ist hoch erfreut, sagt «Selbstverständlich, das will ich veranlassen» und verabschiedet sich mit «*Smrt fašizmu, sloboda narodu* – Tod dem Faschismus, Freiheit dem Volk». Tito ist erstaunt und fragt: «Wieso sagen Sie das?» (Es ist die Devise des Freiheitskampfes der Jugoslawen; sie dient als Gruß, steht am Ende jeden Briefes und auf jedem Holzkreuz über dem Grab gefallener Partisanen und geschlachteter Bauern.) Darauf Zellweger: «Weil unser Land völlig mit dem Ihren übereinstimmt. Bekanntlich ist die Schweiz eine alte Demokratie, wir lehnen den Faschismus ab, und unser Volk liebt die Freiheit.»

Die beiden verstehen sich, denn sie wissen, daß der Spruch für jeden etwas anderes bedeutet.

Während unserer Mission in Jugoslawien habe ich Tito nie gesehen, auch nicht von fern; später nur auf dem Bildschirm. Ich weiß nicht, ob er es war, der diese Formel als erster gebraucht hat. Sie drückt prägnant die Politik aus, die der «Alte» schon zu Beginn der Partei aufgedrängt hat. Im Juni 1941, mehr als zwei Monate nach der Niederlage der königlichen Armee und der Besetzung des Landes, war er mit einer Handvoll kommunistischer Funktionäre im serbischen Städtchen Bela Crkva versteckt.[1] Da und dort, in Serbien und Montenegro, begannen Bauern sich zu wehren, weil die Besatzungstruppen immer brutaler wurden. Es gelang Tito, die Genossen zu überzeugen: Der Krieg bis zur Vertreibung der Feinde kann nur Erfolg haben, wenn das Volk selber ihn führt, wenn es gleichzeitig mit dem Kampf gegen den Okkupanten die Revolution macht. Es kann nicht leicht gewesen sein, die Genossen zu überzeugen; aber es gelang. Sie schwärmten klandestin aus ins Land und organisierten den Guerillakrieg. Tito hatte gegen den Willen der großen Sowjetunion entschieden. Die wollte zuerst im vaterländischen Krieg gegen den Faschismus siegen, die Jugoslawen sollten dabei brüderlich helfen. Über Revolution und Freiheit, deren Zeitpunkt und Wünschbarkeit werde Stalin später einmal, nach dem Sieg entscheiden.

Smrt fašizmu, sloboda narodu hatte sich bewährt. Aus dem Aufstand war ein Guerillakrieg geworden und dann der siegreiche Volkskrieg. Das Mißfallen des großen Bruders war unverkennbar. Tito aber hatte gesiegt. Erst zweieinhalb Jahre nach dem Sieg kam es zum Bruch der Sowjetunion mit Jugoslawien. Für den Marschall drückte die Devise eine historische Wahrheit aus. Als ich jedoch 1981 nach Titos Tod in Belgrad mit prominenten jugoslawischen Journalisten diskutierte, in einer Club-2-Sendung des österreichischen Fernsehens, war diese Wahrheit fragwürdig geworden. Hatte die Revolution überhaupt stattgefunden? Von der Freiheit wollte man gar nicht reden; das war jetzt Sache der Partei.

Eduard Zellweger war ein angesehener Anwalt in Zürich und Dozent für Staatsrecht gewesen. Er hatte jene Schweizer, die vor unseren Gerichten standen, weil sie im spanischen Bürgerkrieg auf der Seite der Republik gegen den faschistischen Aufstand der Generäle gekämpft hatten, verteidigt. Sie mußten zwar alle ins Gefängnis, es gelang aber nicht, Zellweger irgendeine Unkorrektheit nachzuweisen. Er behielt sein Anwaltsmandat und seinen guten Ruf und war Parlamentarier der Sozialdemokratischen Partei. Die Schweiz hatte unter der faschismusfreundlichen Politik Mottas die diplomatischen Beziehungen mit der Sowjetunion abgebrochen. Jetzt, als die Sowjets Sieger waren, noch dazu Alliierte der westlichen Mächte, handelte es sich darum, die Beziehungen wieder anzuknüpfen. Was lag da näher, als einen sozialistischen Botschafter nach Jugoslawien zu entsenden, der die Brücke zur Sowjetmacht schlagen würde. Das gelang. Zellweger glaubte gewiß nicht an die Revolution, er war auch kein Zyniker; er war Jurist und Diplomat. Damals sprachen wir oft mit ihm, denn mit seiner Frau Margrit waren wir durch die Arbeiterbewegung von früher her bekannt.

Als die Befreiungsarmee in den letzten Kriegstagen in Zagreb einmarschierte, wurden die Polizisten des Ustaschistaates, die sich der schändlichsten Verbrechen schuldig gemacht hatten, gefangengesetzt, um später vor ordentliche Gerichte gestellt zu werden. Den Polizisten in Belgrad war es schlechter ergangen. Nach dem Fall der Stadt im Herbst 1944 wurden alle, die die Partisanen fangen konnten, erschossen. Uns kam das ungerecht vor. Zellweger, der Jurist, fand es korrekt und in Ordnung. Damals in Belgrad herrschten der Volksaufstand und das Recht der Revolution. Die Erschießungen waren Teil des Bürgerkrieges. Jetzt, nach dem Sieg, mußte der Rechtsstaat wieder normal funktionieren. Den zwei Rechtslagen entsprachen die zwei Wahrheiten von *Smrt fašizmu, sloboda narodu*: Die Schweizer Demokratie verspricht Freiheit, die den Bürgern garantiert ist, denn ihre Revolution ist vor langer Zeit abgelaufen; «Tod dem Faschismus» wäre ebenso das Anliegen des Schweizervolkes wie des jugoslawischen gewesen, wenn die Schweiz von Nazideutschland besetzt worden wäre, was ja nicht der Fall war. Solange das Rechtsprinzip unangetastet blieb, war der Spruch beinahe für jeden Gebrauch verfügbar.

Für jeden von uns, die wir im Herbst 1944 als chirurgische Mission der Centrale Sanitaire Suisse (CSS) aus der Schweiz nach Jugoslawien gekommen waren, hieß *Smrt fašizmu, sloboda narodu* wieder etwas anderes. Für den einen war Freiheit die Herstellung einer bürgerlich-humanen Toleranz, für einen anderen die Diktatur des Proletariats, genau nach der Stalin-Doktrin. Tod dem Faschismus hieß einmal ganz konkret der militärische Sieg, ein andermal die Geburt eines neuen Bewußtseins, einer historischen Epoche, in der unmenschliche Diktaturen nicht mehr vorkommen könnten. Der Entschluß herzukommen hatte zur Folge, daß wir uns ebenso reibungslos einig waren wie der Marschall und der Botschafter. Heute ist jene Gemeinsamkeit seltsam unwirklich geworden.

Wenn ich in der Zeitung lese (am 1. März 1989), daß die Partei in Serbien und Montenegro, der damals so freiheitsliebenden *Crna Gora*, mit demagogischer Agitation und faschistischen Parolen die serbischen «Massen» zur gewaltsamen Unterdrückung der albanischen Jugoslawen in Kosovo aufruft, empfinde ich Schmerz und Wut. Ich glaube, daß wir von der CSS-Mission uns heute wieder einig wären, wenn noch alle lebten: *Smrt fašizmu, sloboda narodu.*

Ich schreibe meine Erinnerungen 44 Jahre nach unserer Rückkehr in die Schweiz auf. Schon lange haben Goldy, Guido und Elio, die mit uns dort waren, und auch Gojko, der am besten wissen müßte, was nützlich und richtig ist, mich gedrängt, dies zu tun, und ich war im Grunde bald einverstanden. Damals haben wir Geschichte «gemacht»; wir haben nicht bewußtlos, sondern bewußt an einem Stück revolutionärer Geschichte teilgenommen. Daß Erinnerung das Erlebte immer wieder verändert und umschreibt, brauchte nicht zu schaden. Was daraus geworden ist, wie die Ereignisse fortgewirkt haben, das könnte die Geschichte lebendiger machen.

Gezögert habe ich zuerst, weil wir alle sieben gesund aus dem Krieg zurückgekommen sind; auch Gustls Wunde war geheilt. Das könnte irreführend sein, denn in diesem Krieg war es die Regel zu sterben, Überleben mußte als Ausnahme gelten. Eine weitere Hemmung kam daher, daß ich mir wünschte, ein jeder von uns Überlebenden würde diese Geschichte schreiben, und dann entstünde aus allen Erzählungen zusammen das vielschichtige Bild der historischen Wahrheit.

Im japanischen Film «Rashomon» erzählen vier Personen die Geschichte eines geheimnisvollen Mordes: der ermordete Liebhaber, die schöne junge Frau, der Räuber, der zufällige Zeuge der Geschichte, der nicht mehr unbeteiligt ist, weil er Zeuge des Dramas wurde. Die Erzählungen decken sich nicht. Die Wahrheit, die hinter den Geschichten aufleuchtet, ist vielschichtig, schillernd, aber nicht unbestimmt.

Auch im Drama der Revolution gibt es keine einfache Wahrheit. Mit Marc habe ich nie von dem Plan gesprochen, unsere Geschichte aufzuschreiben. Hannes, Guido und Gustl sind tot. Allmählich bin ich zu der Überzeugung gekommen, daß Goldy und Ezio nicht schreiben werden und daß der Partisanengeneral Gojko, ein überaus beteiligter Zeuge, auf meine Erzählung wartet.

Die Zeit in der Nationalen Befreiungsarmee, der NOV, war für mich eine gute Zeit, ich möchte sie nicht missen. Und doch war Krieg. Die Leiden des jugoslawischen Volkes, die ungeheuren seelischen, moralischen und materiellen Schäden, die der Krieg angerichtet hat, muß ich meinem Gefühl gegenüberstellen, daß es doch gut und schön und richtig für mich war. (Das ist nicht viel anders als bei meinen Aufzeichnungen von den Reisen in Afrika; in dem unglücklichen Kontinent fühlten wir uns glücklich.)

Aber heute treffen täglich neue Nachrichten ein, daß der serbische Parteigewaltige Slobodan Milošević die Unterdrückung der albanischen Bevölkerung des autonomen Gebiets Kosovo weitertreibt. Er hetzt mit chauvinistischen Parolen, läßt Greuelmärchen über sexuelle und kriminelle Untaten der Albaner gegen die Serben verbreiten, behauptet, der albanische Staat wolle das Gebiet aus dem jugoslawischen Staatsverband herausreißen, läßt in Serbien und Montenegro Massen aufmarschieren, peitscht Haß auf, organisiert einen polizeilichen und militärischen Unterdrückungsfeldzug, beruft sich auf den uralten Anspruch des großserbischen Reiches, die Provinz, die Serbien vor sechshundert Jahren verloren hat, wieder zu unterwerfen. Mißwirtschaft und wirtschaftliches Elend werden in der Aufwallung des Volkszorns vergessen. Weder die Partei noch die anderen Staaten der Föderation haben die Kraft, dem Zerstörungswerk entgegenzutreten, das Titos Politik für ein geeintes Jugoslawien endgültig zu Fall bringen soll. Eine mächtige faschistische Bewegung ist in dem Staatsgebilde entstanden, das vor mehr als vierzig Jahren aus dem antifaschistischen Kampf hervorging.

Heute bin ich mit einem Gefühl des Triumphes aus einem Traum erwacht. Ich stehe mit Goldy auf der Straße vor dem Parlament in Belgrad. Deutlich sehe ich die ehernen Pferde, die sich rechts und links vom Eingang bäumen. Goldy sagt zu mir: Komm doch mit herein! Ich zögere und erwache mit dem Gefühl des Triumphs. Gleich nach dem Erwachen weiß ich: Es ist gar nicht das Belgrader Parlament. Die Pferde haben mich getäuscht. Es ist das viel größere und prächtigere Budapester Parlament. Damit wird sogleich klar, was der Traum zu bedeuten hat und woher das Siegesgefühl kommt.

Es mag etwa 1929 oder 1930 gewesen sein. Ich war zu Besuch beim Großvater in Budapest. Mit einer Gruppe von Schülern besuchte ich das ungarische Parlament. Der Saal machte mir einen großen Eindruck und noch mehr, daß ich hörte, hier würden die Gesetze gemacht und die Regierung müsse sich hier vor der Nation verantworten. Als ich dem Großvater davon erzählte, lachte er bitter: «Unser Premierminister foutiert sich ums Parlament.»

Dann wurde ich krank. Ein grausamer Ohrenarzt operierte zweimal eine eitrige Mittelohrentzündung ohne Betäubung. Da ich in jener Zeit – mitten in der Pubertät – stark gewachsen war, erholte ich mich nur langsam. Erst nach vierzehn Tagen konnte ich wackelig und blaß auf die Straße, in die Wintersonne am Donauquai. Da tauchte Tante Margrit auf. Sie war jung, schön, elegant und ganz anders als die jüdischen Verwandten in Budapest. Sie war eine Arbeitertochter aus Böhmen, hatte einen Vetter meiner Mutter, einen häßlichen reichen Bankier, geheiratet und trug infolgedessen einen Nerzmantel. Jeden Vormittag holte sie mich, ich gab ihr den Arm, wir spazierten über den Korso am Donauquai, plauderten, scherzten, und ich versuchte zu flirten. Einmal lud sie mich zum Wermut bei Gerbaud ein, wo sich die elegante Welt traf. Rechts und links grüßte man uns oder vielmehr sie. Ein älterer Herr in Pelz und Edenhat küßte ihr die Hand und wollte sie zum Aperitif einladen. «Tut mir leid, ich bin verabredet.» Der Alte schaute auf mich herunter und sagte: «Aber bitte, *ich* habe Sie eingeladen.» Sie runzelte die Stirn und sagte trocken: «Schade, Graf, daß Sie so schwer verstehen.» Ich hatte gut verstanden, ich verbeugte mich ganz wenig, und wir gingen. Nach ein paar Schritten platzte sie lachend heraus: «Das ist Graf Bethlen, der Ministerpräsident, er hat gemerkt, was ich von ihm halte.» Schon bevor ich am Wermut genippt hatte, war ich berauscht, geschwellt vom Sieg über den Mann, der das Parlament verarscht hatte.

Vielleicht bin ich doch zu spät darangegangen, meine Erinnerungen an den Partisanenkrieg aufzuschreiben. Ich muß heute auf den billigen Triumph des pubertierenden Jünglings vor sechzig Jahren zurückgreifen, um mit dem Gefühl der Ohnmacht fertig zu werden. Seit diesem Traum habe ich vielmals versucht, das klobige Beamtengesicht des serbisch-kommunistischen Faschisten auf die elegante Aristokratengestalt des gräflichen Politikers zu projizieren. Es gelingt mir aber nicht. Nur im Traum kann ich meine Gegner so vermischen, daß ich meine Machtlosigkeit vor dem faschistischen Feind nicht spüre und ein Triumphgefühl behalten kann.

Schon einmal waren wir in dieser mehr als vertrackten Lebenslage, gerade in jener Zeit, bevor wir den Weg heraus und in die Titoarmee gefunden haben. Heute kann ich mir eine solche «Patentlösung» kaum noch vorstellen.

Was ich vertrackt nenne, ist das doppelte Bewußtsein, das uns aufgezwungen ist. Wir haben ein sorgenfreies Alter, liebe Freunde, die Erinnerung an die anderen, die vor uns gestorben sind, wir lesen, schreiben, plaudern und reisen, wohin es uns beliebt, neugierig und ohne drückende Pflichten. Die Beschwerden des Alters halten sich in Grenzen; wir gehen leicht darüber hinweg, *ne smeta*, was soviel heißt wie «unerheblich». Gleichzeitig wissen wir: Nein, das sind doch nicht wir selber. Es ist ein schreckliches Leben, das wir führen. Denn es ist Krieg. Es wird getötet, gefoltert, verfolgt, in Lager gesperrt. Menschen verhungern, sterben. Wir sehen es am Bildschirm, lesen davon; überlebende Kämpfer erzählen und andere, die dort waren. Wir sind Zeugen, wie ungezählte Kulturen vernichtet, wie Völker ausgerottet werden. Wir, unsere Insel und diese zusammen mit allem Elend der Welt, sind von allen Seiten umzingelt vom Kalten Krieg, sind eingehüllt in Katastrophen. Die Person zerfällt in zwei, eine, die normal (ist das normal?) weiterlebt, fröhlich, zufrieden, «bis daß der Tod...», und eine andere, die etwas tun will, Einhalt gebieten, kämpfen, solidarisch mit dem Leben, das allen gehört, zu dem wir gehören.

Ganz ähnlich war es in der Schweiz 1939 bis 1944. (Erst am 7. Oktober 1944 konnten wir losfahren.) Goldy hatte ihr Hämatologie-Labor, viel zu tun; die alte Mutter, der liebe liederliche Bruder, ich und die zwei Katzen lebten davon, und wir waren munter. Jeden Abend traf man sich im Café Select, ein Café crème, oder in der Bollerei, ein Trester, für beides reichte es nicht, später dann doch; sogar für Alicante bitter-süß in der Bodega des Señor Gorgot im Niederdorf, der den billigsten Wein der Stadt verkaufte und General Franco verehrte. Da war Antoine, der Biologe aus der Karl-Marx-Schule Berlin, Katharina Renn, der große Manoli, der letzte Bohemien Europas mit der Weisheit des negativen Arbeitsethos, das Cabaret Cornichon von Walter Lesch, das Schauspielhaus und all die Emigranten; und die schönen, schönen Mädchen. Als sich eine Epidemie von Filzläusen ausbreitete, gab es viel zu lachen, wer wohl, wem, wann... Das Wie der Ansteckung war ja klar. Und draußen, rund um alle Grenzen das Grauen, die siegreichen Nazis; ihr Lied immer lauter: «Heute gehört uns Deutschland und morgen die ganze Welt...» Rundherum gehörte es ihnen schon, und in der Lakaienpolitik der bürgerlichen Schweiz gehörte ihnen die Gotthard-Bahnverbindung als Rückgrat der Achse Berlin–Rom, alle drei Minuten ein Lastzug, die Rüstungsindustrie, die Schweizer Nationalbank als Filiale der Reichsbank.

Die Nazis drinnen in der Schweiz störten uns weniger, *ne smeta*, aber hinaus, hinaus mußten wir. Unsere zweite Person hielt es nicht aus; so viele Jahre, so wenig Hoffnung, seit die spanische Republik verraten und gefallen war. Aber wir waren so jung, daß wir nicht daran zweifelten, für den Kampf gegen die Faschisten nützlich, beinahe unentbehrlich zu sein. Die Frage war: Wie kommen wir dorthin, wo der Kampf ist?

2
Ein Weg ins Leben

Begonnen hat die jugoslawische Mission mit einem Anruf von Hannes, irgendwann im Winter 1943/44. Wir kannten ihn aus dem Select und wurden neugierig, weil er geheimnisvoll andeutete, er komme nicht allein. Mit ihm kam Mischa, ein junger Montenegriner; ein ungleiches Paar. Hannes war groß, mager, elegant gekleidet, passend für einen orthopädischen Chirurgen an einer Universitätsklinik. Mir kam er immer sehr deutsch vor, nicht wie die Nazis, eher wie eine Gestalt, die auf einem Holzschnitt aus den Bauernkriegen, steif auf eine Hellebarde gestützt, im Hintergrund steht. Das Gesicht war hager, bereits von Sorgenfalten modelliert, die dünnen Haare blaß, blaß auch die Augen, die streng blickten und unversehens nach der Seite abwichen, als dürfte man ihm nicht immer trauen. Mit leiser Stimme – ich habe nie ein lautes Wort von Hannes gehört – erklärte er, Mischa sei aus dem Flüchtlingslager herausgekommen, weil er sich an der theologischen Fakultät eingeschrieben habe, und dann, noch leiser: «Ich verfüge über genügend Geld für eine chirurgische Mission.»

Mischa war sehr jung, dunkel, mit feurigen schwarzen Augen, und er war – schön.

Es gibt eine besondere Art Schönheit der Freiheitskämpfer. Goldy hatte das bei den Spanierinnen und Spaniern in Albacete gesehen. Als wir in den fünfziger Jahren durch Franco-Spanien fuhren, war nichts mehr von dieser Schönheit vorhanden. Jean Genet hat während des Libanonkrieges bei Palästinensern im Lager von Schatila ebenfalls die Schönheit der Männer und Frauen vermerkt, die sich dem Kampf um die gerechte Sache verschrieben hatten. Von den Sandinisten in Nicaragua wird das gleiche erzählt. Und als wir in Grumo bei Dubrovnik gelandet waren, glaubten wir, noch nie so schöne Menschen gesehen zu haben wie die jungen Kämpfer des montenegrinischen Armeekorps, die uns empfingen. Doch auch bei den Montenegrinern, deren edle Schönheit schon Lord Byron besungen hat, ist die Schönheit vergänglich. Lang nach dem Krieg flanierten Tausende sympathische junge Leute auf dem Korso von Nikšić. Sie waren nicht schöner oder häßlicher als in irgendeiner anderen südlichen Stadt. Mischa ist vor einigen Jahren nach Zürich gekommen. Wir hatten ihn seit unserem Aufbruch vor vierzig Jahren nicht mehr gesehen. Jetzt war er ein eher kleingewachsener, im Dienst vornehm ergrauter Diplomat, von Rückenschmerzen geplagt, mit etwas verkniffenen Zügen, von denen wir nicht wußten, ob sie den Schmerzen zuzuschreiben waren oder seinem Beruf, denn wir hatten allen Grund anzunehmen, daß es viele Jahre lang seine Aufgabe gewesen war, jugoslawische Diplomaten, die in exotischen Ländern Dienst taten, auf ihre politische Gesinnung hin zu überwachen.

Damals in unser schäbiges Zimmer in der Schlüsselgasse neben dem St.-Peter-Uhrturm im Herzen von Zürich brachte er ein Strahlen wie von der Sonne der Freiheit. Er sprach begeistert, in gebrochenem Deutsch, über die Heldentaten der Partisanenarmee, die Leiden des jugoslawischen Volkes und den großen Unbekannten, den Genossen Tito. Er vereinbarte mit Goldy, sie wieder zu besuchen, und kam noch zwei- oder dreimal allein. Daß sie bei den Interbrigaden gewesen war, hielt der Genosse Mischa für ein sicheres Zeichen, daß die jugoslawische Partei uns vertrauen durfte. Bald war er lieb und zutraulich wie ein Bruder. Sein Urteil hat er uns nicht selber mitgeteilt. Wir waren bereits so gute Freunde geworden, daß es ihm peinlich gewesen wäre, uns zu sagen, daß das Parteikomitee unsere politische Gesinnung erst hatte prüfen müssen.

Hannes begann sogleich, die praktischen Fragen mit uns zu besprechen, mit Goldy, ihrem Bruder Gustl und mir. Er hatte ein Sparbuch mit Geld, das der Centrale Sanitaire Suisse (CSS) gehörte, die zur medizinischen Hilfe für die Interbrigaden gegründet worden war. Als im Frühjahr 1939 die Niederlage da war, hatte die Schweiz als einer der ersten Staaten die Franco-Regierung anerkannt. Die CSS brachte das gesammelte Geld bei Hannes in Sicherheit, weil er nicht Mitglied der Kommunistischen Partei war. (Als 1941 die KP der Schweiz verboten wurde, hatte die CSS praktisch aufgehört zu existieren, es kam niemandem in den Sinn, sie aufzulösen und nach ihrem Geld zu suchen.) Wir hatten uns an die klandestinen Regeln gewöhnt, so sehr, daß ich ihn nie gefragt habe, wieviel Geld da war. Er hat es auch später nie gesagt.

Mischa deutete an, daß in der Partisanenarmee chirurgische Instrumente wichtiger seien als Ärzte, und wiederholte das so oft, daß wir ihn im Verdacht hatten, er wolle uns der Parteilinie entsprechend disziplinieren, wir sollten uns nicht allzu wichtig vorkommen: «Wenn nur der Mangel an Instrumenten nicht wäre, ginge es auch ohne die Schweizer.» Instrumente waren jedenfalls wichtig, und wir setzten uns das Ziel, sechs komplette Instrumentarien zusammenzustellen, drei für unsere Equipen und drei weitere als Geschenk für die Ärzte der Partisanenarmee. In der Schweiz waren chirurgische Instrumente überhaupt nicht zu haben, sie waren «kriegswichtiges Material». Trotzdem gelang es uns am Ende, sechs Ausrüstungen zusammenzubringen.

Ganz zuletzt vor der Abreise ließ man Elio im Magazin der Commission Mixte des Roten Kreuzes eine Stunde lang warten. Er war nach Genf gefahren, weil sie unserer Mission Milchpulver für notleidende Kinder in Jugoslawien mitgeben wollten und keine andere Transportmöglichkeit hatten. Elio inspizierte die Regale und stopfte sich kurz entschlossen alle Taschen voll mit chirurgischem Nahtmaterial, mit Catgut, Zwirnen und Seiden. Diese Ergänzung war mindestens ebenso nützlich wie die drei Tonnen Milchpulver.

Wir saßen täglich mehrmals mit unseren Freunden im Select. Das Geld für den Kaffee war kein Problem mehr, seit Gustl und ich praktizierende Ärzte vertreten konnten, die in den Militärdienst mußten. Die Nachrichten aus dem Reich waren grauenhaft. Immer wieder tauchte ein Internierter aus einem der Flüchtlingslager auf, der Nachrichten über die Vernichtung der Juden brachte. Es gab aber Zeichen für Widerstand, in Frankreich und Italien und auch schon in Deutschland selber. Antoine analysierte stundenlang die strategische Lage, wie es Friedrich Engels nicht besser gekonnt hätte. Walter Lesch schrieb seine frechen Chansontexte. Gustl, der zu beweglich war, um lange im Café zu sitzen, schaute mehrmals herein, um zu sehen, was es Neues gab. Von den Freunden wußte nur Manoli von unseren Plänen. Ihm hatten wir von der jugoslawischen Mission erzählen müssen, weil er uns direkt danach fragte; seinem Spürsinn war unsere Spannung nicht entgangen. Es war besser und jedenfalls nicht riskant, ihn zum Mitwisser zu machen. Dieser Nichtstuer und Bohemien war verläßlicher als irgendein Genosse, den ich je getroffen habe.

Oft trafen wir im Select nicht nur die Schauspieler und Studenten, an unseren Tisch kam auch Walter, ein Journalist, der über die Finanzverstrickungen der Schweiz informiert war, und ein anderer Journalist, der alle Nachrichten von den Alliierten an uns weitergab, die er in der *Weltwoche* nicht publizieren durfte. Es wurde immer leichter für mich, die Spannung auszuhalten. Wenn es bald soweit war, machte es nicht mehr viel aus, noch ein wenig zu warten.

Fast täglich tauchte Hannes auf, bestellte seinen Tee und rückte ganz nahe an uns heran. Wenn niemand hersah, zog er aus der Brusttasche seines Sakkos eine Pinzette, eine chirurgische Klemme oder Schere heraus, ließ sie wieder verschwinden und flüsterte uns zu: «Davon habe ich wieder ein Dutzend herübergekriegt, Iridiumstahl, rostfrei und spottbillig.» Hannes ließ Instrumente in Süddeutschland einkaufen und heimlich über den Rhein schmuggeln. Zu Beginn des Jahres 1944, nach Stalingrad, waren die Inhaber der Fabriken chirurgischer Instrumente, kleiner Handwerksbetriebe, froh, durch illegale Verkäufe ein Guthaben bei einer Schweizer Bank anlegen zu können. Hannes hat uns nie verraten, wie er das größere Problem löste, die Bestellung nach dem Bedarf einer anspruchsvollen Kriegschirurgie und den Schmuggel über die auf beiden Seiten scharf bewachte Rheingrenze zu organisieren. Wenn einer der todesmutigen Genossen, die nachts mit ihren Booten Flugblätter ins Nazireich brachten und mit einer Ladung chirurgischer Instrumente zurückkamen, noch lebt, sollte er wissen, wie dankbar wir ihm sind. Daß die Mission zustande gekommen ist, dürfte er schon damals in der Zeitung gelesen haben.

Je mehr Fortschritte die Vorbereitungen machten, desto deutlicher wurde es, daß unsere Equipe nicht den Anforderungen einer guten Kriegschirurgie genügte. Hannes war besser ausgebildet als Gustl und ich, aber das Niveau eines Chefchirurgen hatte auch er nicht. Wir mußten versuchen, die Equipe zu erweitern. Es war ein aufregender Moment. Hannes saß auf dem niederen Bett in der Schlüsselgasse und schlürfte seinen Tee. «Hör zu», sagte ich, «wir brauchen noch ein oder zwei Chirurgen, die womöglich besser sind als wir.» Er stellte seine Tasse hin und sah an uns vorbei zum Fenster hinaus. Ich weiß noch genau, daß er lange nichts sagen konnte. Die Turmuhr des St. Peter schlug laut und langsam sechs oder sieben Uhr. Hannes war noch blasser geworden. Dann wich sein Blick zur Seite, sein Ausdruck wurde schelmisch oder schlau, er nickte und sagte dann ungewöhnlich laut: «Ihr habt recht. Ich bin kein Chefarzt. Ich weiß, wer in Frage kommt. Wir gehen morgen hin, aber du mußt es ihnen sagen, Paul, ich kann das nicht so gut.»

Das Schweizer Rote Kreuz hatte eine eigene Organisation gegründet, um dem Dritten Reich chirurgische Hilfe zu leisten. Geleitet wurden die Unternehmungen von einem Chirurgen, der sowohl ein hoher Offizier wie ein bekannter Nazifreund war, Dr. Eugen Bircher. Viele Assistenten und Oberärzte der Universitätsklinik hatten bei der deutschen Ostarmee Dienst getan. Wir hielten das für einen Skandal. Es hieß, daß diese Missionen aus Beständen der Schweizer Armee ausgerüstet und von ihr besoldet würden. (Heute weiß man, daß alle Ostfrontmissionen zusammen der deutschen Ostarmee etwa fünfzig- bis hundertmal soviel personelle und Materialhilfe brachten wie wir den Partisanen und damit den Alliierten.) Diese Sachlage, so dachte ich, könnte antifaschistisch eingestellte Kollegen an der Klinik motivieren, sich uns anzuschließen. Hannes wußte, wen wir fragen durften.

Am nächsten Morgen warteten wir zu zweit im Vorzimmer des Operationssaales der Chirurgischen Klinik. In der Operationspause sagten wir einer Schwester, wir wollten mit dem Oberarzt Dr. Guido Piderman und mit dem Assistenzarzt Elio Canevascini sprechen. Zuerst kam Guido heraus. Über der Maske blickten dunkle tiefliegende Augen ernst auf mich herunter. Hannes trat einen Schritt zurück:

«Das ist der Kollege Parin, er will dir etwas sagen.» – «Herr Kollege, wollen Sie mit uns zu den jugoslawischen Partisanen kommen?» Die Gestalt im Operationsgewand richtete sich noch mehr auf, lehnte sich sogar etwas zurück. Nach ein paar Sekunden tönte es mit dem knarrigen Unterton der Bündner hinter der Maske hervor: «Ja, das will ich.» – «Wir warten zu Mittag im Select», konnte ich grade noch sagen. Dann mußte er zurück in den Operationssaal Elio sah in dem bauschigen Gewand sonderbar aus, mehr breit als hoch. Das gleiche Ritual. Ich hatte noch nicht ausgesprochen, da riß er die Maske vom Gesicht: «Wann gehen wir?» rief er laut, machte einen Satz vorwärts und schloß mich in seine steril verpackten Arme.

Es war längst alles beisammen, die Equipe, das Material, und die jugoslawischen Emigrantenkomitees brannten darauf, wenigstens etwas zum Befreiungskampf beizutragen. Aus dem Schweizer Exil, wo sie untätig dem heroischen Kampf der Partisanen zusehen mußten, wollten sie in sozialistischer Solidarität uns Chirurgen den Verwundeten der Tito-Armee zuführen. Es gab zwei Komitees, die sich um uns stritten, eines in Genf mit dem Journalisten Mirko, der nach dem Krieg der politische Direktor von Radio Belgrad wurde, und das andere in Zürich mit dem Studenten Mischa.

Ende April '44 kam ein Anruf aus Genf: Die Veilchen im Garten sind aufgeblüht. Ich fuhr mit Hannes hin. Das Genfer Komitee hatte für uns einen Weg in die befreiten Gebiete Jugoslawiens gefunden! Im Zug nach Genf sprachen wir nicht darüber. Wir waren neugierig, was die klugen Genossen ausgeheckt hatten, und beinahe sicher, daß es soweit war.

Mirko mußte als Journalist nicht in ein Flüchtlingslager (im Tessin hießen die Lager *Campi di concentramento*). In seiner Wohnung im dritten Stock eines Bürgerhauses im Stadtzentrum schien man auf uns zu warten. Seine Frau, eine holländische Journalistin, hatte Kaffee aufgestellt, es waren bereits fünf oder sechs Jugoslawen da, die wir nicht kannten. Die Stimmung war konspirativ. Alle sprachen so leise, daß man nachfragen mußte. Dann war es allerdings nur belangloses Zeug.

Man schien auf jemanden zu warten. Schließlich erzählte Mirkos Frau in ihrem holländischen Französisch, daß sie mit dem Fahrrad gestürzt war. «Mein Knie ist kaputt», sagte sie. Tatsächlich hinkte sie, als sie in die Küche ging und mit Kaffee zurückkam. Mirko stand auf, stellte sich vor uns hin, alle wurden still. «Es ist soweit. Ende der Woche könnt ihr abreisen. Ihr fahrt durch Italien in zwei Ambulanzen mit italienischer Nummer, die wir hier haben. Ihr seid Ustaschi-Ärzte. Es müssen nur noch Fotos in die Pässe geklebt werden. Vorher tarnt ihr euch ein wenig; am besten wären falsche Bärte. Die Paßformulare sind echt, so daß die italienischen Faschisten keinen Verdacht schöpfen können. Einmal in Dalmatien, nehmt ihr Kontakt mit der NOV auf. Auch das haben wir gemeldet. Es gibt kein Problem.»

Er setzte sich wieder und sah zu Boden. Die anderen Jugoslawen verzogen sich in den Hintergrund. Hannes runzelte die Stirn und sah mich an. «Sehr interessant», sagte ich. «Aber wie kommen wir durch Italien? Wer sind die Fahrer? Wo können wir halten? Gibt es Benzin? Wie machen wir es mit der Bewilligung für das besetzte Gebiet?» – «Die Genossen haben gemeldet, daß es klappt. Unsere Kette reicht von der Schweizer Grenze bis ins befreite Gebiet. Ihr könnt euch ganz auf sie verlassen. Es sind Genossen und Antifaschisten. Sie warten auf euch.»

Mir gefiel die Art nicht, wie er das sagte. Er schien ungeduldig, daß ich überhaupt noch Fragen hatte: «Kein Problem, ich sag dir, kein Problem. Sie haben geschrieben, daß sie für euch garantieren, bis ihr bei den Partisanen seid.»

Ich wurde noch mißtrauischer, weil er ständig wiederholte «Kein Problem». Das mit den Bärten war eine blöde Idee, und daß kommunistische Jugoslawen im faschistischen Italien für irgend etwas garantieren würden, konnte ich mir nicht vorstellen. Wenige Tage vorher war ich in Lugano bei meinen Eltern zu Besuch gewesen. Seit der Sicherheitsdienst nach der Befreiung des Duce aus der alliierten Gefangenschaft Italien besetzt und auf seine Art durchorganisiert hatte, kamen trotz der Sperrung der Schweizer Grenze immer wieder Flüchtlinge herein, und die Stadt war voll von Geschichten über Greueltaten der Deutschen. Eine Untergrundorganisation jugoslawischer Kommunisten in den norditalienischen Städten bis hinunter nach Ancona sei aufgeflogen, sie hätten alle aufgehängt.

«Mirko», sagte ich, «zeig mir diesen Brief. Ich möchte ihn selber lesen.» Hannes zog sich zurück. «Paul», sagte er leise auf deutsch, «mach das weiter, ich muß ihr das Knie untersuchen», und ging mit der Holländerin hinaus. Jetzt war ich wütend, besonders weil Mirko ein Grinsen aufsetzte und zu einem der Jugoslawen etwas sagte, was so klang wie «Die haben Angst». «Ich muß den Brief sehen», sagte ich. «Die Genossen in Zürich werden mich fragen, ob ich den Brief gelesen habe. Als Ustaschis durch Italien zu fahren ist doch wirklich ein Problem.» Mirko wurde wieder ernst. «Es geht nicht, daß du ihn liest», meinte er begütigend, «das Schreiben ist natürlich chiffriert. Was glaubst du, wie naiv wir sind! In unserem Kampf kann man sich keinen Fehler erlauben.» Ich wurde noch wütender, allerdings mehr auf Hannes, der sich gedrückt hatte, als auf Mirko und die Jugoslawen, die untereinander tuschelten. «Wenn ihr genug Zutrauen zu uns habt, uns in den Kampf zu schicken, dürft ihr mir auch den Code geben. Ich dechiffriere den Brief, merke mir, was sie schreiben, und wir diskutieren in Zürich, was wir euch antworten werden.» Ich stand auf und ging zur Tür. Im Nebenzimmer lag die Holländerin auf dem Bett, und Hannes war mit ihrem Knie beschäftigt. «Komm, wir lesen den Brief zusammen.» – «Gleich bin ich hier fertig, noch fünf Minuten.» Mirko war mir nachgekommen. Er zog ein Kuvert aus der Seitentasche und gab es mir. Es war ein gewöhnlicher Brief, an ihn adressiert, mit einer italienischen Briefmarke. Ich sah auf den Stempel. Der Brief mußte erst kürzlich angekommen sein. Mit einer etwas kindlichen Schrift, in französischer Sprache mit einigen orthographischen Fehlern, schrieb eine gewisse Marija. Der Inhalt war schrecklich. Ihr Mann sei von der Gestapo geholt und noch am selben Tag aufgehängt worden und ebenso alle anderen Genossen. Sie hätten niemanden verhört oder gefoltert, weil sie alle Namen wußten. Am Ende beschwor Marija die Genossen, ja keine Meldung mehr durchzugeben. Sie selber sei untergetaucht und werde nichts mehr von sich hören lassen: «*dernier message*», schrieb sie, «*s.f.s.n.*»

Ich ging in das Zimmer zurück, Hannes stand jetzt neben mir, und ich las den Brief der Versammlung laut vor. Hannes war blaß geworden, wollte etwas sagen. Ich unterbrach ihn und sagte auf deutsch: «Komm, wir müssen zum Zug!» Mirko machte eine Bewegung, als wollte er mir die Hand geben. Ich reichte ihm den Brief zurück. «Wenn ihr wieder etwas habt, könnt ihr die gleiche Nummer anrufen» – oder so ähnlich. Ich weiß es nicht mehr. Im Zug konnten wir unserer Enttäuschung Luft machen. Wenn irgend etwas aus der Mission werden sollte, dann nur mit dem Komitee von Mischa. Die Genfer hatten durchgedreht, um der Zürcher Gruppe zuvorzukommen in ihrer Gier, etwas zum antifaschistischen Kampf beizutragen. Wir schimpften auf diese Intellektuellen, die es in jeder KP gab.

Einige Monate nach Kriegsende, als wir im Spital von Pančevo arbeiteten, kam Mirko uns besuchen. Pančevo ist nicht weit von Belgrad, die Brücke über die Donau war zerstört, aber es gab eine Fähre, und er kam in einer Dienstlimousine mit Chauffeur. Unser Ärger war längst verflogen, und wir freuten uns darauf, nach langer Zeit *u šumi*, «im Wald», mit einem Marxisten zu diskutieren. Probleme gab es genug. Das neue Landwirtschaftsgesetz sollte durch das Parlament gehen. Die Partei war für Kollektivierung. Doch war so viel zerstört, daß man langsam vorgehen wollte, um die darniederliegende Produktion nicht ganz zum Erliegen zu bringen. Die Bauern würden mit allem einverstanden sein, viele hatten bei den Partisanen gekämpft. Von Kollektivierung wußten sie jedoch nichts. Das Thema war bei der politischen Schulung in den Einheiten zu kurz gekommen und sollte jetzt propagiert werden. Eine wichtige Aufgabe für das Radio und auch dringlich, da die Neuorganisation der Landwirtschaft vor der Wintersaat abgeschlossen sein mußte. Die Partei beschloß, daß jeder Bauer 40 Hektar behalten und selber bewirtschaften sollte. Was darüber war, mußte dem Kollektiv abgegeben werden. Im nächsten Jahr würde man den Eigenbesitz auf 20 Hektar beschränken und so fort, bis das Ziel, zwei oder drei Hektar Privatbesitz, erreicht sei. Mirko fand es logisch, stufenweise vorzugehen, die Kollektive hätten Zeit, nach und nach für mehr Werkzeug und Arbeitskräfte zu sorgen, und die Bauern würden sich allmählich an die neue Ordnung gewöhnen. Ich war entrüstet. «Wollt ihr die Bauern belügen? Wenn Kollektivierung richtig ist, müßt ihr es sofort machen. Einverstanden, man weiß nicht wie. Es gibt im ganzen Land vielleicht zwei Dutzend Landwirte, die ein großes Gut bewirtschaften können, und die wird man nicht gleich finden. Das schlimmste aber ist der Betrug an den Bauern. Im ersten Jahr verlieren die kleinen Bauern nichts, die Großen müssen es hinnehmen. Vor der nächsten Aussaat merken aber alle den Betrug. Ein Bauer plant für Jahre. Sie werden der Partei nie mehr glauben und nur noch das produzieren, was ihre Familie selber verbraucht. Spätestens nach der zweiten Phase kommen keine Lebensmittel mehr auf den Markt. Buchstäblich nichts, und die Städte können verhungern.» – «Nicht lügen», meinte er, «das sind kleinbürgerliche Moralbegriffe. Die Partei kennt unser Volk, wir waren mit den Bauern im Wald. Sie werden es hinnehmen.» Ich hatte wieder Grund, mich über den KP-Intellektuellen zu ärgern: «Du jedenfalls warst nicht mit ihnen im Wald, du bist in der Rue de Montblanc im Kaffeehaus gesessen. Kein Bauer auf der Welt, ob er Kommunist ist oder nicht, wird einer Partei je wieder glauben, die ihm Land zuspricht, in das er seine Arbeit investiert, und es dann wieder wegnimmt.» Die Partei hat ihren Plan verwirklicht, und ich behielt leider recht.

Jetzt, während ich schreibe, fällt mir auf, daß wir Mirkos Betrug damals als eine persönliche Entgleisung aufgefaßt haben und daß überhaupt kein Zweifel an der jugoslawischen Bewegung aufgetaucht ist. Das ganze Unternehmen war so weit gediehen und wir waren so sehr auf unsere Rolle als Partisanenärzte eingestellt, daß wir gar nicht zweifeln konnten. Außerdem waren wir abgehärtet; eine kommunistische Partei konnte weder Goldy noch mich, noch einen der anderen enttäuschen. (Marc, der einzige Parteigenosse unter uns, kam erst später dazu.)

Wir hatten uns damit abgefunden zu warten, bis die Alliierten im Westen landen und die Grenze frei machen würden.

Es wäre nötig, jeden einzelnen dieser damals noch so jungen Lebensläufe nachzuzeichnen, um unsere Einstellung ganz zu erklären. Wir waren in einer Zeit erwachsen geworden, in der es für junge Menschen ungleich leichter war als später nach dem Krieg, eine entscheidende Wahl zu treffen. Wer einigermaßen wach und lebendig war, mußte gegen den aufkommenden Faschismus sein – oder eben dafür. Es war immer eine Wahl «fürs Leben».

Goldy war nach der Niederlage der spanischen Republik mit jener Kritik an der Politik der KP und der Sowjetunion zurückgekommen, zu der fünfzig Jahre später die Historiker gelangt sind. Den imperialen Interessen der UdSSR wurden die in Spanien kämpfenden Antifaschisten geopfert, die sture Machtpolitik der Partei siegte über die Begeisterung der Kämpfer, schon bevor die Katastrophe des Hitlerkrieges hereinbrach. Ich selber hatte den Kommunismus kennengelernt, als ich in Graz mit bulgarischen und jugoslawischen Studenten zusammenkam. 1937/38 begann ich dann, Marx, Engels und Lenin zu lesen. Gleichzeitig las ich von den Moskauer Prozessen und begriff, daß die Sowjetunion nichts von dem hielt, was ich mir vom Sozialismus versprach. Ich hatte meine Vorbehalte gegen den stalinistischen Staat mit der Erfahrung verknüpft, daß die Kommunisten trotz allem die einzigen wirklichen Verbündeten im Kampf gegen Hitler waren. Hier in der Schweiz konnte man sich beinahe auf jeden Kommunisten verlassen, sofern die Partei nicht dazwischenkam. Wenn uns der Stalin-Hitler-Pakt, mit dem der lange drohende Krieg ausbrach, nicht abgeschreckt hatte – wir waren nur noch vorsichtiger geworden –, was konnten die armen Emigranten in Genf an unseren Entschlüssen ändern!

Je älter wir werden, desto öfter stellen uns junge Leute die Frage, ob wir damals Kommunisten waren. Gewöhnlich gebe ich zur Antwort: «Nein, in der Partei waren wir nie. Wir waren typische Sympathisanten, *fellow travellers*, wie man es nannte.» Das ist wahr, enthält aber eine Unwahrheit. *Typisch* war unsere Einstellung zum Kommunismus keineswegs. Goldy und ich hatten, bevor wir uns 1939 trafen, jeder für sich und seitdem zusammen versucht, unsere Utopie zu entwerfen. Die gegenwärtige Lage sollte durchschaubar werden, und wir wollten die Gesellschafts- und Weltordnung verstehen, die in die Kriegskatatrophe führte. Es war damals einfach zu sehen, daß Geschichte nicht passiert, daß sie gemacht wird. Aus der dialektisch-materialistischen Theorie, aus unseren Erfahrungen und aus einer höchst persönlichen kritischen Einstellung war das entstanden, was Goldy ihren Anarchismus und ich meinen kritischen Sozialismus nannte.

Die sozialistische Utopie ist nicht Glaubenssache, wie viele meinen, die nie Sozialisten gewesen sind. Es ist ein Ergebnis der Erfahrung, ob die Utopie verschwindet oder ob sie noch da ist. Konkrete Erlebnisse bestimmen darüber, ob sie Bestand hat oder zerrinnt wie ein Traum der vergangenen Nacht. Ein solches Erlebnis – Freud nennt das eine «psychische Realität» – ist soeben eingetreten.

Gerade in diesen Tagen konnte ich auf einmal nicht weiterschreiben. Jetzt geht es doch wieder weiter, ein Zeichen, daß meine Utopie wieder da ist. Das kam so: Der serbische Parteimann Slobodan Milošević hatte mit einer perfiden populistischen Kampagne begonnen, Serben und Montenegriner gegen die albanisch sprechende Minderheit in Kosovo aufzuhetzen. Jetzt ist er vorläufig am Ziel angelangt. Ohne daß der jugoslawische Bund der Kommunisten oder das Staatspräsidium über verbale Proteste hinaus etwas dagegen unternommen hätten, wird das Volk von Kosovo mit allen Grausamkeiten und Perfidien der «stalinistischen» Machtpolitik terrorisiert.

Seither ist in Kosovo Bürgerkrieg. Ein Hungerstreik verzweifelter albanischer Bergarbeiter wurde abgebrochen, da die Regierung nachgab. Tags darauf brach sie ihre Zusicherungen, schickte Panzertruppen und noch mehr Polizei, es gab offiziell 25 Tote, in Wirklichkeit etwa fünfmal so viele. Zwei Polizisten wurden öffentlich betrauert, die albanischen Toten verscharrt. Derzeit wird von der neuen, durch eine Verfassungsänderung ermächtigten Regierung (im Parlament gab es nur wenige Gegenstimmen) «diversifiziert», das heißt, es werden Listen aufgestellt und Personen, die irgendeinen Widerstand leisten könnten, aus ihren Familien weggeholt, ohne Prozeß, niemand weiß wohin. Alles übrige ist in den Enthüllungen über «stalinistische» Methoden nachzulesen.

Vor wenigen Tagen faßte ich nun den Plan, ein sinnvolles, aber praktisch wenig wirksames Zeichen zu setzen. Daran merke ich, daß meine Utopie wieder da ist. Ich versuche herauszufinden, ob irgendeine jugoslawische Zeitung, vielleicht in Slowenien, wo Volk, Regierung, Zeitungen und sogar die Partei gegen den «serbischen Hegemonismus» eingestellt zu sein scheinen, unseren Brief an den jugoslawischen Gesandten in Bern drucken will. Wenn es dazu kommt, schicken wir die Orden, die uns das siegreiche sozialistische Jugoslawien 1945 für unsere «Verdienste» im Krieg verliehen hat, als Zeichen des Protests zurück.

Die Frage, warum die Partei uns nicht enttäuscht hat, ist jetzt eher zu beantworten: Weil wir sie kritisieren, wenn sie nicht so handelt, wie wir es für richtig halten. Das klingt banal und wäre selbstverständlich, wenn nicht ein psychologisches Phänomen dahintersteckte.

Manchmal sage ich, daß ich froh bin, daß man mich in der Partisanenarmee nicht ein einziges Mal gefragt hat, ob ich der Partei beitreten will. Man hatte in jeder Hinsicht Vertrauen zu uns und hat uns Nichtkommunisten für politisch schwierige und verantwortungsvolle Aufgaben eingesetzt. Andere kommunistische Parteien hätten einen Druck ausgeübt, in die Partei einzutreten. Froh war ich nicht nur, weil ich nein gesagt und die Genossen kaum verstanden hätten, warum. Der Grund zu dem Nein liegt tiefer, bei Goldy und bei mir gleichermaßen.

Eine kommunistische Partei war zu unserer Zeit längst nicht mehr ein brüderlicher oder solidarischer Verein Gleichgesinnter. Die hierarchische Organisationsform stammt schon aus den Anfängen, aus dem 19. Jahrhundert. Die Jahre der Unterdrückung und die Zwänge illegaler politischer Tätigkeit mußten zu jener hierarchisch organisierten, hermetisch geschlossenen Eliteorganisation führen, die als einzige Partei die richtige, von ihr verwaltete Lehre besaß. Die meisten, die in jungen Jahren zu den Kommunisten kamen, taten dies – ganz abgesehen von ihrer sozialistischen Überzeugung –, um einen Halt zu finden. Das gilt für junge Proletarier, die in der Arbeitswelt oder der

Arbeitslosigkeit, und gleichermaßen für Bürgerkinder, die in ihren Familien Entfremdung und Unterdrückung erfahren hatten. Befreiung *und* Eingebundensein, die Gewißheit, auf der richtigen Seite zu kämpfen und endlich der Gerechtigkeit zum Sieg zu verhelfen – dies und sogar die strenge Parteidisziplin boten ein Heimatgefühl, versprachen sinnvolles Handeln und menschliche Würde, alles, was zum emotionalen und geistigen Gleichgewicht nötig ist. Familiäre und beinahe religiöse Gefühle hielten die jungen Kommunisten zusammen. Ein Ausschluß aus der Partei bedeutete zugleich Verstoßung und Exkommunikation.

Ich schildere diese Verhältnisse einseitig, weil – aus Gründen unserer beider Biographie – unsere emotionalen Bedürfnisse gerade die entgegengesetzten waren. Alles, was nach Familie und Heimat roch, stieß uns ab, brüderliche Solidarität war für uns der Gegensatz zu hierarchischer Organisation. Wir waren diszipliniert, wenn wir selber es für richtig hielten; jeder Befehl verletzte unsere Würde. Wir fühlten uns als Weltbürger, solidarisch mit allen, die unterdrückt und ausgebeutet werden; deshalb war für uns jede Heimat zu eng und die Verpflichtung auf eine Linie eine Fessel. Wenn wir mit der Partei zu tun hatten, war es auf Zusehen, ob sie unsere Erwartungen erfüllte. Wenn die Parteilinie nicht unserem eigenen Urteil entsprach, mußten wir unseren Weg eben selber suchen. Nicht die Partei hatte uns enttäuscht, wir hatten uns getäuscht.

3
Das Lachen auf der Bahnhoftreppe

Vom Bahnhof Cornavin in Genf führt eine breite Freitreppe hinunter in die Stadt. An einem Oktobermorgen des Jahres 1944 kamen wir alle sechs herunter, jeder beladen mit einem Reisesack und einem schweren Schafpelz, den Guido aus den Beständen seiner Mission im Finnlandkrieg für unsere Equipe freibekommen hatte. Wir waren in ausgelassener Stimmung und müssen recht martialisch ausgesehen haben. Die Treppe herauf kam der Architekt B., der Besitzer des Café Select in Zürich. Bei unserem Anblick blieb er stehen, stutzte einen Augenblick und begann zu lachen. Es war ein richtiger Lachanfall, er krümmte und wand sich, konnte sich nicht mehr auf den Beinen halten und setzte sich auf die Stufen. Jahrelang waren diese Leutchen in seinem Kaffeehaus gesessen, hatten geredet und geredet, die typischen Intellektuellen, die immer kritisieren und nie selber was tun, und jetzt stürmen sie los, als ob es wirklich in den antifaschistischen Kampf ginge. Unglaublich und ungeheuer komisch. Er wünschte uns viel Erfolg, stieg hinauf zu den Zügen und wir hinunter, wo uns Marc und Doktor Limitani erwarteten.

Es war soweit. Der gemietete Lastwagen stand bereit, morgen früh konnten wir losfahren, über die Grenze und in den Krieg.

Die Spannung der letzten Monate hatte sich gelöst. Für mich war nach dem Fehlschlag mit dem Genfer Komitee eine Pause eingetreten. Ich mußte wieder in den Militärdienst, war einer neuen Einheit zugeteilt worden, die im Berner Oberland ein großes Sanitätsmanöver abhielt.

Das Manöver mißlang gründlich. Die Einheiten rieben sich selber auf, ganz ohne Feind. Man fand die als Verletzte in den Bergen ausgelegten Soldaten nicht wieder. Erst allmählich kamen sie zum Vorschein, einige mit Erfrierungen, andere hatten sich in der kalten Nacht eine Lungenentzündung geholt. Man konnte sie in den ungeheizten Zelten nicht behandeln; der Lastwagen mit sämtlichen Medikamenten war in einen Bergbach gestürzt und liegengeblieben. Die Offiziere organisierten üppige Mahlzeiten in Berggasthöfen, die sich auf dem schwarzen Markt Fleisch und Schinken beschafft hatten. Der Kommandant trug zwar ein Monokel, rollte aber beim letzten Marsch des Manövers samt seinem Reitpferd einen Steilhang hinunter. Pferd und Reiter blieben unverletzt und waren über und über mit schwarzem Schlamm beschmiert. Das Kommando fiel ganz aus. In dieser letzten Nacht hatte ich jeden Kontakt mit der Truppe verloren. An einer Wegkreuzung traf ich drei verzweifelte Feldprediger, die sich verirrt hatten. Wir gingen über den Paß nach Gstaad. Dort nahm ich einen Bus und fuhr heim. Ich hatte gehofft, in dem Manöver etwas für den Partisanenkrieg zu lernen. Damit war es nichts. In Zürich fand ich eine Aushilfsstelle in einer Klinik.

Wir hatten uns damit abgefunden zu warten, bis die Alliierten im Westen gelandet wären und die Grenze frei machen würden. Das Datum der Landung in der Normandie, den 6. Juni 1944, werde ich nie vergessen. Ich hörte die Nachricht im Radio der Spitalkantine. Da ich ausnahmsweise Geld in der Tasche hatte, ging ich in die Stadt und kaufte ein Paar solide Wanderschuhe. Es geht jetzt bald los, und im Krieg, so dachte ich, muß man vor allem marschieren, «... so muß es gute Schuhe han» (Brecht). Die Schuhe hielten lange, bis in die Jahre des Kalten Krieges.

Es war Zeit, die Reise zu organisieren. Die Monate bis zu unserer Abreise gehören zu meinen angenehmsten Erinnerungen. Als ich vor zwei Jahren bei einer Versammlung der CSS über die historische Jugoslawienmission erzählten sollte, erschien mir gerade diese von wirren Aktivitäten ausgefüllte Zeit in so rosigem Licht, daß ich, mißtrauisch geworden, eine junge Historikerin bat, meinem Gedächtnis nachzuhelfen. Sie war gerade dabei, im Bundesarchiv Aktenmaterial über unsere Mission zu sichten. Es kam einiges zutage. Ich hatte als

Datum der Abreise den 6. September im Gedächtnis, dabei war es der 6. Oktober 1944. Die Ungeduld von damals? Wollte ich früher dabeigewesen sein? Alle anderen Erinnerungen waren richtig und ließen sich da und dort nach den Akten ergänzen. Da war zum Beispiel ein Schreiben des erwähnten Nazis Eugen Bircher an den Leiter einer damals tätigen Presseagentur mit einer wilden Denunziation unseres Guido Piderman, er sei ein getarnter Sowjetagent. Unsere militärischen «Dossiers» konnte man nicht einsehen. Diese werden erst dreißig Jahre nach der Schließung freigegeben, die erst beim Tod des Subjekts erfolgt; aus Gründen des «Persönlichkeitsschutzes». Da hilft keine schriftliche Erklärung, daß man auf den Schutz verzichte. Geschützt werden die Personen, die das Geheimdossier geführt haben, und nicht die Betroffenen.

Mischa schlug uns vor, Marc, einen jungen Kollegen aus Genf, mit in die Mission aufzunehmen. Er war KPler, leider gar nicht chirurgisch geschult, und wollte unbedingt mit. Es gab keinen Widerspruch; jetzt waren alle drei Schweizer Sprachregionen vertreten. Als nächsten Zusatz drängten uns die Jugoslawen Dr. Limitani auf. Ein älterer Arzt, seit Jahren jugoslawischer Emigrant in der Schweiz, «mußte» heim, und wir sollten ihn befördern, weil er für die Partei in Belgrad unentbehrlich sei. Angenehm war es nicht, eine neue Komplikation, der Doktor war Asthmatiker und dozierte überflüssigerweise ständig Marx und Lenin. Guido meinte, man müsse den Jugoslawen den Wunsch erfüllen. Der Alte kam mit und entpuppte sich als Meister im Erzählen von Anekdoten über den sozialistischen Alltag im ironischen Stil von Soschtschenko. In Marseille wollte er sich von uns trennen, um später auf einem direkteren Weg nach Belgrad zu gelangen. Der vom Leben mitgenommene Genosse dachte nur mehr an die Arztpraxis, die er in Belgrad führen wollte, um Geld zu verdienen. Die Klassiker von Marx bis Tito waren ihm plötzlich egal. Wir sollten ihm Instrumente aus den Beständen für die Befreiungsarmee abgeben, für seine Existenz. Wir waren sehr ärgerlich, konnten das Jammern des asthmatischen Alten nicht mehr ertragen und speisten ihn mit ein paar überflüssigen Instrumenten ab. Er ging in Marseille, ohne uns die Hand zu geben. Viel später hörten wir, daß er es im neuen Jugoslawien nach anfänglichen Schwierigkeiten mit der Partei zum Chefredakteur des satirischen Wochenblattes *Ošišani jež*, der geschorene Igel, gebracht hatte. Vielleicht war das der Beginn der relativen Freiheit der Presse, die sich als Vorbote von *Glasnost* in Jugoslawien bis heute gehalten hat.

Den nächsten Mitfahrparasiten hatten die Genossen bereits vorgesehen; auf Befehl der Partei, so hieß es diesmal, müßten wir einen Flieger, der für die junge Luftwaffe der Befreiungsarmee gebraucht werde, mitnehmen. Er war auf geheimnisvolle Weise aus Deutschland in die Schweiz gelangt, wir sollten ihn getarnt als Schweizer Arzt nach Hause schleusen. Ich traf den Genossen, einen Jüngling unter zwanzig, der gewiß kein Flieger war. Als Goldy hörte: «auf Befehl», wurde sie wütend. «Unsere ganze Mission kann mit dem Trick auffliegen.» Guido hatte in seiner verbindlichen Art ja gesagt, «wenn es sein muß, nehmen wir ihn». Ich verhandelte mit den Jugoslawen. Von meiner Erfahrung mit dem Genfer Komitee gestärkt, sagte ich: «Der Genosse soll, wenn er will, schwarz über die Grenze, dann mag er bis Marseille mit uns kommen und sich von dort selber durchschlagen. Wenn euch das nicht paßt, lassen wir auch den Limitani da.» Als sie nochmals mit dem Befehl der Partei kamen, drehte ich mich um und ging fort. Noch am selben Tag erschien Mischa in Goldys Wohnung. Es sei nur eine Anfrage gewesen. Den jungen Mann würden sie selber über die Grenze bringen. *Smrt fašizmu*. Wirklich trafen wir den netten Jungen bei der Ausfahrt aus Genf am vereinbarten Ort. Er war ein Gymnasiast, der zum Arbeitsdienst verschleppt und von dort in die Schweiz geflohen war. Jetzt wollte er heim. Die Genossen hatten den Parteibefehl erfunden, um ihm zu helfen. Wir fanden den Trick auf unsere Kosten sympathischer als den üblichen blinden Gehorsam.

Wieder einmal war es deutlich geworden: Unsere persönliche Utopie ist nicht die gleiche wie die Realität sozialistischer Politik, die Parteiräson. Oft tut sich da eine Kluft auf. Schlimm für den, der sie vorschnell überbrücken will.

Die Schweizer Regierung setzte noch immer auf den Sieg Hitlers. Das war das größte Hindernis für unser Vorhaben; wir mußten es umgehen.

Zusammen mit Guido, der am besten englisch sprach, fuhr ich nach Bern, um dem Botschafter der USA unser Anliegen vorzutragen. Wir hatten uns fein angezogen. Der imposante, im Dienst ergraute Diplomat starrte vor sich hin auf den Boden, bis alles gesagt war. Eine chirurgische Mission – sieben Fachleute – viel Material; wir wollten in das Land, das den größten Bedarf an Ärzten hatte und wo wir, nach rein medizinischen Kriterien, Zivile und Militärpersonen behandeln dürften. Unser Vorschlag: die jugoslawische Befreiungsarmee; unser Ersuchen: Bewilligung und Transport durch die Alliierten bis ins Territorium der Partisanen.

«Ja, der Krieg», sagte der Herr, «der Krieg läßt niemanden ungeschoren. Hören Sie einmal, ich selber, im diplomatischen Dienst der Staaten, habe Verluste. Ob Sie es glauben oder nicht. Ich habe Mietshäuser in Boston, drei oder vier in der besten Gegend. Sie bringen gar nichts mehr. Ich könnte sie nicht einmal verkaufen. Wer will wertlose Häuser kaufen! Und auch die Schweiz muß leiden. Wir helfen ja, wo wir können. So ein schlimmer Krieg. Wir hätten draußen bleiben sollen. Neutral wie die Schweiz. Es war ein Vergnügen, Sie kennenzulernen.»

Im Zug zurück nach Zürich fiel mir auf, daß Guido zu seinem feinen Anzug gestrickte graue Wollsocken und Büßersandalen trug. Der Gesandte hatte unaufhörlich auf den Boden gestarrt, vielleicht auf Guidos Füße. Sicherlich war es ihm noch nie passiert, daß jemand mit so einer Fußbekleidung in sein Office gekommen war.

Als wir viel später den amerikanischen Spielfilm «Sacco und Vanzetti» sahen, in dem die Gerichtsverfahren gegen die beiden als Attentäter verdächtigten «Anarchisten», die in den USA einem Justizmord zum Opfer gefallen sind, rekonstruiert werden, trafen wir auf den gleichen Zwischenfall. Endlich haben die beiden hilflosen, verfolgten Arbeiter einen anständigen Anwalt gefunden, der ihre Verteidigung übernimmt. Es ist ein sozialistischer Anwalt, ein einfacher, redlicher Mann, der die Hexenjagd durchschaut und sie klug und engagiert verteidigt. Während seines Plädoyers hört der vornehme alte Gerichtspräsident gar nicht zu. Wie gebannt starrt er auf die Füße des Anwalts – er trägt Büßersandalen, die die Zehen freilassen. Uns fiel sogleich Guidos mißglücktes Auftreten in der amerikanischen Gesandtschaft ein. Natürlich kann es auch andere Gründe geben, warum der Gesandte uns nicht verstand.

Irgendwer hatte mir erzählt, es gebe in Bern einen englischen Journalisten, der nenne sich Charly Brown und sei gar kein Journalist, sondern vom britischen Geheimdienst. Täglich um zwei Uhr nachmittags im Café A. in Bern sei er zu treffen. Das konnte stimmen oder nicht und war ziemlich riskant. Es fiel uns aber nichts Besseres ein. Die Nachrichten vom Vormarsch der Alliierten waren so, daß wir nicht mehr viel Zeit verlieren wollten.

Ich fuhr nach Bern, und der Kellner war sofort im Bilde: «Da hinten, der mit der Zeitung ist Herr Brown.» Ich stellte mich vor. «Charly Brown», sagte er. «Was kann ich für Sie tun?» Es war ein sehr junger Mann, der mir durchaus «britisch» vorkam. Ich begann zu erzählen, erst vorsichtig, ohne Namen zu nennen. Dann schilderte ich, wie uns der amerikanische Gesandte hatte abfahren lassen. Charly Brown lachte so herzlich, daß ich mutiger wurde, die chirurgische Mission genauer beschrieb und Jugoslawien erwähnte, «das alliierte Land mit dem größten Mangel an Ärzten». «Ich weiß, die Nazis haben fast alle jugoslawischen Ärzte umgebracht. Ihre Initiative ist logisch.» – «Das Komitee der Jugoslawen in Zürich hat uns versichert, daß wir erwünscht sind und daß wir gleichermaßen für Zivile und Militärs arbeiten dürften.» – «Ah, der Herr Mischa», unterbrach er mich. «Ich glaube, ich kann Ihnen helfen. Was Sie brauchen, ist unsere Logistik, Papiere und so weiter.» Ich entschloß mich, ihm alles mitzuteilen. Unsere Namen ließ er mich wiederholen, machte aber keine Notizen. Als ich alles gesagt hatte, lächelte er freundlich: «Das ist ein schöner Plan. Aber wissen Sie, der Krieg! Bis wir die Antwort vom Hauptquartier haben, kann es lange dauern. Vielleicht 48 Stunden. Bitte schauen Sie doch dann wieder hier vorbei.»

Zwei Tage später saß Charly Brown am selben Tisch, legte die Zeitung nieder und sagte: «Ich glaube, Sie können zufrieden sein. In der britischen Gesandtschaft, gleich hier in der Nähe, wartet man auf Sie. Sagen Sie, daß ich Sie schicke. Ihren Kollegen und Ihnen wünsche ich viel Erfolg.» Noch am selben Nachmittag bekam ich den militärischen Transportbefehl der alliierten Armee, ohne Datum, und für jeden persönlich sowie für die ganze Mission je ein Papier, das aussah wie ein Diplomatenpaß von der jugoslawischen Exilregierung, gezeichnet vom Premierminister Šubašić. Das war mehr, als wir erwartet hatten. Unsere Bedenken waren verflogen. Obzwar die Alliierten von Südfrankreich her nicht in Richtung Schweiz, sondern mehr westlich vorrückten und nicht schnell weiterkamen, beschlossen wir, die Gesuche um Militärurlaub sogleich einzureichen.

Alle außer Goldy und Hannes waren «mobilisiert». Wir mußten ein Gesuch für militärischen Auslandsurlaub stellen. Zu desertieren und schwarz über die Grenze zu gehen wäre einfacher gewesen, aber politisch falsch. Jeder stellte das Gesuch bei seiner Einheit.

Erst kürzlich hat mir Elio erzählt, wie es damals mit seinem Urlaubsgesuch gegangen ist. «Ich hatte den Eindruck, daß fast alle Chirurgen an der Zürcher Universitätsklinik pro Nazi waren. Einige Oberärzte waren mit den Schweizer Hilfsmissionen an der deutschen Ostfront im Einsatz gewesen.»

Da ich gerade wieder im Dienst war, meldete ich mich direkt beim Chef des Generalstabs Dollfuß und bat offiziell um Urlaub für die Jugoslawienmission. Als Antwort brüllte er mich an: «Achtungstellung!» Ich nahm Stellung an, und er brüllte: «Hinaus!»

Damit war die Sache für mich nicht abgetan. Bei uns im Tessin war die Stimmung ganz anders. Ich suchte Altbundesrat Celio auf, der als Politiker ein Kollege meines Vaters war. Er war gewiß kein Linker, erkundigte sich aber genau nach unseren Plänen. Als ich ihm erzählte, wie der Generalstabschef auf mein Gesuch reagiert hatte, versprach er, sofort einen Brief an den Bundesrat zu schreiben. (Im Bundesarchiv findet sich dieses Schreiben und ein ausführlicher Empfehlungsbrief eines ehemaligen sozialdemokratischen Bundesrates, in dem von den humanitären Traditionen der Schweiz die Rede ist.)

In der Militärverwaltung wurden die Gesuche zusammengelegt und nach geraumer Zeit allesamt abschlägig beschieden. Guido, der gerade wieder im Militärdienst war, erfuhr unter der Hand, daß ein hoher Offizier auf den Umschlag unseres Dossiers geschrieben hatte: «Dieses Kommunistenpack kommt mir nicht aus dem Land.»

Wir mußten versuchen, die Militärurlaube dennoch zu kriegen. Unterredungen, geheime und halboffizielle Treffen, Konferenzen und Interventionen hielten uns in den nächsten Wochen in Trab. Bald hatte es den Anschein, daß die Militärs nichts dagegen hätten, uns ziehen zu lassen, daß aber das Politische Departement, das Außenministerium, alles sabotierte. Nach der nächsten Konferenz schien vom Außendienst grünes Licht zu kommen und das Hindernis doch bei der Armee zu liegen. Bei jedem der Versuche, Unterstützung für die Mission zu gewinnen, wurde es schwieriger, gleichzeitig auf das öffentliche Interesse hinzuweisen und so vorzugehen, daß das Vorhaben genügend geheimgehalten wurde, um nicht Interventionen der Achsenmächte hervorzurufen, denen sich unsere Behörden kaum widersetzt hätten. Daß die Alliierten am Ende siegen würden, erwähnten wir bald nicht mehr. Wenn wir das andeuteten, wurde das Gespräch sofort abgebrochen.

Den besten Trumpf hatten wir uns aufgespart, bis ich einmal mit dem Chef der Diplomatischen Dienste reden konnte. Der Herr war im Bilde und winkte sogleich ab: «Ich kenne Ihr Anliegen. Es ist aber unmöglich. Die Schweizer Neutralitätspolitik gestattet eine solche Hilfe nicht. Die humanitär-ärztlichen Aufgaben, auf die Sie sich berufen, könnten in Kriegszeiten leicht als Verstoß gegen die Neutralität interpretiert werden. Das würde für die Schweiz ernsthafte Schwierigkeiten nach sich ziehen. Es wäre angezeigt, alle Urlaubsgesuche zurückzuziehen.»

«Wenn das Ihre Entscheidung ist, dann bitte ich Sie um einen Rat.» Wir hatten unsere Kontakte mit den Alliierten bis dahin nicht erwähnt. «Wie sollen wir dem Hauptquartier und den politischen Behörden der Alliierten gegenüber das Veto der Eidgenossenschaft begründen? Es wird dort kaum verstanden werden, besonders in Anbetracht der massiven militärmedizinischen Unterstützung der deutschen Truppen an der Ostfront.»

Der Beamte, der gelassen und von oben herab zu mir gesprochen hatte, sprang auf: «Was! Wie? Sie haben die Sache schon in London vorgetragen? Das war voreilig. Sie hätten zuerst uns fragen müssen.»

«Geschehen ist geschehen. ‹Vorgetragen› ist übrigens nicht das richtige Wort. Die Mission hat sich angeboten, und *en échange* hat uns die Regierung akkreditiert; und die Logistik der alliierten Armee hat sich verpflichtet, den Transport zu übernehmen.»

«Das hätten Sie nicht tun dürfen. Sie haben die diplomatischen Verbindungen umgangen; es ist gegen alle Usancen, wie Sie gehandelt haben.»

Er machte eine Pause. Ich hakte wieder ein: «Ja, es ist schwer zu begründen, warum wir nicht gehen dürfen. Und wie sollen wir der Presse erklären, daß Sie eine ärztliche Hilfe verhindern?»

Jetzt log ich. Wir hatten es nicht gewagt, Journalisten einzuweihen, damit die Mission so lange wie möglich geheim blieb. Kam etwas heraus, bevor die Alliierten zugesagt hatten, so war ein Verbot unvermeidlich. Der Herr hatte sich niedergesetzt.

«Warten Sie ein wenig, nichts überstürzen, Sie als Arzt können ja nicht wissen, wie komplex die Probleme heute sind. Es ist eben Krieg. Da sind manchmal die besten humanen Absichten einfach nicht durchführbar. Wir müssen uns die Sache überlegen.»

«Es ist schon noch etwas Zeit», sagte ich, «wir glauben, daß wir bis übermorgen mittag warten können. Dann müssen wir nach London melden, wie die Entscheidung des Bundesrates lautet. Mit der Presse ist es nicht so dringlich.»

Ich stand auf, und er kam bis zur Ausgangstür mit, als ob er sich vergewissern wollte, daß ich wirklich draußen war. Am übernächsten Tag bekam ich mit der Post von meiner militärischen Einheit die Bewilligung für einen Auslandsurlaub, befristet auf ein Jahr vom Tag der Ausreise an. In den folgenden Tagen wurden die anderen Gesuche ebenso erledigt.

Mit den hohen Behörden hätten wir nichts mehr zu tun gehabt, wenn sich nicht ein Herr de Haller, ein hoher Bundesbeamter, eingeschaltet hätte. Der Bundesrat sei verpflichtet, unsere ärztliche Mission unter den Schutz der Genfer Konvention vom Roten Kreuz zu stellen. Wir müßten nach Bern melden, wo wir eingesetzt würden, und die Regierung sei gehalten, dies jeweils der deutschen Heeresleitung mitzuteilen, damit sie ihrer Verpflichtung nachkommen könne, unsere Spitäler und medizinischen Einrichtungen mit Kriegshandlungen zu verschonen. Wir gaben zu bedenken, daß uns dies aufs schlimmste gefährden würde. Es war bekannt, daß die Partisanenbewegung von der Besatzungsmacht als rechtlose Banditen betrachtet wurden, für die die Genfer Konvention nicht gilt. Überdies war bekannt geworden, daß deutsche Spezialkommandos die Partisanenspitäler überfielen und alle Verwundeten, Pflegerinnen und Ärzte niedermachten. Das Verfahren galt bei der Wehrmacht als bestes Mittel zur Demoralisierung des Feindes. Der Beamte war von seiner Pflicht, wie er es nannte, nicht abzubringen. Wenn wir der Behörde nicht helfen wollten, müsse man uns eben überwachen. Er werde sich an unsere Organisation halten und mit dem Roten Kreuz in Verbindung treten. Entweder verstand er wirklich nichts, oder er hätte uns gerne den Deutschen ausgeliefert. Wir rieten der CSS, sich in ein Verwirrspiel einzulassen, damit der gefährliche de Haller nie wüßte, wo wir uns befinden. Das gelang vorzüglich. Den Akten im Bundesarchiv ist zu entnehmen, daß de Haller seinen Plan, uns mittels der Genfer Konvention zu vernichten, erst sechs Monate nach unserer Abreise aufgab. Auf seine Anfrage hatte die CSS geantwortet, sie wisse nichts von uns; das Schweizerische Rote Kreuz sagte mit mehr Recht das gleiche, das Internationale Komitee ebenfalls. Dann schrieb irgendwer an den eifrigen Beamten, es gebe uns gar nicht. Jedenfalls machten wir uns keine Sorgen darüber.

Der Weg über die Grenze war frei! Wir telefonierten jetzt ganz offen miteinander. Alle waren zufrieden, am glücklichsten war Mischa. Wir waren nur noch ungeduldig. Der Vormarsch der Alliierten schien zu stocken. Und Elio konnten wir nirgends finden. Zu Hause wußte man nicht, wo er war, und bei seiner militärischen Einheit war er auch nicht. Darum beschlossen wir, unsere Organisation, die CSS, endlich zu informieren, bevor ihnen unser Vorhaben von anderer Seite zugetragen wurde.

Vom Anfang der Vorbereitungen an waren wir entschlossen, die Mission im Namen der Centrale Sanitaire durchzuführen. Eine andere Organisation kam nicht in Frage, weil unsere antifaschistische Mission in der Tradition der Interbrigaden stand. Es gab allerdings auch keine andere Hilfsorganisation in der Schweiz, die es damals gewagt hätte, Titos Partisanen zu helfen.

Dr. med. Hans von Fischer, Vofi genannt, war Gründer, Herz und Seele und leider auch Sprachrohr der CSS. Er konnte den Mund nicht halten. Wenn Vofi erfuhr, was wir vorhatten, würde es bald die ganze Stadt wissen. Sogar Hannes, der das ihm anvertraute Geld ausgab, war überzeugt davon, daß wir der CSS nichts sagen durften, bis alles unter Dach war. Vofi war ein rundlicher, jovialer Mann aus einer Adelsfamilie, der eine Allgemeinpraxis in Zürich betrieb; Arbeiter, Emigranten und alle Ausgebeuteten und Unterdrückten waren seine liebsten Patienten. Ich glaube, daß er bei den Behörden als der einzige wirklich harmlose Kommunist galt. Als wir bereits einige Monate in Jugoslawien waren, bereitete er eine zweite Mission vor. Er engagierte den berühmten Epidemiologen Moser und brachte eine Menge Medikamente zusammen, die er Tito persönlich überreichen wollte. Auf dem Weg nach Belgrad machte er Halt im Zentralspital Meljine, wo wir damals arbeiteten. Aber er hatte an Ersatzmedikamente für den Chirurgiebetrieb nicht gedacht und auch vergessen, bei unseren Angehörigen nach Briefen für uns zu fragen. Wir waren seit über vier Monaten ohne Nachrichten von zu Hause. Er verstand nicht, daß wir ihm das vorhielten. Im sozialistischen Kampf dürfe man an so etwas gar nicht denken. Wir waren froh, daß er bald in das befreite Belgrad weiterbefördert wurde. Dort wurde seine Mission ein voller Erfolg, die Medikamente waren willkommen, er durfte mit Tito die Front inspizieren und bot überdies den Genossen in der Hauptstadt eine unerwartete Unterhaltung. Die beiden älteren Herren hatten im Hotel Moskwa, wo man sie untergebracht hatte, reichlich dem Losovac, dem montenegrinischen Schnaps, zugesprochen und diskutierten über ihr ewiges Thema: den Kommunismus. Vofi, ein alter Kämpfer, war dumm, aber linientreu. Der Professor galt nur als Kommunist, weil er immer Anstoß erregte und einmal dem Rektor der Universität, der etwas Rassistisches gesagt hatte, öffentlich eine Ohrfeige verabreichte; er war jedoch intelligent und ein erbitterter Individualist. Der Streit wurde so hitzig, daß Vofi seinem Freund eine Bierflasche auf den Schädel schlug und ihm anschließend im Militärspital die Kopfwunde nähen mußte. So ein Vergnügen konnte den Genossen niemand aus unserer Mission bieten.

Da Guido im Militär, Elio nicht auffindbar und Hannes mit Vofi einigermaßen zerstritten war, mußten Goldy und ich den schweren Gang tun, der Centrale Sanitaire ihre große Aktion zu enthüllen. Der Genosse Doktor bestellte uns auf den Abend in seine Sprechstunde. Nachdem der letzte Patient gegangen war, begrüßte er uns mit der gewohnten Herzlichkeit, sprudelte nur so von Fragen und Hilfsbereitschaft und wollte Wein holen. «Genosse Vofi, warte noch einen Augenblick und, bitte, hör zu», sagte ich. Als alles heraus war, verschlug es ihm die Sprache. Dann lief er rot an und begann zu brüllen. «Was habt ihr getan, das Geld der Centrale Sanitaire veruntreut und hinausgeworfen, seid ihr die Centrale oder ich, das gehört zur Polizei! Genossen sind das? Heimtückische Verräter seid ihr. Was? Es ist nicht mehr rückgängig zu machen? Wir werden schon sehen.» Er wollte kein Wort mehr hören und stürzte zum Telefon. Er sprach mit Dr. R., dem Sekretär der CSS, seinem Freund und bewährten Genossen. Schon während des Telefongesprächs ging der Wutanfall zu Ende. Der intelligente Jurist hatte die Lage sofort erfaßt. Noch bevor er erschien – und er war sehr bald da –, hatte uns Vofi umarmt und versichert, er sei stolz, daß wir, seine lieben jungen Mitkämpfer gegen den Faschismus, mit einer Initiative internationaler Solidarität den Kampf des jugoslawischen Volkes aktiv unterstützen wollten. R. war weniger enthusiastisch, versprach, sich bei der Partei dafür einzusetzen, daß unser eigenmächtiges Vorgehen, das wegen des illegalen Zustandes nötig gewesen war, nachträglich sanktioniert und uns sogar die Führung der Jugoslawienmission anvertraut werde. Die Absicht, uns ganz der Partei zu unterstellen, gefiel uns noch weniger als der schnell verflogene Zorn Vofis. Sehr beeindruckt waren wir dennoch nicht. Niemand mehr konnte uns zurückhalten, auch die Partei nicht. R. hatte die Chance erkannt, die stillgelegte CSS wiederzubeleben; er machte sich sogleich ans Umorganisieren.

Die nächsten Tage waren ein Lehrstück über stalinistische Bürokratie. Es gelang uns noch, den Text für die Plakate durchzusetzen, die auf die Kisten mit dem Material geklebt werden sollten: *1ère Mission chirurgicale / de la Centrale Sanitaire Suisse / pour l'Armée de Libération Yougoslave / du Maréchal Tito.* Über den Zusatz mit Tito gab es eine mühselige Diskussion, obzwar die KP das Verbrechen des Titoismus, dessen nach 1948 Tausende von Genossen und Genossinnen in allen Oststaaten beschuldigt wurden, noch längst nicht erfunden hatte. Da in der Presse und sicherlich auch bei den Alliierten immer wieder von anderen jugoslawischen Widerstandsbewegungen die Rede war und die echten Partisanen unter dem Markenzeichen Tito bekannt waren, konnten wir auf seinen Namen nicht verzichten.

Mit der nächsten Frage versteiften sich die Diskussionen. R. führte sie hartnäckig und stundenlang, während Vofi, dem nicht daran lag, mit uns zu streiten, seine Praxis vorschützte und verschwand. «Wer ist der verantwortliche Führer eurer Mission? Einer muß dasein, der der Partei verantwortlich ist und dem sie ihre Befehle übermitteln kann.» Das verlangte er und untermauerte die Forderung mit unzähligen Argumenten und Lenin-Zitaten. Wir dagegen: «Wir sind Kollegen und Freunde und sind übereingekommen, als Kollektiv zu arbeiten. Alle Entschlüsse werden diskutiert und gemeinsam gefaßt. Einen Chefchirurgen haben wir. Das ist Guido, denn er ist der beste Chirurg. Einen Führer brauchen wir nicht und wollen wir nicht.»

Für den nächsten Nachmittag rief uns Genosse R. zu einer politischen Instruktion in sein Büro. Außer Elio, der noch immer nicht aufgetaucht war, kamen wir pünktlich. Es war zu merken, daß R. mit «der Partei» gesprochen hatte. Es war ein Rückzugsgefecht. Der Genosse R. präsidierte und ersuchte uns dringend, die Lehren, die er uns vermitteln werde, auf die Praxis, also auf unsere Situation anzuwenden. Dann zog er Stalins «Geschichte der bolschewistischen Partei» hervor, die Goldy die «Stalinbibel» zu nennen pflegt, und begann daraus vorzulesen.

An das Ende der Sitzung kann ich mich nicht erinnern. Ich war eingeschlafen. Erstens kannte ich den Text, der mir trocken und nichtssagend vorkam, und dann war ich müde. Ich hatte Hannes während der letzten Nacht bis in den Morgen geholfen, die Instrumente zu verpacken. Der Anspruch an uns, die von der Partei gebotene stalinistische Ordnung zu befolgen, wurde nie aufgegeben, aber auch nicht durchgesetzt. Marc, der Unerfahrenste unter uns, war der einzige, der an Stalin «glaubte». Die jugoslawischen Genossen behandelten jeden von uns als selbstverantwortlichen Menschen, so wie ihre eigenen Kämpfer und Kämpferinnen, die auf keinen Parteibefehl angewiesen waren.

Dr. R. legte uns keine Hindernisse mehr in den Weg. Wie ärgerlich er war, sahen wir daran, daß er sich nicht von uns verabschiedete. Und die 200 Schweizer Franken, die die CSS jedem von uns als Taschengeld auszahlte, ließ er sich in seiner Eigenschaft als Kassierer unter der Bezeichnung «Handgeld» quittieren. Handgeld bekamen bei der Anwerbung die Reisläufer, die berühmten Schweizer Söldner, die bis zur Französischen Revolution an Potentaten Europas vermietet worden waren. Das ärgerte wiederum uns, bis wir über die verbale Ohrfeige lachen konnten.

Endlich tauchte Elio wieder auf. Wo er gesteckt hatte, sagte er nicht, deutete nur an, daß er eingesperrt war. Seine Geschichte, die er erst viel später preisgab, wäre eine eigene Erzählung wert. Ich kenne sie nur in Umrissen und kann sie deshalb nicht richtig erzählen:

Es war im Spätherbst 1943. Elio tat als junger Arzt-Leutnant Dienst bei einer Tessiner Truppe an der italienischen Grenze. Nach der Kapitulation Italiens am 8. September hatte der deutsche Sicherheitsdienst das Land besetzt. Zehntausende von Flüchtlingen, Juden aus Deutschland, Österreich und dem Osten sowie verfolgte italienische Antifaschisten waren aus ihren Verstecken aufgetaucht und jetzt wieder tödlicher Verfolgung ausgesetzt. Viele hielten sich in Dörfern in Norditalien nahe der Grenze versteckt, um sich in der Schweiz in Sicherheit zu bringen. Der Bundesrat hatte die Grenze sperren lassen. Elio, der Verbindung zu italienischen Widerstandsgruppen hatte, erfuhr, daß sich Emigranten in einem grenznahen Dorf der Zone, die seine Einheit zu bewachen hatte, versteckt hielten. Er sammelte unter seinen Soldaten und Unteroffizieren ein Trüppchen, das Freude an einem kühnen, illegalen Handstreich hatte; ausschließlich junge Tessiner, viele von ihnen Sanitäter. Bewaffnet mit Handfeuerwaffen überschritten sie unbemerkt von den Truppen beider Seiten die Grenze und besetzten das Dorf. In der nächsten Nacht schleusten Elios Leute alle Personen, die in die Schweiz wollten, tief ins Land herein und zogen sich dann selber in die Schweiz zurück. Der Handstreich gelang unblutig. Das Geschehen wurde von der Schweizer Armee zu spät bemerkt, und auch die Deutschen erfuhren erst nachträglich, daß einem Schweizer Sanitäter mit ein paar Soldaten die militärische Besetzung eines Territoriums der Achsenmächte geglückt war. Wäre es bekannt geworden, hätte ganz Italien darüber gelacht. Die Eidgenossenschaft war noch weniger daran interessiert, den Fall öffentlich aufzurollen; sie fürchtete schreckliche Folgen, wenn dieser eklatante Verstoß gegen die Neutralität bekannt würde. Man behandelte den unbotmäßigen Leutnant zuvorkommend; nicht wenige Tessiner Offiziere sprachen ihm ihre Sympathie aus. Statt ein Verfahren vor dem Militärgericht anzustrengen, einigte man sich mit dem frechen Eroberer auf eine Disziplinarstrafe – vierzehn Tage Arrest bei seiner Truppe; dazu hatte sich Elio korrekterweise gestellt, bevor die Reise in den Partisanenkrieg losging.

Eigentlich wollte ich hier anfügen, wie jeder von uns Abschied nahm und wie sechs verschiedene Schweizer Familien darauf reagiert haben, daß der geliebte Sohn oder Bruder freiwillig in den Partisanenkrieg zog. Erst jetzt fällt mir auf, daß ich es nicht weiß. Weder sogleich noch während der langen Reise bis Montenegro, noch irgendwann später war unter uns davon die Rede. Das sagt nichts über die Zurückbleibenden aus, aber viel über uns. Ein Abschied zählt nicht viel, wenn es darum geht, für eine bessere Zukunft zu kämpfen – oder zu sterben; das war nicht im vorhinein auszuschließen.

Was in unseren eigenen Familien vorging, weiß ich natürlich.

Goldy und Gustl hatten nur die alte Mutter, die vollkommen taub mit ihren zwei Katzen in der primitiven gemütlichen Wohnung in der Schlüsselgasse zurückblieb. Der männlichen Katze hatte sie den Kosenamen des über alles geliebten Sohnes gegeben. Da beide Kinder fortzogen, war die CSS bereit, ihr eine kleine Monatsrente zu zahlen zur Ergänzung der Armenrente ihrer Heimatgemeinde Le Locle. Beim Abschied strahlte die kleine alte Franziska unter Tränen. Sie hatte sich ein Lehrbuch der serbokroatischen Sprache gekauft und beschlossen, die Sprache der Partisanen zu lernen: «Bis ihr wieder da seid, kann ich's, und ihr werdet mir von der Niederlage der Nazis und dem Triumph der Revolution erzählen.» Sie war eine bürgerliche Frau gewesen, die den finanziellen Ruin der Familie, den Tod des geliebten Mannes und eine schlimme Krankheit ertragen hatte. Beim einzigen Glück, das sie erwarten konnte, dem Sieg ihrer Kinder für eine gerechtere Welt, wollte sie dabeisein.

Ich fuhr erst zu meinen Eltern, als der Abreisetermin feststand, weil ich es nicht anständig fand, sie am Telefon zu informieren. Sie lebten, seit sie 1941 das Landgut in Slowenien hatten verlassen müssen, als «heimgekehrte Auslandschweizer» wie Flüchtlinge in Lugano. Die Mutter erwartete mich am Bahnhof. In der Wohnung angekommen, eröffnete ich ihnen den Plan. Ich hatte die Vorbereitungen vor meinen Eltern und Geschwistern besonders sorgfältig geheimgehalten, weil ich meinen Vater so einschätzte, daß er imstande gewesen wäre, die Mission durch eine mehr oder weniger gezielte Denunziation bei den Behörden auffliegen zu lassen. Er sagte kein Wort und ging nach meiner Eröffnung aus dem Zimmer. Diese Art, eine fruchtlose Diskussion abzubrechen, habe ich ihm abgeschaut. Im Laufe des Tages bot er mir jedoch an, das Manuskript meiner Doktordissertation, das ich den Eltern zur Verwahrung mitgebracht hatte, drucken zu lassen, damit es zur Abgabe an das Rektorat bereit sei, wenn ich zurückkäme. Das hat mich damals überrascht und mehr noch, daß er sein Versprechen einhielt, was er sonst den Kindern gegenüber nicht zu tun pflegte. Väterliche Liebe war stärker als sein überzeugter Antikommunismus.

Die Mutter bekam Tränen in die Augen und sagte leise: «Ich weiß, du tust immer, was du für richtig hältst; sicher ist auch das gut. Ich verstehe nichts davon. Aber es ist so gefährlich. Die Nazis bringen alle um, auch die Ärzte und die Verwundeten. Es ist schrecklich. Wie kann ich dich schützen, mein lieber Paul? Was kann ich tun?» Etwas später fragte sie mich, ob ich einen Gürtel tragen würde, in den sie drei Goldmünzen, sogenannte Vreneli, einnähen könnte, die sie aus besseren Zeiten besaß. «Für den Notfall.» Ohne daß sie es sagte, war klar, daß ich mit dem Gold in letzter Minute irgendeinen Nazischergen bestechen könnte, mich zu verschonen. Ich versprach, den Gürtel anzuziehen, und umarmte sie. Dann vergaß ich die Vreneli, die ich am Bauch trug.

Der Notfall trat tatsächlich ein, aber anders. Als im Frühjahr 1945 die siegreiche Front schon weit von unserem Spital in Meljine entfernt war, wurde uns ein junger sympathischer Medizinstudent als Assistent zugeteilt. Er war willkommen, da es sehr viel zu tun gab und seine rudimentären medizinischen Kenntnisse sich rasch erweiterten. Auch bei den Genossen der militärischen Verwaltung erweckte der schöne feurige Montenegriner solche Sympathien, daß er – als erster in unserer Einheit – die Erlaubnis bekam, eine altgediente junge Partisanin, die als Krankenschwester bei uns arbeitete, richtiggehend zu heiraten. Jede Liebes- und Ehegeschichte war bis dahin streng verboten gewesen. Die junge Frau bestand sogar auf einer kirchlichen Hochzeit. Auch das wurde gebilligt, man fand einen Popen, der irgendwo zurückgezogen lebte und den Schlüssel einer längst geschlossenen Kirche besaß, und ich sollte natürlich der *kum*, der Trauzeuge sein. Das ist das Wichtigste für die Ehe, ein gütiger *kum*, der das Glück der jungen Brautleute garantiert. Ich mußte die Ehrung annehmen, kam aber in arge Verlegenheit. Wie sollte ich die Feier bestreiten? Wein gab es überhaupt nicht, obwohl die Weine von Herceg Novi bis zum Krieg berühmt gewesen waren.

«Ich muß Wein kriegen», sagte ich zu Goldy und verließ an diesem schönen Frühlingstag, ausgerüstet mit einem Röhrchen Aspirintabletten und Zigaretten, die ich einigen Patienten, Nichtrauchern, abgebettelt hatte, das Spital, aus dem ich seit Wochen nicht herausgekommen war. Ich stieg in die weinbepflanzten Hügel hinauf und klopfte beim ersten Winzerhaus an. Ein verschreckter Alter begann zu jammern. Seit Jahren habe er nichts geerntet, sein Sohn sei irgendwo an der Front, die Frau längst gestorben; aber vielleicht beim Nachbarn. «Ja, ein *kum* muß den Hochzeitswein stiften. Anders geht es nicht», sagte er noch und: «Die Fässer sind leer, der Krieg trinkt alles aus.» Schon in der dritten Hütte wurde ich fündig, der Handel gelang, und ich kehrte mit zwei Doppellitern dunkelroten Weins zurück, etwas beschwingt, weil mich der Bauer, der lange keinen Tabak gesehen hatte, reichlich kosten ließ.

«Jetzt brauchst du nur noch ein Geschenk», sagte Goldy. «Was ist eigentlich mit den Goldstücken deiner Mutter?» Ich tastete den Ledergürtel ab; sie waren noch da.

Es wurde eine sehr schöne Hochzeit. Das Zeremoniell in der Kirche wurde voll durchgespielt und ich mittendrin. Der Pope hatte an alles gedacht und mir einen kirchlichen Souffleur beigegeben, der mir immer sagte, wann ich stehenbleiben, wann weitergehen, die Kerzen nehmen, sie anzünden, wegstellen und die Seidenbänder des Brautkranzes ergreifen sollte, mit denen die Jungvermählten um den Altar kutschiert werden wie ein paar edle Rösser. Daß ich dem Brauch der Montenegriner gemäß dem Paar drei Goldstücke in die Ehe gab, wunderte bei all dem Wunderbaren, das den kommenden Frieden vorwegnahm, niemanden mehr.

Als wir uns in Genf versammelten, durfte von allen Freunden nur Manoli mitkommen. Er fotografierte für die Presse: die Teilnehmer der Mission zum letztenmal in einem Kaffeehaus in der Rue Montblanc, dieselben im Laderaum des Lastwagens unter dem Planenverdeck, den letzten Blick zurück, gut sichtbar das Plakat «Erste chirurgische Mission», der Text bis «Tito». Die Fotografien sind gelungen, einige erschienen in der Zeitung, sobald wir fort waren. Vofi und Dr. R. sollen sie stolz herumgereicht haben. Die Gesichter auf den Fotos sind klein geraten, so daß man den Ausdruck nicht erkennen kann. Die jungen Leute wirken wie Kaffeehausbesucher, die sich zu einem Ausflug aufs Land zusammengefunden haben.

4
Vorsicht und Freundschaft

Die zweite Nacht in Frankreich verbrachten wir in einem Dorf hoch oben in den Alpes Maritimes. Wir fuhren einen Karrenweg hinauf, der von der Asphaltstraße abzweigt, mit dröhnendem Motor im ersten Gang über terrassenartig ansteigende Hügel. Der steinige Boden war spärlich mit Büschen bewachsen, in den Senken standen knorrige Eichen und andere Laubbäume. Nach der dritten oder vierten Schwelle plötzlich das Dorf, geduckte Häuschen aus Stein, einzeln und zu kleinen Gruppen gedrängt rechts und links vom Wege, der weiter bergwärts anstieg. Menschen waren nicht zu sehen.

Mitten auf dem Weg lagen große Steine, beinahe Felsbrocken, der Fahrer versuchte ihnen auszuweichen und mußte schließlich anhalten. Da kam ein Mann in großen Schritten oder Sprüngen den Hang herunter und blieb oben an der Wegböschung stehen. Es war ein Bauernbursche, der offenbar von der Jagd heimkam, denn er trug ein Gewehr über der Schulter. Der Jäger beschattete die Augen mit der Hand vor der untergehenden Sonne, um das Plakat der CSS zu lesen, das außen an der Kabine angebracht war. Ich hatte Zeit, ihn zu betrachten. Er war großgewachsen und kräftig und doch kein Jäger, denn sein Gewehr war ein Militärkarabiner, und am Gürtel hing in einer Lederschlaufe eine lange Mauserpistole. Als er fertig gelesen hatte, hob er die rechte Faust zum Gruß und rief: «Salut, camarades!» Dann steckte er zwei Finger in den Mund und brachte einen schrillen Pfiff hervor. Während er näher kam und jedem von uns die Hand schüttelte, belebte sich die Gegend. Vor, neben und hinter uns waren jetzt Menschen, etwa zwei Dutzend, alte, junge, viele Frauen und Kinder. Alle grüßten mit der Faust, wir sprangen aus dem Wagen und grüßten ebenso. Es gab ein Händeschütteln und «Salut, salut» von beiden Seiten. Der Fahrer war sitzen geblieben. Zuerst grüßte er nicht, dann hob auch er die Faust. Während die Begrüßung noch im Gang war, hatte der Junge die Steinbrocken beiseite geschoben und ließ den Lastwagen auf einer Wiese zwischen den ersten Häusern parken.

Bevor wir unseren Wunsch, hier zu übernachten, vorbringen konnten, stellte sich einer der Bauern vor uns hin, als ob er eine Ansprache halten wollte. Er war älter als die anderen, klein und irgendwie verwachsen und trug einen grünen Jägerhut. Alle anderen hatten schwarze Baskenmützen auf. *« Vous avez bien fait de vous arrêter à ... »* Er sagte deutlich den Namen des Dorfes, etwas wie Saint Martin-des-Crêtes oder Saint Pierre-des-Cîmes. Wir konnten das Dorf nicht mehr finden, wenn wir in späteren Jahren über die Route Napoléon nach Süden fuhren.

Die erste Nacht hatten wir in Grenoble verbracht. Das Stadtkommando wies uns in eine Herberge. Auf die Tür waren mit weißer Farbe das Burgunderkreuz und die Lettern FFI gemalt, das Symbol des nationalen Widerstands. Hier in Grenoble lagerten die drei Tonnen Milchpulver, die uns das Internationale Komitee vom Roten Kreuz mitgeben wollte. Wir hatten die Verzögerung in Kauf genommen, weil Vofi dem Roten Kreuz einen Dienst erweisen wollte und weil wir dachten: das Milchpulver wird in Jugoslawien willkommen sein.

Als wir uns früh am Morgen zur Adresse des Komitees aufmachten, gab es eine Überraschung. Guido war nicht da. Der Wirt, ein elegant gekleideter Herr, zog einen Zettel aus der Tasche. Mit Mühe konnten wir Guidos Ärzteschrift entziffern. Er sei im Jeep mit englischen Offizieren nach Marseille vorausgefahren, um «Quartier zu machen», und werde uns dort treffen. Elio fluchte; wir sahen uns bedeutungsvoll an. Das war nicht der richtige kollektive Geist.

Das Magazin war leicht zu finden. Ein Mann hatte sein Feldbett vor die zerbrochene Tür gerückt und bewachte es. Er hatte nur einen

Arm und trug einen roten Knopf mit Sichel und Hammer am Rockaufschlag. Beim Verladen könne er uns leider nicht helfen; dafür gab er Ratschläge, während wir unsere Kisten übereinanderschichteten und 150 Kartons mit jeweils 20 Kilodosen Pulvermilch verstauten. Nach der Arbeit tat uns allen der Rücken weh, und wir luden den freundlichen Wächter ein, ein Glas mit uns zu trinken, bevor wir weiterfuhren. Vor dem Tor der Herberge zeigte er auf das Gaullisten-Kreuz. «Ein anderes Kreuz würde besser passen. Der Patron hat noch ein Hotel im Zentrum. Dort konnte er euch nicht einquartieren. Es ist voll von Kollaborateuren. Er hat eine seidene FFI-Fahne mit dem Lothringerkreuz herausgehängt und läßt sich gut bezahlen. Vielleicht gibt er seinen Freunden vom Säuberungskomitee davon ab, damit sie seine Kundschaft nicht belästigen.»

Den FTP, Franc Tireurs Partisans, die sich aus Kommunisten und Sozialisten rekrutierten, standen wir ohnehin näher. Auf der Fahrt heraus aus der Stadt begannen wir darauf zu achten: Im Zentrum war ausschließlich FFI mit dem Doppelkreuz auf Tore und Mauern gepinselt, da und dort waren auch Transparente über die Straße gespannt. Erst in der Arbeitervorstadt mischte sich FTP mit Sichel und Hammer dazwischen. In jeder Ortschaft versuchten wir zu erraten, welche Gruppe die stärkere war. In den ganz armen Bergdörfern gab es nur noch FTP. Wir beschlossen, in einem solchen Dorf zu bleiben.

Bekanntlich wurde erst in den achtziger Jahren und im Zusammenhang mit dem Prozeß gegen den Kriegsverbrecher Barbie genauer bekannt, daß der französische Widerstand mit Nazis und Kollaborateuren durchsetzt war. Doch hatte sich unter uns die Gewißheit eingestellt, daß wir nie zu den Partisanen gelangen würden, wenn wir den Gaullisten in die Hände fielen. In unserer Gruppe oder wenigstens bei mir war ein richtiger Wahn entstanden. Wir wußten nichts Genaueres über die Résistance, vermieden es aber peinlich, irgend etwas mit den FFI zu tun zu haben, bis wir Frankreich verließen. In Marseille hatte Guido einen Arzt kennengelernt, der ihm ein chirurgisches Spital zeigen wollte, das der Sanitätsdienst der gaullistischen Résistance führte. Er mußte allein gehen; keiner von uns anderen hatte Lust mitzukommen.

Sogar in unserem Dorf blieb ich mißtrauisch. Zuerst führte man uns in ein größeres Haus, in einen Raum, der früher als Schenke gedient haben mochte. Jetzt war ein Sitzungssaal daraus geworden, mit Plakaten und Anschlägen an den Wänden. Es kamen immer mehr Leute herein. Die mit den Baskenmützen stellten ihre Gewehre an die Wand, die sie weggelegt hatten, als sie uns zur Begrüßung umringten. Der Alte mit dem Jägerhut brachte einen Toast auf die Partisanen und *Camarade* Tito aus. Ich bemerkte, daß ihm einige Handgranaten am Hosengurt hingen. Frauen brachten Brot, Käse und Most, sogar getrocknetes Fleisch und Oliven und begannen uns auszufragen. Wir mußten alles von Tito erzählen, was wir wußten. Wenn neue Frauen dazukamen, wollten alle wieder das gleiche hören. Die Frauen und Kinder waren in der Mehrzahl, die Männer fragten uns nichts; sie saßen ruhig da, aßen und zündeten dann ihre Zigaretten an. Als wir endlich unsererseits fragen konnten, wie es dem Dorf ergangen war, legte eine große junge Frau den Arm um Goldys Schulter: «*Nous sommes vivants*... Wir leben, Genossin, du siehst, wir leben. Ihr aber geht in den Kampf; das ist gut, das ist wichtig.» Man begann zu singen, zuerst das alte Partisanenlied der Sowjets. Die Männer summten mit. Mir sind die Melodien im Ohr, verschüttet, ich kann sie nicht freikriegen. Zeilen vom Text sind noch da: «... *sur l'appel du grand Lénine / s'élevaient les partisans*...»

Nach dem Singen gab es noch mehr Most, und wir mußten ihre Zigaretten rauchen. «Paßt gut auf», sagten sie, «wenn ihr hinunterkommt. In den Städten ist es voll FFI; es sind gute Kämpfer unter ihnen, aber laßt euch nicht ein. Man kann nie wissen.»

Es wurde Zeit, schlafen zu gehen. Jeden nahm eine andere Familie mit. Wir wurden gar nicht gefragt. Zwei Kinder, die zur großen Frau gehörten, nahmen Goldy an beiden Händen und zogen sie mit sich fort. Unser Fahrer kam nicht mit, er wollte im Wagen schlafen. Ich sah noch, wie er in die Kabine stieg, den Motor anließ und den Wagen wendete. So konnte er jederzeit losfahren. Die Felsbrocken lagen wieder auf dem Weg.

Mich brachte eine Frau zum obersten Haus des Dorfes. In der Stube zündete sie eine schwache Petroleumlampe an. Ihr Mann, ein älterer Bauer, saß am Tisch. Er war eingeschlafen, wachte langsam auf und sah mich von der Seite an. «Das ist ein Genosse aus der Schweiz», sagte sie. Er wurde ganz wach und gab mir die Hand. Als sie das Bett gerichtet hatte, leuchtete er mir in die Kammer: «Wir haben Platz genug. Da hat mein Sohn geschlafen. Man hat ihn weggeholt, bevor wir gelernt haben, wie man sich wehrt. Jetzt wäre es anders. Die letzten Patrouillen haben wir vertrieben, und von den neuen Herren lassen wir uns nichts sagen.» – «Sind das die Alliierten?» fragte ich. Er brummte und schüttelte den Kopf: «Die interessiert das nicht. Sie fahren mit ihren Tanks unten auf der Route Napoléon durch. Wir wissen, wer jetzt das Sagen hat. Einer wohnt sogar hier im Dorf.»

Vor dem Einschlafen fiel mir ein, daß ich noch vor wenigen Minuten, als unser Fahrer den Wagen wendete, gedacht hatte, daß es unvorsichtig sei, uns für die Nacht einzeln wegführen zu lassen. Ich lachte vor mich hin. So geborgen, so im Einklang mit Genossen hatten wir uns seit Jahren nicht mehr gefühlt.

Der Lastwagen rüttelte bergab, der Asphaltbelag war voll Löcher und fehlte in den Kurven ganz. Die Dörfer und kleinen Städte, durch die wir kamen, waren nicht zerstört. Die Häuser und Hütten waren schadhaft, viele Fenster zerbrochen, andere mit Läden verschlossen. Militär gab es nicht, nur da und dort eine Wache vor dem Rathaus. Als ob die Jahre der Okkupation die normale Abnützung bis zum Verfall beschleunigt hätten. Männer sah man keine; nur wenige Frauen huschten vorbei. Sogar die Platanen entlang der Straße sahen mit ihren sich verfärbenden Blättern krank aus.

Unser Lastwagen dröhnte so laut, daß wir nicht miteinander reden konnten. Von Zeit zu Zeit begannen wir zu singen. Die alten Lieder der Sozialisten. Elio sang italienisch, Marc französisch, Goldy spanisch und deutsch. Wir andern wußten den Text nicht. Ich bin sicher, daß es stark und fröhlich geklungen hat; hören konnte uns niemand.

5
Das Schlösschen St. Barnabé

In Marseille sollte es sich entscheiden, ob die Alliierten ihr Versprechen halten und uns nach Jugoslawien befördern würden. Wir waren gespannt. Die alliierten Transportoffiziere waren überraschend unbürokratisch: Bis zur Antwort aus London müßten wir einige Tage warten. Doch war nichts mehr so wie bisher. Wir waren nicht mehr von Menschen abhängig. Unversehens waren wir einer fremdartigen Macht ausgeliefert.

Tag und Nacht strömten frische amerikanische Armeen, die im Hafen ausgeladen wurden, durch die Stadt. Ein endlos kriechender Drache hatte Marseille in zwei Stücke gerissen, die Mauern zitterten vom Lärm der Motoren.

Die Cannebière führt vom alten Hafen hinauf in die Vorstadt. In einem weiten Bogen teilt die Straße die Stadt in zwei Hälften. Im Hafenbecken lagen drei Liberty-Schiffe nebeneinander mit dem Heck zur Kaimauer. Die voll bemannten Jeeps, Lastwagen, kleinen und großen Panzer bewegten sich langsam aus dem offenen Laderaum über die Landungsbrücke, bogen in die untere Cannebière, gewannen Geschwindigkeit und rollten in zwei Reihen mit *forty miles*, sechzig Stundenkilometern, nach Norden. Während sich ein Schiff entleerte, legte ein anderes an und fuhr die Brücke aus. Das dritte, entladene Schiff machte dem nächsten Platz. Die Cannebière war für den Zivilverkehr gesperrt. An den Querstraßen standen Militärpolizisten mit weißlackierten Helmen. Jede halbe Stunde hielt der Strom wie durch einen Zauber an; Fußgänger und Fahrzeuge konnten hinüber.

Ich habe stundenlang zugesehen. Es gab keine Stockung, Tag und

Nacht. Die Kriegsmaschine bewegte sich wie ein riesiger Körper, der seine Tentakel unabsehbar über Frankreich ausstreckte. Zum erstenmal hatte ich das Gefühl, daß der Krieg zu Ende ging.

Der heilige Barnabas galt in Marseille als der Schutzpatron der Kanoniere. Mit Marseille hat er es nicht gut gemeint. Die Stadt wurde von Bomben zerlöchert, und die Granaten der Kriegsschiffe haben an den Hängen zur See ganze Häuserzeilen niedergelegt. Mit uns meinte er es gut. Der sozialistische Bürgermeister war für Tito begeistert und gab uns als Quartier das Schlößchen St. Barnabé, das mitten in der Stadt in einem Garten hinter Platanen verborgen steht.

Marc Oltramare verschaffte uns ganz gegen seine Absicht die Muße, die jede Gruppe nötig hat, um zu einer haltbaren Einheit zu werden. Die alliierten Offiziere hatten von Guido einen so guten Eindruck, daß sie sich bei ihm geradezu entschuldigten, als aus London statt des Befehls zum Weitertransport eine Rückfrage kam, was der Schweizer Doktor mit dem Genfer Publizisten George Oltramare zu tun habe, dessen Sympathien für die *Action Française* dem *Secret Service* bekannt waren. Wir mußten noch vier oder fünf Tage warten, waren aber zuversichtlich; der abscheuliche Namensvetter war doppelt so alt wie unser Marc.

Vielleicht hat der Zwischenfall dazu beigetragen, daß Marc nie wirklich zu unserer Brüdergemeinde gehört hat. Er war beschämt und wütend, daß er es war, der die Weiterreise in Frage stellte. Das sah man ihm an; er lehnte es jedoch ab, die Affäre mit uns zu diskutieren. Erst Guido, dem es in der Rolle unseres militärisch-diplomatischen Emissärs sichtlich wohl war, gab uns die Information weiter, die ihm Marc schließlich hinter verschlossenen Türen geben mußte.

Während wir damals der Meinung waren, daß allein das antifaschistische Engagement und der Entschluß zur kollektiven Organisation uns zusammenhielten, ist es mir heute klar, daß in St. Barnabé jene psychologische Strukturierung eintrat, die erst die tiefe Bindung und den festen Zusammenhalt einer solidarischen Gruppe ausmacht.

Der Rückfall Limitanis in kleinbürgerliche Habgier ärgerte uns zwar alle gemeinsam, aber so ein Ärger verraucht rasch. Die Freundschaft, die uns damals aneinander band, ist etwas anderes. (Wie Sigmund Freud erkannt hat, ist das die erste und allgemeinste Form der Liebe.) Sie ist aus unseren «Familienanekdoten», aus der liebevollen Tönung der Erinnerungen abzulesen, zu denen die Konflikte und Streitigkeiten der stillen Tage in Marseille geworden sind.

Mathilde, die Gehilfin des Bürgermeisters, die uns zum Schlößchen begleitet hatte, wollte gar nicht mehr nach Hause. Seit sich ihre Genossen aus der *Résistance* verlaufen hatten, fühlte sie sich im Büro der Stadtverwaltung nicht mehr wohl. Am liebsten hätte sie den antifaschistischen Kampf fortgesetzt. Der Sog unserer Gruppe war so stark, daß sie sich laut ermahnen mußte: «Ich bleibe in meiner Stadt, und später, nach dem Sieg, besuche ich euch in Belgrad.» Dann versuchte sie, Marseille aufzuwerten. An jedem schüchternen Beginn neuen Lebens sollten wir teilnehmen. Sie wollte Goldy überreden, sich Dauerwellen machen zu lassen. Alle Frauen sollten jetzt wieder schön sein. An der unteren Cannebière gab es tatsächlich eine Anzahl Coiffeure, die ersten Läden, die aussahen wie «vor dem Krieg». Es sei Pflicht der Frauen, den Männern zu gefallen, dann erst würden diese merken, daß Friede ist. Goldy lehnte lachend ab. Das Gespräch brachte Guido auf die Idee, daß Goldy, unser einziges weibliches Wesen, ihm einen abgerissenen Knopf annähen sollte. Das sei ihre natürliche Rolle. «Wenn du denkst, daß ich dazu da bin, dann irrst du dich gewaltig», sagte sie und sprach nicht mehr mit ihm, bis er begriff, daß er seine Haltung gründlich revidieren mußte.

Man hatte Guido darauf aufmerksam gemacht, daß die Kartons mit den Instrumenten den Schiffstransport nach Neapel nicht aushalten würden; Holzkisten wären besser. Er wollte die Militärs bitten, die Kisten in ihren Werkstätten herzustellen. Es gab eine ziemlich erbitterte Diskussion, weil wir anderen dagegen waren, uns von den Alliierten noch abhängiger zu machen, als wir es ohnehin waren. Er versprach, vorderhand nichts zu unternehmen. Hannes, dem es um seine wertvollen Instrumente ging, entdeckte in einer der engen Gassen hinter den Trümmern der Häuser am alten Hafen eine Schreinerei, die wieder arbeitete. Der Meister wies ihn mit einem Wortschwall ab, und er kam deprimiert zurück, weil er keine andere Schreinerei finden konnte. Da ich besser französisch sprach, versuchte ich es nochmals und schlenderte allein durch das Gäßchen. Im Hof hinter der Werkstatt entdeckte ich einen Stapel feingesägter Fichtenbretter. Sobald ich den Meister drinnen in der Werkstatt sah, war mein Plan gefaßt. Ich winkte ihn so unauffällig wie möglich heraus und fragte mit unschuldiger Miene: «Haben Sie vielleicht Schweizer Franken zu verkaufen?» Er zog die Brauen hoch. «Wer das hätte, müßte sich nicht mit diesen Lausbuben herumärgern.» Er zeigte mit dem Kinn hinein, wo sich zwei Jungen mit dem Flachhobel abmühten. «Dann wollen Sie vielleicht Schweizer Franken verdienen? Ich hätte einen schönen Auftrag.» Wir wurden schnell einig, sein Preis war mehr als billig; die Kisten, jede genau abgemessen für vier Kartons, standen schon am nächsten Abend bereit. Sie hielten bis Nikšić.

Hannes ärgerte uns, weil er nicht mitkommen wollte, in einem Restaurant «schwarz» zu essen, und nur am Schweizer Zwieback knabberte. Mathilde hatte uns einige Lokale auf unserer Seite der Cannebière gezeigt, in denen man keine Coupons verlangte und für wenige Franken ganz vorzüglich essen konnte. So etwas hatte es zu Hause seit vier Kriegsjahren nicht gegeben. Wir genossen die feinen Speisen und den Wein. Hannes war von Neid erfüllt, bis er die Formel gefunden hatte. «Ich muß Kräfte für den Freiheitskampf sammeln. Dazu brauche ich Kalorien.» Von da an aß er für zwei und entdeckte eine weitere Freßbeiz mit noch besserem Essen. Mit Gustl, der erst spät nach Mitternacht in St. Barnabé auftauchte, waren die anderen böse, bis er Guido, Elio und Hannes in einen Night Club mitnahm. Marc wollte aus politischen Gründen nicht mit. Die anderen kamen bester Laune zurück und hatten gegen Gustls Eskapaden nichts mehr einzuwenden.

Elio, der einzige unter uns, der Marseille von früher her kannte, wollte wissen, was aus der *Vierge des Marins* geworden war, die in ihrer Kapelle hoch oben an der Ostflanke der Stadt die Gebete der ausfahrenden Seeleute entgegennimmt und ihnen glückliche Heimkehr verspricht. Schiffsgeschütze hatten den Stadtteil in Trümmer gelegt, über die wir in der Oktobersonne schwitzend hinaufstiegen. Elio hatte uns zu dem Ausflug überredet: «Ich wette, daß die Madonna noch steht. Immer ist es so. Die Pfaffen werden wieder einmal recht behalten.»

Die Madonna stand in der Tat dort oben auf einer Säule, die aus den Trümmern der zerstörten Kapelle in den blaßblauen Himmel ragte. Das Gesicht der Jungfrau war schwarz, wie das der Madonna von Tschenstochau, die für ihre Polen Fürbitte zu leisten hat. Bis heute wissen wir nicht, ob man sie neuerdings hingestellt und vorher schön geschwärzt hat oder ob sie verschont geblieben ist. Elio, der eben noch auf die Kirche geflucht hatte, mußte lachen. Wir verzehrten die Äpfel, die uns eine Zigeunerin verkauft hatte. Sie hatte Elio – für ein Lächeln und zwei Zigaretten – die Zukunft aus der Hand gelesen und eine glückliche Reise auf hoher See geweissagt. Als wir nach St. Barnabé zurückkamen, war es soweit.

In einer der nächsten Nächte sollte der Konvoi nach Neapel abgehen. Ein Lastwagen der Armee fuhr mich zum Platz vor einer Kirche mitten in der Stadt, wo er uns in der betreffenden Nacht abholen wollte. Ich überredete den Fahrer, einen jungen Texaner, noch rasch hinunter zum Hafen zu fahren, damit wir den Platz der Einschiffung bei Nacht leichter finden könnten. Als Dokument gab man uns ein Papierchen mit einem Buchstaben und einer Zahl, etwa wie U 84. Wir irrten drei oder vier Stunden entlang der Küste westlich der Stadt zwischen Lagerhallen, Waffenlagern unter freiem Himmel und improvisierten Kaianlagen herum, bis wir die Nummer fanden. Der Fahrer, der zuerst geflucht hatte, war bald verwirrt und folgte brav. Auf dem Weg zurück fertigte ich eine Wegskizze an. Wir waren mehr als zwanzig Kilometer gefahren; die Anlagen der Navy erstreckten sich noch weiter nach Westen.

Wir hatten uns an das gemächliche Leben gewöhnt, saßen unter den Platanen von St. Barnabé und plauderten über alles, nur nicht über den Krieg. Spätabends zog ich mich mit dem einzigen Buch, das ich mitgenommen hatte, der «Operationslehre» von Kleinschmidt, zurück und memorierte den Gang von Operationen Bevor das Unbehagen über meine Wissenslücken zu groß war, schlief ich ein.

Es sollte immer jemand in St. Barnabé bleiben; so gingen wir abends in zwei Schichten essen. Das Wetter hatte umgeschlagen. Ein kalter Regen machte die Straßen der Stadt menschenleer. Nur die Armeen dröhnten unentwegt weiter. Mit Goldy und Gustl saß ich in einem annamitischen Restaurant, als Hannes in Regenmantel und Baskenmütze auftauchte. Die anderen waren dabei, unsere Kisten zum gedeckten Kirchenplatz zu transportieren. Goldy und Gustl zogen los, um beim Material zu bleiben, bis alle gegessen hatten.

Gerade als sie gegangen waren, ertönten die Sirenen. Die Straßenbeleuchtung erlosch. Die Wirtin löschte das Licht, zog die Vorhänge zu und zündete Kerzen an. Man hörte Flugzeuge. «Es ist nichts», sagte sie, «*ils enveloppent la ville*, sie wickeln die Stadt ein.»

Der Kirchenplatz war nicht leicht zu finden. Der Rauchvorhang hatte sich über die Dächer gelegt und kroch als Nebel in die Straßen. Als die Sirene endlich schwieg, tönte es weiter, ein schriller Lärm, der immer stärker anschwoll. Marseille schrie. Aus Fenstern und Toren tönten die Schreie der Frauen, hallten wider durch die Straßen und Gassen, so laut, daß der Lärm der Flak unterging. Bomben sollen in jener Nacht nicht gefallen sein. Über der dunklen Stadt lag eine Schallmauer aus Angst und Schrecken.

Goldy und Gustl schichteten die Kisten und Reisesäcke auf einen Haufen und legten sich mit gespreizten Armen und Beinen darüber. Wenn sich ein Stück bewegte, fuhren sie fauchend auf. Gestalten verschwanden im Dunkel. Später stellten wir fest, daß die Nachtbuben von Marseille leer ausgegangen waren. Alle Stücke waren noch da.

Der Texaner hätte U 84 ohne meine Wegskizze nie gefunden. Er fuhr wie gewohnt *forty miles* mit blau abgeblendeten Scheinwerfern und ließ eine Suchlampe sekundenschnell aufleuchten, wenn ich ihn antippte. Endlich blieb der Wagen im weichen Sand stecken; wir waren angekommen. Der Strand dehnte sich weit nach beiden Seiten aus. Das Meer ahnte man vorne in der Nacht. Der Regen hatte aufgehört. Der Strand war von unzähligen Feuerchen punktiert, und der Widerschein der Flammen im Rauch, den ein jodduftender Wind landeinwärts trieb, tauchte ein riesiges Heerlager in düsteres Licht. Um die Feuer lagerten Soldaten, Männer jeder Hautfarbe, kriegerisch-schnurrbärtige Weiße, Bleichgesichter, glänzende schwarze Gesichter unter roten Käppis und dunkelbraune Bartträger in prächtig gewickelten Turbanen. Auf der Suche nach einem Kommando tappte ich mit Guido durch ein Szenario von Delacroix. Gar zu weit wagten wir uns nicht fort, um ja wieder zurückzufinden. Unser Stapel war dort, wo die Lagerfeuer der Turbanträger am dichtesten waren.

Auf dem Weg zurück stießen wir an eine Holzwand. Eine Baracke stand im Sand, wir fanden eine Türklinke und traten in ein hell erleuchtetes kleines Büro; die Abdunkelung war tadellos. Hinter einem improvisierten Tisch aus Brettern saßen zwei Typen. In einer Ecke kauerte ein bärtiger Exote mit einer Maschinenpistole auf dem Boden. Die beiden Offiziere waren jung, der eine rötlich, der andere weißblond, den Scheitel mit Wasser geglättet wie bei Studenten in Filmen, die in Oxford oder Cambridge spielen. Sie trugen Polohemden ohne Rangabzeichen und telefonierten; es standen mindestens vier Apparate vor ihnen. Als der Rote endlich auflegte, zog er eine Packung Camel aus der Hemdtasche, bot uns eine an und gab Feuer: *«You are welcome. May I help you?»* Ich hielt ihm das zerknüllte Papier mit U 84 hin. Er griff zum Telefon, bekam Verbindung und murmelte etwas in die Muschel. Noch einmal sah er zu uns auf: *«I see»*, langte in einen Papierkorb, fand einen aufgerissenen Briefumschlag, kritzelte etwas darauf und reichte ihn herüber. «*Dear Joe, please, give a lift to these doctors*, bitte befördere diese Doktoren», ein Schnörkel als Unterschrift. Ohne noch einmal aufzusehen, murmelte er noch: «*The sergeant on duty*, der Diensthabende», und machte eine vage Handbewegung nach hinten, wo das Meer sein mußte. Er hob einen Hörer ab – der Blonde hatte nicht aufgehört zu telefonieren –, wir waren wieder draußen mit dem Kuvert in der Hand. Die Suche nach Joe begann.

Wir gingen der Wasserlinie entlang nach Westen, wo Stimmen zu hören waren. Nicht weit, und ein offenes Flachboot lag mit dem Bug auf dem Sand. Daneben stand einer bis zu den Knien im Wasser und fluchte auf Soldaten, die schwere Kisten heranschleppten und hinten, wo das Boot ins Dunkel ragte, verstauten. Er fluchte auf schweizerdeutsch. Der bündnerische Tonfall war nicht zu verkennen. Ich ließ Guido den Vortritt.

Der englische Offizier war Skifahrer. Er hatte seine Ferien immer in St. Moritz verbracht und erklärte in Bündner Dialekt, daß er diese Gewohnheit sofort nach Ende des Krieges wiederaufzunehmen gedenke. Guido versprach, ihm eine besonders schnittige Abfahrt zu zeigen, die nur den Einheimischen bekannt sei. Es gab wieder eine Camel, und der Engländer zeigte uns, wie man die Flamme des Feuerzeugs mit der Baskenmütze gegen oben abschattet, damit die feindlichen Flieger... Er lachte und mußte husten, wohl weil er noch immer im eiskalten Wasser stand. «Wir sollen auf ein Schiff nach Neapel, mit drei Tonnen Material.» – «Wo händ Sie's Züg?» Guido machte eine vage Handbewegung nach hinten. Die hatte er dem Rothaarigen abgeschaut. Bald schleppten die Burschen unsere Kisten herbei und verstauten sie in der eisernen Bootswanne. Unser Freund fluchte nicht mehr und half selber mit. Sobald alles verstaut war, gab er Guido und uns anderen die Hand und hob dann die Faust zum Gruß: *«Cheerio Tito!»* Sein Lachen wurde vom Tuckern des Diesels übertönt, und wir glitten rückwärts ins dunkle Mittelmeer.

Die «City of Exeter», eine «schwimmende Kolonialidylle», bot einen «Anblick aus Joseph Conrads Tagen». So beschreibt der *Spiegel*-Autor Wilhelm Bittorf[2] fünfzig Jahre später das Schiff, das im August 1939 mit Sir Reginald Drax, einem Marine-Adjutanten des Königs, und dem französischen General Joseph Doumenc gemächlich von der Themsemündung nach Leningrad dampfte, um den Zweiten Weltkrieg in letzter Stunde zu verhindern. Nach Meinung des Autors hatte die britische Regierung nach langem Hin und Her eingesehen, daß das Reich bedrohlicher war als die Roten und daß nur ein Pakt mit den Sowjets Hitler von einem Angriffskrieg auf Polen abhalten könnte. Da es die Briten nicht eilig hatten und mit den ehrbaren Offizieren wohl keine ernsten Abkommen von Weltreich zu Weltreich möglich waren, mußte den Sowjets die Expedition – immer in Bittorfs Worten – als ein «Trip von Traumtänzern, eine realitätsfremde Posse, ein Narrenschiff von Leuten, die den Ernst der Lage nicht erfaßten», erscheinen. Der Mißgriff gab «den letzten Anstoß für Josef Stalins schicksalhaften Sinneswandel, weg vom Westen, hin zu Hitler».

Ich kann mich an den Namen unseres Schiffes nicht erinnern. Es war ein H.M.S., ein Schiff Seiner Majestät, und könnte die «City of Exeter» gewesen sein. Der Erste Offizier ließ uns in die Clubbar rufen und stellte uns zuerst das Schiff vor, mit seiner großen Vergangenheit als Truppentransporter im Süden und im Fernen Osten. Es folgte der Name des Kapitäns, die Aufzählung seiner militärischen Auszeichnungen und eine Liste der Pflichten an Bord eines Schiffes der Royal Navy; insbesondere sei nachts das Rauchen auf Deck verboten. Er schloß mit einem Trinkspruch auf die schöne Schweiz. Dann reichte man Port in Kristallgläschen.

Auch wenn die Engländer im August 1939 den Ernst der Lage schließlich erkannt hätten – ganz realitätsfremd waren sie ja nicht –, hätte Stalin damals gar keine richtigen Schlüsse ziehen können. Die selbsterzeugte und sorgsam konservierte Realität, die aus der Blütezeit des British Empire im 19. Jahrhundert stammt, ist für den *alien*, für jeden, der nicht Brite ist, undurchsichtig. Dem Sowjetzaren war ein Blick hinein in diese Welt unmöglich.

Wir ließen uns vom verblichenen Charme der Kolonialmacht ohne Widerstand einhüllen. Wenn wir etwas auf Vorahnungen gegeben hätten, wäre es uns unheimlich geworden, wir hätten nach der genußvollen Henkersfahrt unser Ende erwarten müssen.

Die Kajüten waren in Mahagoni und Messing gehalten. Weil *a lady* an Bord war, bekamen wir beide die schönste Kabine. Im Salon – braunes Ziegenleder, grünes Tuch, ebenfalls Mahagoni mit Messingbeschlägen – war alles ein wenig verbraucht, gerade genug, um nicht protzig zu wirken. Schlanke dunkle Boys aus Indien in langen weißen Hemden, einen knapp gewickelten schwarzen Turban auf dem Haupt, servierten einen zweiten Port, dann das *dinner*.

Morgens um sechs pochte es an die Kabinentür. Da sie nicht verschließbar war, standen plötzlich zwei stumme Inder mit dem duftenden *early tea*, dem Frühtee, im Raum. Kaum waren wir, vom Vibrieren der Maschine gewiegt, wieder eingeschlummert, stürmten zwei Boys herein, schlugen meine Bettdecke zurück, ließen die *lady* in

Ruhe und zogen mich energisch aus dem Bett. Ich bin gewohnt, ohne Pyjama zu schlafen. Sie zauberten ein weißes Laken herbei, verhüllten meine Blöße, und es ging steil drei Stockwerke hinunter. In einer Hexenküche, die nach Essenzen roch, wurde ich in einen hölzernen Bottich mit heißem Wasser befördert, sanft herausgehoben, an allen Gliedern eingeseift, wieder gebadet, mit vorgewärmten Tüchern getrocknet, zu Bett gebracht, später fürs *breakfast* mit *ham and eggs* und Rauchfisch geweckt. Das wiederholte sich an jedem Morgen.

Drei Tage im Blau, auf gekräuselter See verliefen ohne Zwischenfall. Von den neunzehn Schiffen des Konvois sah man nur selten eines am Horizont, das bald wieder verschwand. Delphine, die heute im Ligurischen Meer so selten sind, spielten in der Heckwelle, überholten unsere «City of Exeter» mühelos, bevor sie abdrehten, um bald vom nächsten Schwarm abgelöst zu werden. Zu Mittag und vor der Dämmerung erschien sehr hoch oben die glitzernde Fliegerstaffel, die uns bewachte.

Den einzigen Zwischenfall verursachte Gustl, der nach Mitternacht an Deck ging, um die Sterne zu beobachten. Kaum hatte er eine Zigarette angezündet, wurde er aufgegriffen und zum Kapitän geführt, der ihm persönlich die Sicherheitsvorschriften auf Schiffen «Seiner Majestät» im Kriege vortrug, einen *Scotch on the Rocks* anbot und sich in ein Gespräch über Staatstheorien einließ. Der *captain* trat für Karl Marx ein, Gustl, der Widerspruchsgeist, für Plato und die Polis. Während Marc die Zigarette auf Deck einen Verstoß gegen die Parteidisziplin nannte, beneideten wir Gustl um den Whisky, denn beim *dinner* gab es zum Currygericht nur Bier und zum Käse ein Glas französischen Rotwein.

Die Nächte waren nicht so ruhig wie die Tage. Spät ertönte ein Gong, der Ruf eines Muezzin, verstärkt durch den Schiffslautsprecher. Im Zwischen- und Unterdeck verneigten sich unsere Passagiere im Gebet. Dann kauerten sie sich in ihren bunten Burnussen in eine Ecke und begannen, das lange Turbantuch abzuwickeln. Wenn der Turban abgewickelt war, sahen die geschorenen Häupter kläglich aus. Sie begannen jedoch sogleich, sich wieder einzuhüllen. Kunstvoll wurde der Bart in die Wickeltouren einbezogen, das Kinn und die

Wangen verhüllt. Waren es schreiende Derwische, die ihren Mund fest einbinden mußten, um nicht aus dem Schlaf loszubrüllen? Sobald die Maske fertig war, rollten sie eine Strohmatte aus, legten das Seitengewehr neben sich und versanken in Schlaf.

Nach der dritten Nacht tauchte die Silhouette des Vesuvs aus dem Morgendunst. Die Bucht von Neapel öffnete sich weit. Da Hannes rührende Momente nicht mochte, zitierte er, so laut er konnte, und das war leise genug: «Neapel sehen – und dann sterben.»

6
Offene Stadt

Der Krieg hatte sich längst nach Norden verzogen und war an der Front bei Monte Cassino eingefroren. Um Neapel hatte er einen Bogen gemacht und ließ die Stadt offen zurück, ungeschützt der Gewalt und allem Elend ausgeliefert, das zweiundzwanzig Jahre Faschismus, Kriege, Niederlagen und die Flucht der Deutschen hinterlassen hatten. Von der Neutronenbombe heißt es, daß sie die Menschen vernichtet und die Bauten stehenläßt. In Neapel war es ähnlich. Die menschliche Gemeinschaft war der Zerstörung preisgegeben, die Häuser, Paläste und Kirchen standen ziemlich unversehrt da.

Das Chaos hatte den Hafen unbrauchbar gemacht. Er war voll gesunkener Schiffe und umgestürzter Ladekräne, die Piers waren verfallen, Leuchttürme und Bojen zerbrochen. An Reparaturen hatte sich noch niemand herangewagt. Die «City of Exeter» hielt sich vornehm zurück und ankerte draußen vor der Hafeneinfahrt. Mit dem ersten Leichter, der an ihrer Flanke anlegte, verließen die Turbanträger und meine Kameraden das Schiff. Ich sollte beim Material bleiben, bis sie den Transport in ein diebessicheres Magazin organisiert hatten.

Als die Hafenarbeiter, die an Bord gekommen waren, endlich die erste unserer Kisten mit dem Ladekran aus der Luke im Vorderdeck hievten, ging es gegen Mittag, und sie hatten es eilig. Die Kiste pendelte hin und her und krachte gegen den Rand der Luke. Dann ließen sie die Seile zu schnell fahren, so daß die Kiste auf den Boden geschmettert wäre, wenn nicht ihre Kollegen, die unten standen, ein Gebrüll erhoben hätten. Ich raste die Treppe vier Decks abwärts. Die

Männer, die sich im trüben Licht des Laderaums mit unseren Kisten zu schaffen machten, sahen nicht aus wie Docker. Mit grauen Hungergesichtern und zerfetzten Kleidern versuchten sie kraftlos, die nächste Kiste unter die Luke auf das Tragnetz zu rücken. Ohne die gelben Arbeitshandschuhe mit dem Aufdruck *US Navy* hätte man sie für Gefangene aus einem Hungerlager halten müssen. Der englische Schiffsoffizier saß auf einer Kiste, auf die etwas Licht fiel, und las die Zeitung. «Es gibt Zigaretten, Genossen», sagte ich, «seid vorsichtig mit den Kisten. Es sind medizinische Sachen drin, für die Tito-Partisanen, die gegen die verfluchten Nazis kämpfen.» Sie sahen auf, zogen die gelben Handschuhe aus und nahmen die Zigaretten. Ich hatte noch zwei Päckchen in der Tasche. Ein einziger sah zu mir auf. «Ist das wirklich für die Titoisten?» – «Lies doch, Genosse, hier steht es, auf der Kiste.» Er zog Streichhölzer heraus und gab den anderen Feuer. Rauchen war im Laderaum sicherlich verboten. Der Mann mit den Streichhölzern sagte etwas und zeigte mit der Zigarette auf mich. Urplötzlich flammte ein lauter Streit auf, unverständlich neapolitanisch, bis ich glaubte, die Worte *comunista*, *fascista*, *compagno* zu verstehen. Es bildeten sich zwei Parteien, und es sah aus, als ob nur der Hunger, der sie schlapp machte, sie davon abhielte, übereinander herzufallen. Die Titofreunde siegten, denn der Mann tippte mir auf die Schulter: «*Compagno*, ich passe auf deine Kisten auf.» Sanft schwebten sie in den Kahn, lachend wurde schließlich ich selbst ins Tragnetz geschoben, als die letzte Fracht hinaufgehißt und hinuntergelassen.

Bald lagen die Kisten schön geschichtet auf dem Kai. Ich setzte mich auf einen Holzstapel neben junge Soldaten, die ihr Mittagessen verzehrten. Die Amerikaner öffneten große Blechkonserven, löffelten etwas heraus, rissen Dosen mit Bier und Cola auf, tranken ein paar Schluck und warfen die halbleeren Dosen in weitem Bogen ins Meer. Wir saßen erhöht. Auf einer tieferen Stufe der Kaimauer hatten sich die Docker eingerichtet. Einige zogen die Mütze über die Augen, um zu schlafen. Als die Dosen vor ihnen ins Wasser klatschten, sprang ein jüngerer Arbeiter in seiner zerrissenen Kluft hinein, versuchte sie herauszufischen, bevor sie versanken, und warf die geretteten den Genossen zu, die das ölige Salzwasser herausschüttelten und den Rest gierig schlürften. Die Soldaten rissen immer neue Dosen auf, von denen sie einen großen Vorrat hatten, und warfen sie in weitem Bogen ins Meer. «Sie haben Hunger. Seht ihr nicht, daß sie Hunger haben?» Der Soldat sah mich an, *«May be they are hungry»*, und warf die nächste Dose so weit, daß der im Wasser sie nicht erreichte. Es klatschten noch ein paar hinein. Dann war der Vorrat zu Ende. Es lief ab, ohne daß die Italiener protestiert oder auch nur nach oben geschaut hätten. Als ich dem jovialen Hausoffizier im Hotel Terminus, in dem wir bei den hohen Chargen der amerikanischen Armee einlogiert waren, von dem Vorfall erzählte, meinte er, es sei den Soldaten nicht gestattet, von ihrer Ration etwas abzugeben. Sie hätten die Reste in der Kaserne abliefern oder vernichten müssen.

Meine Kameraden erschienen erst einige Stunden später mit einem offenen Lastwagen der Armee. Als die Kisten aufgeladen waren, setzte sich ein Soldat mit einem Gewehr darauf. «Sonst kommt der Wagen leer an», sagte der Fahrer, «sie stehlen, was sie können, und haben nur Angst, wenn man bewaffnet ist.»

Die US Army sorgte für Recht und Ordnung nicht anders als jede Besatzungsmacht. Im Gewimmel der Straßen und Gassen Neapels traf man auf die Weißbehelmten mit dem schwarzen *P*, *police*, die mit einem Colt und einem weißlackierten Knüttel ausgestattet waren. Sie sahen nicht wie Amerikaner aus, waren kleingewachsen und dunkel. Bald hatten wir herausgefunden, daß diese Truppe in den italienischen Einwanderervierteln und Slums von Chicago rekrutiert worden war. Man wollte der befreiten Stadt wenigstens sprachlich keine Fremdherrschaft zumuten. In Neapel waren sie gefürchtet wie die Teufel, so daß die Gassen sich blitzschnell entvölkerten, wo eine Patrouille auftauchte. Beliebt waren sie bei den Profiteuren, Erpressern und Raubmördern der Camorra, die mit ihren Gangsterkollegen gut ins Geschäft kamen. Mit den vielen kleinen Dieben, dem Hungervolk, den Frauen und Kindern gab es erbitterte Kämpfe; ihnen jagten sie die Beute ab.

Elio war in Begleitung eines englischen Unteroffiziers zum Hafen gekommen. Unterwegs stach der Regenmantel, den er über den Arm gehängt hatte, einem P-Mann ins Auge. Der Polizist packte das gute

Stück und zerrte daran. Elio wurde wütend und klemmte fest. Da griff der Engländer ein. Der Mann sei Gast der Militärverwaltung. Der Amerikaner mußte nachgeben; er verzog sich, und Elio kam mit dem Mantel und als Sieger ins Terminus.

In «Die Haut» von Curzio Malaparte ist das Leben im befreiten Neapel mit ekelerregender Grausamkeit beschrieben. Nichts, was wir dort in den hektischen vier Tagen erlebt haben, widerspricht dem Bild der Auflösung und Zerstörung, das der Autor zeichnet. Das Rätsel des liebenswürdigen, korrupten, stolzen und hemmungslosen Volkes hat die amerikanische Forscherin Anne Parsons, die in Neapel aufgewachsen ist, in einer Studie zu lösen versucht, die fünfzehn Jahre später ein klassisches Vorbild für unsere ethnopsychoanalytische Forschung war. Familienstruktur und Erziehungsgewohnheiten in einer von feudalen Traditionen durchsetzten Großstadt bringen den Neapolitaner hervor, der biegsam und schlau, mediterran-machistisch stolz, von der mächtigen, achtunggebietenden *mamma* zeitlebens abhängig bleibt. Der Goldsohn verehrt sie als Madonna, wacht mit eifersüchtiger Strenge über die Tugend seiner Gattin und seiner Töchter und wird zum Hurenbock und Zuhälter. Die *mamma* genießt heimlich die sexuellen Triumphe ihres Sohnes, der sie an den haltlosen Frauenzimmern rächt, mit denen ihr Mann sie betrogen hatte.

Zu Beginn der siebziger Jahre gab ein Film der Lina Wertmüller, der Thriller «Sette bellezze», unter den Intellektuellen der USA Anlaß zu einem erbitterten Streit. «Sieben Schönheiten» nennen die Leute in den Gassen von Neapel die sieben häßlichen Schwestern des eitlen, schönen Protagonisten, der als einziger, vergötterter Sohn über die Tugend der Schwestern wacht, hoffnungsvoller Adept der Camorra, begabter Verführer und Zuhälter, der von der *mamma* mit einer reinen Jungfrau verlobt wird, bevor er in die Mühle der Gestapo gerät. Der Wille zum Überleben verläßt Mutters Liebling nicht. Im KZ liefert er seinen einzigen Kumpel dem Henker aus, um den eigenen Kopf zu retten, betätigt sich mit äußerster Anstrengung als Bock der gefürchteten Nazi-Herrin des Lagers und kehrt in die befreite Stadt zurück, in der wir ihm hätten begegnen können. Überlebend, camorrawürdig kann er endlich seine Braut heimführen, nachdem ihm die Besetzer über seine einzige und letzte Hemmung hinweggeholfen haben. Die Braut, die er nicht beschlafen konnte, weil sie hoch stand wie die *mamma* und rein war wie die Jungfrau Maria, ist zur Ehe brauchbar geworden, denn die Army hat auch sie zur Hure gemacht wie alle anderen appetitlichen Jungfrauen Neapels. Kunstkritiker und Professoren waren begeistert von der psychologisch meisterhaften Schilderung des typischen Neapolitaners, der sich biegsam und schlau vor der Macht beugt und schließlich siegt. Andere, allen voran Bruno Bettelheim, der Mauthausen und Buchenwald überlebt hat, bevor er emigrieren und ein berühmter amerikanischer Psychoanalytiker werden konnte, waren wütend: die Wertmüller und ihre stumpfsinnigen Bewunderer glorifizierten die Erzeugung des typischen Faschisten. Die Produktion dieser Menschengattung war noch in vollem Gang, als die Gestapo längst von der Military Police abgelöst worden war.

Das militärische Hauptquartier lag an einem Ende der weiten Bucht, das Office für Transporte am anderen. Unsere Weiterreise nach Bari war gesichert, wir mußten aber einen Wust bürokratischer Prozeduren erledigen, die uns bei den Engländern in Marseille erspart geblieben waren, und um Papierchen, Stempel und Unterschriften abwechselnd in dem einen und dem anderen Amt vorsprechen. Auf dem Corso, der von einem Ende der Stadt zum anderen führt, durften nur die Autos der Besatzer fahren. Wir versuchten es mit Droschken. Die Kutscher, die nicht oft Fahrgäste fanden, schlugen auf die mageren Pferdchen ein und jagten durch die engen Gassen. Scharen von Kindern, Familien, die ihren Haushalt auf der Straße aufgeschlagen hatten, stoben davon. Kein Kutscher ließ sich zu größerer Vorsicht bewegen. Einmal fuhr unsere Droschke einen Marktstand über den Haufen, der schreiende Frauen unter sich begrub; wir zahlten den Kutscher aus und gingen hinfort zu Fuß. Der Weg von Büro zu Büro war lang, hin und zurück mehr als zwei Stunden, wenn ich mich recht erinnere.

Müde landeten wir am Abend im Generalsquartier, einem feinen Hotel auf amerikanisch. Daß wir Getreidebrei, Hamburger und das Bier nicht mochten, schadete nicht. Betten und Duschen waren prächtig, die Damen der Bedienung legten unsere Wäsche am selben

Abend gebügelt und duftend ins Zimmer. Die illegalen Läden und «schwarzen» Restaurants waren hier aufdringlicher und viel zahlreicher als in Marseille, sei es, weil die Stadt schon länger befreit, weil die Not größer oder die Neapolitaner gerissener waren. Ohne die Dienste von Schleppern fanden wir uns zurecht, aßen und tranken vorzüglich, und Hannes konnte weitere Kräfte für den Kampf sammeln.

Ob wir es mit den Spitzeln und Denunzianten, vor denen uns der Hausoffizier gewarnt hatte, zu tun bekamen, weiß ich nicht. Daß es überhaupt zum Abenteuer mit den Herren vom Weißen Adler gekommen ist, konnten wir uns nur so erklären, daß sie von irgendeinem Angestellten oder Offizier aus dem Hotel oder einem Büro über unsere Mission informiert worden waren. Wir hatten uns gehütet, außerhalb unserer Zimmer die Mission auch nur zu erwähnen, und glaubten uns in der Großstadt unbeobachtet.

Am Morgen des dritten Tages verließen Guido, Goldy und ich das Terminus. Nach wenigen Schritten sprach uns ein Herr an, der uns gefolgt war. Er trug einen eleganten Sommeranzug, war großgewachsen, die scharf geschnittenen Züge nicht unsympathisch. Er sprach französisch, rasch, mit slawischem Akzent, und wußte alles über uns. Es sei höchst erwünscht, ja bewundernswert, daß Schweizer Ärzte dem leidgeprüften serbischen Volk medizinische Hilfe bringen wollten. Seine Organisation werde alles tun, um uns ins Land zu geleiten; den Transport zu organisieren sei eine Kleinigkeit. Als wir sagten, wir seien in Eile, entschuldigte er sich: Natürlich, man müsse sich erst bekannt machen, sie erwarteten uns heute zum Tee, nach vier Uhr, sobald die Ämter geschlossen sind. Dann überreichte er uns seine kostbar gestochene Karte: Colonel, ein serbischer Name und eine Adresse in Neapel, vierter Stock. Er bemerkte noch, daß der Lift zur Wohnung funktioniere, verbeugte sich und verschwand im Gewimmel des Corso.

Zu Mittag saßen wir in unserem Café beim alten Passagierhafen, wo es echten brasilianischen Kaffee gab, um zu beraten, ob wir hingehen sollten. Auf jeden Fall waren das nicht unsere Leute, wahrscheinlich königstreue Tschetniks des Obersten Michailowitsch oder etwas Ähnliches. Da Tito seit langem der Verbündete der Alliierten war, wunderten wir uns, daß sich die Erzfeinde der Partisanen in der besetzten Stadt einnisten und frei bewegen konnten.

Heute führe ich es auf unseren jugendlichen Unverstand und auf die unstillbare Neugier zurück, die uns noch im hohen Alter umtreibt, daß wir überhaupt hingingen. Damals waren zwei Argumente ausschlaggebend, die sich allerdings widersprachen. Erstens sei die Stellung der Tschetniks, die alles daransetzen würden, unsere Mission zu unterbinden, in der besetzten Stadt kaum so gesichert, daß sie es riskieren würden, gleich drei ausländische Ärzte, die täglich mit amerikanischen Generälen frühstückten, beiseite zu schaffen. Darum dürfe nicht einer allein gehen. Zweitens war es möglich, daß der Colonel von irgendwelchen alliierten Persönlichkeiten beauftragt war, uns von Jugoslawien fernzuhalten oder zu den Michailowitschi umzuleiten. Es war anzunehmen, daß die Leute des Königs bei manchen Amerikanern und Engländern mehr Sympathien genossen als die Kommunisten. In diesem Fall müßten wir versuchen, möglichst viel über diese Pläne in Erfahrung zu bringen.

Im Hotel fanden wir nur Gustl vor, der mit der serbokroatischen Grammatik auf dem Bett lag und memorierte. Wir schrieben die Adresse ab und gaben ihm die Karte. Wenn wir drei bis acht Uhr nicht zurück seien, sollte er Alarm schlagen.

Das Haus war in gutem Zustand, der Lift funktionierte wirklich, und die Wohnungstür wirkte vornehm. Wir drückten auf die Glocke, die Tür öffnete sich sofort, und ein Bursche in Uniform führte uns hinein. Im Vorzimmer hingen einige Offiziersmützen mit der roten Kordel und dem ovalen Emailknopf der Truppen des Königs: weißer Doppeladler auf blauem Grund. «Es sind wirklich Tschetniks», konnte ich den anderen zuflüstern, bevor wir im Salon waren. Der war luxuriös eingerichtet, Louis-seize, mit Seidenteppich, Vitrinen und Kristallüster. Ein weißhaariger und drei jüngere Herren saßen da, alle in Ausgehuniform. Mit Genugtuung stellte ich fest, daß keiner das Koppel mit der Pistole trug. Der junge Soldat servierte Tee und Zwieback.

Der Herr von heute morgen sah in Uniform noch eleganter aus. Er stellte uns den anderen vor: «*Monsieur le docteur en chef, Piderman, Madame Matthèy de Gueret, le docteur Parin*», und sprach gewandt weiter. Die Alliierten hätten die bekannten Schwierigkeiten mit dem Transport. «Wir können Sie morgen mit Ihrem Material, drei Komma zwei Tonnen (es stimmte genau), mit unseren Lastwagen abholen. Am Abend sind Sie an der Küste und übermorgen bei unseren Truppen.» Wir kamen nicht zu Wort, der alte Offizier griff ein, man könne den Damen und Herren die unbequeme Reise im Lastwagen nicht zumuten, gerne stelle er seine persönliche Limousine zur Verfügung. Einer der jüngeren Offiziere entschuldigte sich, für die leichten Flieger sei das Material zu gewichtig, vielleicht wollten aber einer der Herren Ärzte und Madame mit einem Flug vorauseilen. Sie sprachen ruhig, ohne Floskeln, einer löste den anderen ab wie Schauspieler in ihren Rollen. «Wo warten Ihre Lastwagen? Wo wollen Sie mit uns landen? Und vor allem, wo wünschen Sie uns einzusetzen?» Ich versuchte naiv-professionelle Neugier in meine Fragen zu legen. Alle lächelten gleichzeitig. «Es ist Krieg. Sicher verstehen Sie unsere Zurückhaltung. Alle diese Nachrichtendienste! Seien Sie unbesorgt. Wir garantieren Ihre Sicherheit.» «*Avec mon nom*», fügte der Alte, der offenbar ein General war, hinzu.

Wir standen, alle drei, gleichzeitig auf. «Sehr freundlich von Ihnen», sagte Guido. «Wir sind bereits anderweitig verpflichtet», fügte ich hinzu, um es ganz klar zu machen. Ich war als erster bei der Tür; es sollte nicht hastig aussehen. Die Tür war nicht verschlossen. Im Korridor schloß der Soldat die Wohnungstür vor uns auf. Wir benützten die Treppe, um zu sehen, ob uns niemand folgte. Erleichtert gingen wir durch die abendlichen Straßen und beschlossen, das Abenteuer mit den besten Spaghetti zu feiern, die in Neapel zu finden waren.

Beim Portier lag ein großer Umschlag mit dem Adlerstempel der amerikanischen Armee, adressiert an «Guido, M. D., Chief-Officer Swiss Mission», darin die Transportscheine für uns, für das Material vom Magazin zum Bahnhof, für einen geschlossenen Güterwagen Neapel–Bari, ab Hauptbahnhof, Ladezeit eine Stunde ab 16 Uhr, und militärische Flugbillets für Guido, Hannes und Marc, am übernächsten Tag.

Es blieb nicht mehr viel zu tun. Wir besorgten ein Vorhängeschloß für den Waggon, einige Korbflaschen Rotwein, Brot und den prächtigsten Räucherschinken, den es gab, als Reiseproviant. Er wog zwölf Kilo oder mehr.

Gar so leicht ließ uns Neapel nicht ziehen. Die Soldaten im Magazin luden unsere Kisten auf, auch der Soldat mit dem Gewehr war bereit. Zum Güterbahnhof waren es nur ein paar hundert Meter. Am Eingang eine Wache, sie grüßte freundlich, nahm die Papiere, bat uns zu warten und kam sehr bald mit einem Unteroffizier zurück. «Ein einziger Stempel fehlt, die Beglaubigung vom Eisenbahnkommando.» Jetzt erst fiel uns auf, daß sie italienische Uniformen trugen und italienisch sprachen. Wir wurden belehrt, daß seit dem heutigen Tag jeder Transport von einem italienischen Kommando beglaubigt werden müsse. Das sei ein wichtiger Schritt zur Unabhängigkeit des Vaterlandes. Vielleicht sei noch jemand im Büro, es sei nicht weit, kaum eine halbe Stunde, wir sollten uns sputen, der Zug warte nicht. Immerhin schrieben sie die Nummer unseres Waggons auf einen Zettel und ließen Elio in den Bahnhof, damit er versuchen könnte, den Zug aufzuhalten. Wir mußten zuerst den Fahrer und den Soldaten beruhigen, die Anstalten machten, abzuladen und abzuhauen. Ich machte mich an den Unteroffizier heran. An der Brust baumelten ihm einige Medaillen. «Wo haben Sie gekämpft, Herr Wachtmeister?» Er grinste: «Ich hab nicht gekämpft. Ich bin ausgerissen. Deshalb hab ich den Job hier gekriegt und das da.» Er zeigte mir den amerikanischen Adler auf der Medaille an seiner Brust. «Genosse, weißt du, daß wir zu den Titoisten gehen?» Er rief den Soldaten: «Es sind Genossen. Was meinst du?» Im Nu war auf unserem Papier der Stempel mit Trikolore, Kreuz und Krone. «Unser Leutnant wird fluchen, gleich am ersten Tag der *indipendenza*! Gute Reise, Genossen, grüßt die Partisanen! Die wissen gut, was zu tun ist.» Das Gitter ging hoch, Elio winkte, und wir begannen umzuladen. Diesmal mußten wir es selber tun. Wir konnten gerade noch den Schinken an die Decke hängen und den Wein verstauen, da erschien der Vorstand mit der roten Mütze, und der Zug setzte sich in Bewegung.

Mit den finnischen Schafpelzen bereiteten wir Nester, tranken noch einen Schluck und schliefen ein. Die Nacht wurde unruhig. Der Zug hielt an, fuhr wieder los, hielt knirschend vor jeder Weiche, fuhr rückwärts, blieb stehen. Als er wieder einmal anfuhr, wachten wir endgültig auf. Am späten Vormittag wurde der ganze Zug in Caserta auf ein Nebengleis verschoben, die Maschine fuhr davon. In zwanzig Stunden hatten wir fünfundzwanzig Kilometer hinter uns gebracht. Bis Bari war es noch weit.

Der Mann mit der roten Mütze, der Bahnhofsvorstand, war sehr freundlich. Der Zielort des Zuges, versicherte er, sei nach wie vor Bari. Jetzt sei Mittagspause, bis vier Uhr laufe nichts mehr. Er gehe heim – und er lud uns alle zu sich nach Hause zum Essen. Da wir uns nicht gleich entschließen konnten, versicherte er nochmals, daß ohne ihn kein Zug den Bahnhof verlassen dürfe. Er werde nach der Siesta mit uns zurückgehen. Wir steckten unsere Pässe ein, taten das Vorhängeschloß an die Waggontür, gingen mit ihm und aßen bei seiner Frau und vielen lustigen Kinderchen. Nur Elio war nervös und lief nach dem letzten Bissen zurück zum Bahnhof. Es war ein heißer Tag. Der Hausherr zog sich zur Siesta zurück. Vor vier Uhr sollten wir ihn abholen. Wir schlenderten durch die Stadt, Gustl wollte sich unbedingt noch die Haare schneiden lassen, aber der einzige Coiffeur hatte den Laden geschlossen.

Wir kamen überein, lieber gleich nach unserem Waggon zu sehen. Als wir uns dem Bahnübergang näherten, gingen die Schranken herunter, ein Güterzug rollte vorbei. Auf dem Trittbrett eines Waggons stand breitbeinig Elio, hielt sich mit einer Hand an den Türbügeln fest und beschattete mit der anderen die Augen. Den Schlüssel zum Vorhängeschloß hatte ich in der Tasche.

Ich rannte los. «Du bist verrückt, du kannst doch den Zug nicht einholen», rief Goldy. Als ich beim Gleis ankam, sah ich den letzten Wagen schon recht weit von hinten. Nach wenigen Minuten wurde der Abstand kleiner. Der Zug hielt wie gewohnt bei einer Weiche an.

Ich erreichte Elio und konnte ihm den Schlüssel gerade noch in die Hand drücken, als der Zug abfuhr.

Der Rotbemützte, der unseren Freund abgelöst hatte, war kurz angebunden. Es war nicht zu erfahren, wann es wieder einen Zug nach Bari gab. Wir wagten nicht zu insistieren. Immerhin hatte er uns nicht nach den Transportpapieren gefragt; die lagen bei unseren Sachen im Waggon.

Wir versuchten, den Ärger über uns selbst nicht hochkommen zu lassen, und bereiteten uns auf eine lange Nacht vor. Bei jedem Zug, der einfuhr, kamen Bahnarbeiter an unsere Wartebank, um uns zu informieren. Es war elf Uhr oder später, als ein langer Militärzug hielt, der direkt bis Bari fuhr. Wir rannten hin, und der Zug setzte sich in Bewegung. Die Abteile waren voll besetzt mit englischen Soldaten. Sie rückten zusammen und machten Sitzplätze frei. Als es in der Nacht kühl wurde, zog einer seinen Mantel aus und legte ihn Goldy um die Schultern. Der Zug hielt an allen Stationen nur kurz. Ich spähte hinaus nach unserem Waggon, ob er nicht auf einem anderen Gleis wartete. Goldy, der es um den Schinken leid tat, erlaubte mir jedoch nicht, auszusteigen und nachzusehen. Einmal so einen Unsinn zu machen sei genug. Ungestört, ohne irgendeine Kontrolle rollten wir durch olivenbestandene Hügel und waren nach kaum zwölf Stunden am Ziel.

Elios Nacht war weniger problemlos. Sein Zug hielt immer wieder. Bei jedem Halt drängten Menschen an die Waggontür, die er eine Handbreit geöffnet hatte, und wollten mitfahren. Das Land sei voller Diebe und Räuber, hatte es geheißen. Aber das hungrige Volk tat ihm so leid, daß er schließlich die Tür öffnete. Andere drängten nach. Der Schinken wurde gegessen, und Elio machte sich Sorgen, sie würden die Instrumente, die wir so gut bewacht hatten, klauen, ohne daß er es verhindern könnte. Am Bahnhof von Bari wartete ein Partisan auf ihn, der erste, den er zu sehen bekam. (Unsere Kollegen waren mit dem Flugzeug am Vortag angekommen und hatten den Transport zur jugoslawischen Delegation organisiert.) Einige der blinden Passagiere bedankten sich. Dann verschwanden alle. Als Elio die Sachen mit Hilfe des Partisanen im Lastwagen verstaute, fehlte nichts. Die Tradition der Gastfreundschaft hatte sich als stärker erwiesen denn das Gesetz der Not.

Es war Mittag, als wir in Bari ankamen. Vor dem Bahnhof stand im weißen Sonnenlicht eine Kutsche mit einem mageren Pferd, das statt Heu ein Bündel Olivenreiser vor sich hatte. Der Kutscher schien zu wissen, wo die jugoslawische Armeedelegation zu finden war.

In Marseille hatte der Krieg seine Spuren hinterlassen. Neapel brodelte im Elend. Bari, die dritte Stadt der Reise, war im Unglück erstarrt, hatte ausgespielt. Häuser und Kirchen waren die Kulissen, die Schauspieler hatten keine Rollen mehr. An den zerfetzten Kleidern war zu erkennen, daß früher Männer, Frauen und Kinder in der Stadt gelebt hatten wie Menschen.

Die Straße, die unsere Kutsche nahm, war auf der Höhe der Stadtmauer angelegt. Wir sahen hinunter und hinein in die Gassen der Altstadt. Da lagen und standen sie im Schatten der Torbögen und in der Sonnenglut der Plätze, mit ihrem Hausrat aus den übervollen Häusern herausgedrückt. Nackte Kinder mit Hungerbäuchen lagen auf den heißen Steinfliesen und plärrten vor sich hin. Wir hörten sie nicht. Zwei Soldaten schlugen einen blutenden Mann, der es lautlos geschehen ließ. Auf einer eisernen Bettstatt lagen sich zwei Huren in den Haaren. Um eine Frau in weiten Röcken drängte eine Meute zerlumpter Kinder. Der struppige Hund, den ein Fußtritt traf, jaulte nicht. Uns oben erreichte kein Laut. Wir hörten nur das Klappern der Hufe und das Knirschen der Felgen. Die Tonspur war gerissen, der Film angehalten, jede Bewegung geronnen, das Leben im Elend erstickt.

Es ging über Schotterwege einen Hügel hinauf. Villen standen von Pinien und Zypressen eingerahmt in Olivengärten. Ein großes weißes Landhaus: die Militärmission. Über der Eingangstür hing die rotweiß-blaue Fahne mit dem roten Stern, und davor stand ein junger Soldat, den roten Stern an der Mütze.

Die Begrüßung weckte uns aus der Betäubung. Elio war mit allem Material frühmorgens angekommen, die anderen kehrten gerade von einer Inspektionsfahrt zurück. Sie hatten mit dem Leiter der jugoslawischen Delegation Verwundete der Partisanenarmee besucht, die in britische Militärspitäler evakuiert worden waren. Guido war in Hochstimmung, und Doktor Lovrič, der eine der beiden Obersten, versuchte vorsichtig, seine Begeisterung für die kriegschirurgischen Methoden der Alliierten zu dämpfen. Lovrič, ein Chirurg aus Ljubljana, war nach dem Krieg Titos Leibarzt, sein Kollege Dr. Neubauer hatte bis zum Krieg eine Lungenheilstätte in Slowenien geleitet. Sie sahen in den Uniformen ohne Rangabzeichen angenehm unmilitärisch aus. Ich war erleichtert, daß sie deutsch sprachen. Meine Kollegen waren darauf festgelegt, daß ich serbokroatisch sprechen könne, weil ich in Slowenien aufgewachsen war; ich verstand aber nur wenig und konnte kein Wort sprechen.

In zwei großen Zimmern lag unser Gepäck; es waren genug Betten da, solide weiße Spitalbetten, im hinteren Zimmer ein breites Ehebett aus den Vorkriegsbeständen der Villa für Goldy und mich. Nichts fehlte. Doch waren beide Räume von einem Schwarm Fliegen bewohnt; gewöhnliche Stubenfliegen, aber nicht einzelne oder Dutzende, wie bei uns. Alles war schwarz von Fliegen; es waren Tausende oder Zehntausende. «Die Fliegen sind lästig», sagte Neubauer, «es tut uns leid, sie sind überall, aber nachts sind sie still, man kann trotzdem schlafen.»

Bevor wir zum Essen hinunter auf die Veranda gingen, kramte ich aus meinem Reisesack eine der Karton-Dosen mit DDT-Insektenpulver heraus, die uns die Geigyfabrik mitgegeben hatte. Wenn man auf den gewölbten Deckel der Dose drückte, staubte das Gift aus einer kleinen seitlichen Öffnung. Ich wollte das Wundermittel ausprobieren, ließ die anderen vorausgehen und staubte das hintere Zimmer ein, bis ich husten mußte.

Es gab Spaghetti und Rotwein und lauter gute Nachrichten. Aus dem Tito-Hauptquartier war Befehl gekommen, uns drüben in Montenegro einzusetzen. Die Navy hatte versprochen, die Mission mit dem Material in einer günstigen Nacht über die Adria auf befreites Gebiet überzusetzen. Das Milchpulver hatte die Nationale Befreiungsarmee, die NOV, bereits abgeholt, für Kinder, die von der umkämpften montenegrinischen Küste auf eine Insel evakuiert worden waren.

Nach dem Essen bat ich alle, mit mir zu kommen. «Ich habe ein Experiment der modernen Kriegführung angesetzt.» Hannes flüsterte mir besorgt etwas zu, was ich nicht verstand. Als ich die Tür zu unserem Zimmer öffnete, war das Summen verstummt. Keine einzige Fliege war am Leben, sie lagen tot auf dem Parkett, ein grausiger schwarzer Teppich. Der Eindruck war stärker, als wenn wir Dynamit mitgebracht hätten. «Eine unglaubliche Erfindung», rief Lovrič; er lachte laut. Sein Kollege lächelte und hielt die Dose, die wir ihm gegeben hatten, vor sich hin: «Dieser Krieg wäre also gewonnen. Dagegen kann nichts an.»

Sobald wir drinnen waren im Krieg, krochen wir am Boden wie Insekten. Man wird getroffen oder verschont, hakt sich fest oder flieht oder stürmt weiter. Der Überblick fehlt. Ein Soldat sieht die große Technik nicht; ebensowenig weiß er etwas von der großen Politik, die über sein Schicksal entscheidet. Bomben und Geschosse – und ebenso die gefilterten Nachrichten, die verstümmelten Meldungen und aufgeblasenen Gerüchte – sind Zeichen und Boten eines Geschehens, das ihm unzugänglich ist.

Nie, nicht einmal während der vielen Monate in den Dörfern tief im afrikanischen Busch, habe ich so wenig von dem gewußt, was «in der Welt» vorging, wie im Krieg, als ich direkt am Gang der Geschichte beteiligt war.

7
Internationale Solidarität

Wenn mich wer fragt, wie bist du damals zu den Tito-Partisanen gekommen, antworte ich gerne: «Mit einem Flachboot der Navy bei Nacht über die Adria, auf befreitem Gebiet in Dalmatien gelandet, und dann hinauf in die Berge.»

Die flachen Landungsboote mit den patronenbeladenen Helden im Stahlhelm sind bekannt. Ohne sie wäre die Landung in der Normandie nicht geglückt, hätte es keine Westfront gegeben.

Wer es nicht früher wußte, hat es im Film «Der längste Tag» gesehen, einen Krieg, wie er sein soll. Sie landen, stürmen los, werfen sich nieder. Schotten mit Dudelsack marschieren ins Feuer. Eine neue Welle Boote auf dem Strand. Sie waten durch den Kugelregen. Eine mitreißende «Kampagne in Frankreich», Goethe als Filmregisseur.

Die Tragik ist nicht ganz vergessen. Drei Kämpfer der vier Nationen finden sich wieder, hocken, vom Siegen erschöpft, in einem Bombentrichter: «Er ist tot», sagt der eine, «ich bin verletzt» der zweite, «und ich, ich bin verloren» der dritte. Der Film ist zu Ende.

Der Dichter-Regisseur des spanischen Bürgerkriegs, Ernest Hemingway, hat den Mythos kürzer gefaßt, im Titel seines Romans: «Über den Fluß und in die Wälder». Wie wir zu den Partisanen gekommen sind, war jedoch gar nicht heroisch.

Im Hafen von Bari werden in einer stürmischen Regennacht unsere Kisten in den endlosen Laderaum gekarrt und festgezurrt. Wir mit hinein. Ein paar Soldaten ohne Waffen, traurige Frauen, die in den

Spitalzelten in Apulien waren, um verwundete Kämpfer noch einmal zu sehen, um den Mann, einen Sohn zu begraben. Der eiserne Deckel schließt sich flach über uns, der Diesel hinten tuckert und speit erstikken machenden Dunst herein, eine schwache Birne schwingt hin und her. Es stinkt eklig, sauer. Der Boden ist schlüpfrig vom Erbrochenen aus vier Kriegsjahren, der Boden hebt und senkt sich, der Magen verkrampft sich, Rauchen verboten, kotzen, kotzen. Gustl will durch die Luke hinauf in die Luft. Er wird von einem Matrosen zurückgestoßen.

Am Morgen im Hafen von Grumo hat der Mistral den Himmel blau gefegt. Da sind sie, die Genossen; sind es Offiziere, Kommissare? Alle groß, schön glänzende schwarze Schnurrbärte im braungebrannten Gesicht, neu geschneiderte Uniformen. Durch die venezianische Festungsstadt tuckern wir in einem Jeep, unserem ersten Jeep, hinauf zum Palace-Hotel. Das Küstenkommando der Montenegriner. Die Männer sind wirkliche Helden, so schön, wie wir uns Revolutionäre vorstellen, plus diese Eleganz. Die Stadt ist nicht zerstört, ein Wunder aus Stein. Sicherlich sind Schneider mit gutem Tuch, Schere und Nadel bereit, für die neuen Herrn ebenso zu arbeiten wie für ihre letzte Kundschaft, die abgehauen ist. (Als zu Ende des Krieges Fotos des Marschalls nicht mehr in Uniform, nein, im eleganten Schneideranzug auftauchten, habe ich mich geärgert. Ist das nötig? Alle gehen in Fetzen, und er beschäftigt die besten Schneider. Das *narod*, das Volk, hat diese Bilder gerne gesehen: Gerade so werden wir wieder daherkommen, bald, und die Mädchen werden die Hälse nach uns drehen.)

Vor dem Portal des ehemaligen Palace zwei Partisanen, kanadische Maschinenpistolen mit gußeisernem Schaft unterm Arm. Losungswort: *dežurni*, der Diensthabende; türkischer Kaffee aus zierlichen Täßchen, der letzte gute Kaffee bis zum nächsten Jahr. «Man muß an die Kisten denken, damit sie nicht wieder zurück nach Bari...» Der eine, der italienisch spricht, lacht herzlich. So selbstsicher und wohlorganisiert haben wir uns Partisanen nicht vorgestellt. «Ihr startet hinauf in die Berge, nach Nikšić. Oben ist es schon kalt. Gute Pelze habt ihr da. Der Lastwagen wartet.» Schade, daß wir weiter müssen, das Meer, die Palmen, die venezianischen Paläste, unsere neuen Freunde verlassen. Das Material bleibt da; werden wir es wiedersehen?

An die Fahrt über Trebinje hinauf ins Hochland, an die kühne Bergstraße, ist mir kaum eine Erinnerung geblieben. Elio, den ich gefragt habe, weiß überhaupt nicht mehr, wie wir nach Nikšić gelangt sind. Die Palmen, Pinien, Oliven, die Feigenbäume bleiben zurück. Selten ein Haus aus Stein – zerfallen; hölzerne Häuschen – verbrannt. Kein Dach, kein Feld, kein Mensch, kein Tier. Der Wald wird dünn, hört ganz auf, Steine, immer mehr Steine, Felsen, dazwischen braune Wiesen, dünne Büsche, unter dem Himmel, der grau wird, eine Bergwüste: Mondlandschaft. *Crna Gora*, Montenegro, Land der schwarzen Berge, Land des Krieges, der Trauer, des Todes.

Goldy schaut, denkt, fühlt und weiß: Hier und nur hier, in der Steinwüste, bin ich, wo ich hingehöre. Da hat es einen Sinn zu bleiben, zu arbeiten, zu kämpfen, einmal wieder für die gerechte Sache, für die Freiheit. Da kann ich leben, da kann ich sterben. Das eine und das andere. Wie es kommt.

Wir alle sind still. Kaum ein Blick hinaus auf die kahlen Berge, weil drinnen – in der Brust, im Kopf? – zuviel los ist. Die Erinnerung läßt mich im Stich. Ich weiß nicht mehr, was damals in mir vorgegangen ist. Wenn es mir gelingt, die erwartungsvolle Spannung, die Angst, den freudigen Aufbruch hinein ins Unbekannte zu beleben, taucht es wieder auf: Verstümmelte, zerfetzte Verwundete mit medizinischen Schläuchen und Schnüren in den Zeltspitälern, Ohnmacht, Wut auf die Unmenschen, ohnmächtige Wut, ich möchte schießen, töten; dann die Schuld, die Scham – und die Erleichterung: Ich habe meine Aufgabe, die Chirurgie. Wieder ohnmächtige Angst. Werde ich versagen? Wo sind unsere guten Morphine, unsere Instrumente? Die werden wir schon wieder kriegen. Nach vier Jahren Krieg wissen die smarten Kommissare, was sie tun. Die Angst und die Wut sind weg. Leben oder sterben? Kein Gedanke daran. Als der Lastwagen hält, hat die Neugier gesiegt.

Wir werden hinauf in den ersten Stock geführt. Um einen Tisch sitzen sie, der Stab des Armeekorps, zehn oder zwölf, darunter zwei

Frauen. Jede Uniform ist anders, einige haben die Mütze auf dem Kopf. Der eine ohne Mütze hat graue Haare und einen Stern auf der Brust. Es muß der General sein. «Ihr seid avisiert, *sve u redu*, alles in Ordnung, kommt mit, ich zeig euch, wo ihr schlaft, bevor es dunkel wird.» Militärisch grüßen, melden, Papiere zeigen – das geht jetzt nicht.

Der General spricht mit uns deutsch. Er ist ein guter Hausvater. Die zwei Zimmer im Haus schräg über die Straße haben neue Fußböden. Er zählt: «Sieben Betten, ihr seid sechs, macht nichts, ihr legt die Sachen drauf, der Boden ist naß, das Dach undicht. Habt ihr Decken, Schlafsäcke? Gut; es wird kalt. Ruht euch aus und kommt dann hinüber. Es gibt bald zu essen.»

Wir entdecken, daß hinter dem Haus aus einer hölzernen Rinne Wasser fließt. Draußen auf der Wiese ist die Grube und das Plumpsklosett. Die Umgebung kann man nur betreten, wenn man gut aufpaßt. Es ist das schönste Klosett für lange Zeit. (Die Latrinen waren das einzige, was ich in Montenegro wirklich abscheulich gefunden habe.)

Wir setzen uns zu den andern, zwei Frauen in Uniform bringen Essen. Wir sollen zugreifen, noch einmal; es gibt genug. Auch die Kriegführung geht weiter. Patrouillen kommen herein, melden, die Soldaten grüßen kaum, heben die Faust, die Hand an die Mütze, trampeln wieder hinaus.

Sonst passiert nichts. Wir gehen im Regen die breite Straße auf und ab. Zerstörte Häuser, wenig Soldaten, keine Zivilisten.

Es muß doch endlich losgehen, wir müssen uns legitimieren, sie werden bestimmen, wo wir eingesetzt werden. Ärzte werden dringend gebraucht. Als das Rauschen des Regens nachläßt, glauben wir in der Ferne Kanonendonner zu hören.

Wir beschließen, uns offiziell beim Korpskommando anzumelden. Guido nimmt die Papiere mit, die von Mischas Komitee mit dem roten Stern serbisch, die von der CSS französisch; die aus London vom Exilminister Šubašić werden wir nicht zeigen, wenn es nicht sein muß. Wir sind gespannt, wie es gehen wird, Guido derart, daß er sich militärisch meldet wie in der Schweizer Armee. Der General faltet ein Papier, in dem er gelesen hat, steckt es in die Tasche. Unsere Papiere interessieren ihn nicht sehr. Er zählt, wie viele es sind. Gibt sie zurück.

Wir versuchen klarzustellen, wozu wir gekommen sind, daß wir mit der Arbeit anfangen wollen, wo immer man uns braucht. «Einsatzbefehle», sagt Guido.

Goldy findet, daß es schief läuft. «Wir sind Antifaschisten, Kommunisten. Wir sind da aus Internationaler Solidarität; wie wir in Spanien gekämpft haben gegen die Faschisten, wollen wir jetzt den Partisanen helfen, an ihrem Kampf teilnehmen.» Der General nickt: «Ja, Spanien, sehr gut. Unser Kommissar hat davon erzählt.»

Die anderen kommen zum Essen. Sie reden jetzt über uns. «Internationale Solidarität» verstehen sie nicht. Wissen sie überhaupt, was das ist? Wir wiederholen, wollen erklären. Einer läßt fragen: «Was habt ihr in der Schweiz angestellt? *Ne bojte se*, habt keine Angst. Die Partisanen schützen alle Verfolgten.»

Wir müssen es anders versuchen. Wir sind Ärzte, Doktoren, Chirurgen, die Genossin macht Narkose, Röntgen, Labor. Ein Grinsen geht über die Gesichter. Die Genossin mit den dicken Zöpfen unter der Mütze prustet los, lacht laut.

Zwei Tage später heißt es, daß der Kommissar des *Udarni Korpus* eingetroffen ist. Gleich am Morgen kommt er zu uns herüber, ein untersetzter Vierziger, mit dem Zeichen der «Kämpfer der Ersten Stunde». Er setzt sich auf ein Bett: «*Salut, camarades.* Ich habe in Belgien in den Minen gearbeitet.» *Er* weiß, was das heißt: Internationale Solidarität. «*Vous êtes tous antifascistes?* Seid ihr alle Antifaschisten?» – «Ja, natürlich, die Genossin war bei den Internationalen Brigaden in Spanien.» – «*Ça c'est bon, camarade.*» Er drückt Goldy noch einmal die Hand: «*La solidarité!*» Bei der Tür dreht er sich um und sagt, daß unsere Kisten bereits bis Trebinje transportiert worden sind.

Gar so sehr hätten wir uns nicht zu wundern brauchen. Als Madrid am 7. November 1936 aufs äußerste bedroht war, von den Nationalisten eingenommen zu werden, «bot sich den verstörten *Madrileños*...

ein seltsames Bild. Menschen wie diese hatten sie noch nie gesehen. Die Gran Via herunter marschierten... lange Kolonnen von Männern... Verzweifelt riefen die Frauen den Männern zu: sie sind eingedrungen... Plötzlich begannen die marschierenden Männer zu singen... eine einzige, den *Madrileños* längst bekannte Melodie – die ‹Internationale›. Die Madrider ließen in der Meinung, der mächtige Stalin habe in letzter Minute die Rote Armee geschickt, um die Hauptstadt der spanischen Republik zu retten, ‹die Russen› hochleben. Doch es waren keine Russen. Die 3000 Mann waren Freiwillige der ‹Internationalen Brigaden›... Die Madrider liefen jubelnd auf die Straßen, ... umarmten die Fremden, die, niemand begriff warum, gekommen waren, um für sie zu sterben...»

Ein Milizionär, der gar nicht begreifen konnte, warum alle diese Fremden freiwillig kamen, um für ihre Sache zu kämpfen und zu sterben, fragte im Schützengraben den amerikanischen Interbrigadisten Jeff Last: «Du, Leutnant, erzähl uns, warum du hierher gekommen bist.» – «Wir verteidigen hier die Freiheit der Welt», antwortete der. «*Que lucha!* Welch ein Kampf!» staunte der Spanier.[3]

Die in Spanien waren unpolitische Leute, Großstädter, Milizionäre. Im Stab des Armeekorps aber waren die besten Genossen, geschulte Marxisten. Wir konnten nicht verstehen, daß Internationale Solidarität mit den Ausgebeuteten, Unterdrückten, Verfolgten, die Kraft, die vor acht Jahren alle fortschrittlichen Menschen, Zehntausende aus beinahe sechzig Ländern, in den antifaschistischen Kampf – und in die Niederlage – getrieben hatte, hier nicht interessierte. Titos Partisanen, die einzigen, die nach und trotz dem Hitler-Stalin-Pakt für Befreiung *und* Klassensieg kämpften, sollten nicht verstehen, daß alle Völker der Welt von ihrem Kampf ein besseres Leben, den Sozialismus erwarten!

Wir waren es, die nicht verstanden, waren im Café Select in Zürich hinter der Zeit zurückgeblieben oder zu weit vorausgeeilt. Wir folgten unserem Geschichtsbewußtsein, geleitet vom Ideal. Wir waren auf dem gleichen Weg wie die damals, hatten unsere Identität in der Solidarität mit dem antifaschistischen Kampf gefunden. Von außen gesehen existierten wir jedoch nicht mehr, unsere soziale Rolle war aus dem Leben der Völker gestrichen. Unsersgleichen war selten geworden bis zur Unkenntlichkeit.

Wir hätten uns sagen müssen: Subjektiv sind wir international engagierte Antifaschisten und Klassenkämpfer, objektiv aber linke Intellektuelle, und jetzt, in Nikšić, sind wir Soldaten der NOV, der jugoslawischen Befreiungsarmee.

Unsere Utopie ist nicht untergegangen. Aber Idealisten, die frei waren zu tun, was sie selber für richtig hielten, gab es 1944, im fünften Kriegsjahr, nur noch sehr wenige. Sie waren in KZs und Gulags vernichtet worden, in Kämpfen gefallen, im Elend verkommen. Die es noch gab, und die neuen, die nachrückten, waren längst von der Maschinerie des totalen Krieges aufgesogen. Die undenkbare, die absurde Allianz der beiden antagonistischen Mächte gegen die gemeinsame Gefahr hatte sie alle, Proletarier und Bürger, eingeordnet in den Insektenstaat der Armeen und Staatsmaschinen. Es gab keine Bauern mehr, keine Philosophen, Forscher, Ärzte, Künstler, Schreiber, Schmiede, Matrosen. Es gab nur noch Soldaten. Das waren wir jetzt auch.

Keine Rede davon, daß die Partisanen nicht wissen, was Solidarität ist. Sie sind Materialisten, aus Not und bitterer Erfahrung. Ihr *vidićemo*, «wir werden ja sehen», das im Guerillakrieg so wichtig ist, haben sie auf uns angewandt. Sobald sie unsere Equipen bei der Arbeit gesehen hatten, zogen sie unsere Solidarität nie mehr in Zweifel, und wir konnten uns rückhaltlos auf sie verlassen.

Einmal, als wir vom Eßtisch aufstanden, schaute der General, der gerade wieder eine Meldung las, auf: «Ihr seid ja noch in Zivil, ihr braucht Uniformen.» Ein junger Mann, der selber einen zivilen Anzug trug, kam mit uns ins Magazin und ließ uns dann allein. Aus Bündeln und Haufen von graugrünen Blusen und Hosen, neu, *made in Canada*, suchte sich jeder aus, was halbwegs paßte. Dazu die Mütze. Den roten Stern hatten die Kanadier nicht mitgeliefert. Ich bekam einen aus Garn gestickten, zum Annähen. Goldy zog es vor, ihren Stern aus dem rotlackierten Blech einer Heftpflasterdose zu schneiden. Das war echter. Es gab noch schönere, das Blech zu einem silbrigen Rand aufgebogen, Sichel und Hammer eingeritzt. Selten sah man feine Emailknöpfe ähnlich den russischen, aber kleiner. Sie sollen nach dem ersten Sieg im Sommer 1941 in der Stadt Užice in Serbien, die bald wieder verlorenging, hergestellt worden sein. Rangabzeichen gab es keine. Als die blonde Anja, eine unserer *bolničarke*, unserer Krankenschwestern, in Badija einen roten Wollfaden auftrieb, stickte sie mir einen Äskulapstab links an den Jackenärmel. Ich war stolz darauf, obwohl kaum jemand das Arztzeichen bemerkt hat. Für Guido hat seine Chela ein noch viel schöneres Schlänglein hingezaubert.

Weitere Formalitäten gab es nicht, keinen Bürokram, keinen Fahneneid, kein noch so kleines Ritual. Das gefiel uns sehr. Auch die zwei Schweizer Offiziere, Guido und Elio, haben es nicht vermißt.

Am Abend kam Besuch, der russische Chirurg, Oberst Alfiorow, und sein Begleiter. Er stellte sich vor, murmelte den Namen des dicken Mannes, mit dem er gekommen war, der ebenfalls die prächtige Uniform eines Obersten der Roten Armee trug und an dessen Brust noch mehr Medaillen baumelten als an der des Chirurgen. Das waren, bis gegen Ende des Krieges, die einzigen russischen Uniformen, die wir zu sehen bekamen. Beim montenegrinischen Armeekorps gab es keine anderen Sowjetsoldaten; nur noch zwei weitere ausgeliehene Ärzte sollen irgendwo bei den Brigaden gewesen und nach unserem Auftauchen wieder verschwunden sein.

Für unsere Patienten wurde Alfiorow ein Segen. Er sah sehr russisch aus mit seinem graublonden Schnauz, jung und kräftig, mit lachenden grauen Augen. Da er deutsch und französisch sprach und sehr zufrieden war, endlich mit Kollegen vernünftig reden zu können, war er in den nächsten Tagen viel bei uns. Sein Serbisch war schon ganz gut; er mußte bereits länger im Land sein. Außer mit seinen Patienten und dem Sanitätspersonal habe ich den lebhaften, gesprächigen Mann nie mit einem Jugoslawen reden sehen. Auch mit seinem Begleiter sprach er kaum. Das hat er bald erklärt: «Er ist überall, wo ich bin, er ißt mit mir und schläft in meinem Zimmer. Er versteht nicht, was ich rede, und wird es nie verstehen. Er ist dumm. Er ist mein Idiot.» Warum der immer bei ihm war, das durften wir erraten. Eines der ersten montenegrinischen Wörter, die wir bereits in Nikšić lernten, heißt *nadjiravati*. Der Ausdruck kommt aus dem Türkischen: *nadjir*, der Aufseher. Das Verb bedeutet: jemanden beaufsichtigen, der arbeitet, jemanden kommandieren, während man selber zuschaut. Das soll die liebste Beschäftigung der Montenegriner sein; wir können diese Meinung bestätigen. Zum *nadjiravati* ist der Oberst-Idiot da! Als wir das herausgefunden hatten, lachte Alfiorow: «Das gibt es auch bei uns. Weiß Gott!»

Am liebsten sprach er mit Guido über Chirurgie, über Diagnosen und Therapien. Was man in der Schweiz in solchen Fällen tut, was man davon hält, was davon. Viele Probleme der Kriegschirurgie lösen sie in der Roten Armee anders als bei uns. Gleich am nächsten Tag schickte er nach uns, er wolle uns sein Spital zeigen. Kaum eine Viertelstunde außerhalb der Stadt stand versteckt in einem Wäldchen eine Holzbaracke mit 28 Betten. Jeden einzelnen Verwundeten stellte er vor wie auf der Visite in einem Universitätsspital, das Krankenblatt in der Hand: Art der Verletzung, Transport, Narkose, operative Versorgung, Gips, Verlauf, gegenwärtiger Zustand, Prognose. Zum Unterschied von unseren Chefärzten fragte er jeden Patienten, ob er etwas dagegen habe, daß er seinen Fall mit den Kollegen diskutiere. Der Dienst war auf die Minute organisiert, Operationen, Verbandwechsel, Visite. Für die politische Konferenz war täglich eine halbe Stunde vorgesehen, nicht länger. Spätabends ging Alfiorow mit den Krankenblättern von einem Bett zum anderen und machte die Eintragungen, mit seiner dünnen feinen Schrift, russisch-kyrillisch, was in Montenegro fast niemand lesen kann.

In der Nähe hatte es schon lange keine Kämpfe mehr gegeben. Alle Verwundeten waren schon länger da. Partisanen mit schweren Verletzungen von Kopf, Hals, Brust und Bauch kamen nicht in ein zentrales Spital. Entweder konnten sie im Kampfgebiet versorgt und im Wald in einem versteckten Spital operiert werden, oder sie starben draußen. Der Transport dauerte zu lange; man versuchte es gar nicht. Deshalb waren offene Frakturen der Gliedmaßen hier, wie auch später in unserem Zentralspital, die häufigsten «Fälle». Sie überlebten den Transport mit der Bahre. Ausgeblutet und erschöpft kamen sie an. Die zerrissenen Fleischwunden eitern. Der Knochen ist zersplittert. In der Tiefe liegen Splitter, die Gewebe und Schmutz mit hineingerissen haben, besonders wenn die Wunde durch Granaten aus Geschützen, Minenwerfern oder durch Landminen entstanden ist. Wenn ein großes Gelenk eröffnet ist, steigt das Fieber; eine allgemeine Sepsis, Blutvergiftung ist im Gang.

An der Front bleibt meist nichts anderes übrig, als zu amputieren. Der Arm, das Bein ist verloren; wenn man rechtzeitig amputiert, ist das Leben gerettet. (Man mußte auch ohne Narkose amputieren, sogar den Oberschenkelknochen mit einer gewöhnlichen Holzsäge abtrennen. Davon hat man uns oft erzählt. Doch ist nur selten ein Verwundeter bei uns gelandet, dem es so ergangen war. Seit der Kapitulation Italiens gab es auch draußen im Wald Narkosemittel.)

In den Militärspitälern der Alliierten werden diese Verletzungen etwa so behandelt wie bei uns in der Schweiz. Revision der Wunde, Drainage, Ruhigstellung des Gliedes mit Gipsschiene oder Zug, bis die Infektion abklingt und sich die Wunde nach Wochen oder Monaten schließt. Der Knochen kann mit einer zweiten orthopädischen Operation korrigiert werden. Transport ist während dieser Behandlung nicht möglich.

Alfiorow demonstrierte uns eine neue Methode, die von Professor Judin im Großen Vaterländischen Krieg entwickelt worden ist. Die Wunde wird, auch wenn sie vereitert ist, auch bei beginnender Sepsis, breit aufgeschnitten, von zerfetztem Gewebe und Splittern gereinigt, Blutungen werden gestillt, kein Verband, kein Drain angelegt. Darüber kommt ein massiver Gipsverband, der das Glied völlig ruhigstellt. Die Infektion klingt ab, das Fieber fällt, der Eiter wird vom Gips aufgesogen, auf dem sich ein häßlicher braunroter Fleck ausbreitet. Der Gipsverband stinkt, die Haut darunter juckt höllisch. Nach der für jede Körperregion vorgeschriebenen Zeit, vier bis zwölf Wochen, wird der Gips abgenommen. Die Wunde ist geheilt, der Knochen fest, in guter Stellung, das offene Gelenk versteift. Das Leben, das Bein, der Arm sind gerettet.

Die russischen Feldschere lernten das Verfahren in Kursen von drei

Monaten. Ein Arzt kann es sofort, wenn er vergißt, was er bisher gelernt hat, und handelt, wie Professor Judin es vorschreibt. Den Verletzten kann man sogleich gefahrlos transportieren. Auf dem Rückzug durch die Weiten Rußlands war das nötig. Jugoslawien ist kein so weites Land. Doch gingen die Transporte oft durch Feindesland und dauerten lange, weil man die Verletzten nur nachts weitertragen konnte und sie tagsüber im Wald verstecken mußte.

Alfiorow wurde unser Lehrer. Alle geeigneten Verletzungen haben wir nach der Judinschen Methode behandelt. «Von den Russen lernen!» sagten wir und gewöhnten uns an den Gestank der Gipsbeine; die Patienten ebenfalls. Besser einige Wochen Gestank als ein Leben ohne Bein oder gar kein Leben.

(Im Sommer 1945 trafen wir in Belgrad Dr. Lovrič, der uns in Bari empfangen hatte. Er war jetzt Chefchirurg der Armee. Statistiken, sagte er, hätten gezeigt, daß die Sterberate der Patienten bei unseren Equipen nicht höher, aber auch nicht viel niedriger war als in den Spitälern, die von jugoslawischen Ärzten geführt wurden. Doch kämen auf hundert Amputationen wegen schwerer Verletzungen der Extremitäten in den jugoslawischen Spitälern bei uns Schweizern nur ein oder zwei. Wir hatten demnach die Arme oder Beine von 98 oder 99 unter 100 Verletzten gerettet. Das war zwar nur eine Schätzung und keine Statistik. Wir glaubten ihm aber gern.)

Alfiorow war nicht nur ein guter Lehrer, er war auch ein ehrgeiziger Forscher und hatte genauso viel publiziert wie Guido: wichtige Arbeiten, alle eingereicht, keine zurückgewiesen, alle gedruckt. Mit der Prämie für seine letzte große Arbeit habe er sich eine Datscha gekauft. Er konnte schwer verstehen, warum wir im Westen Wissenschaftliches publizieren, wenn es nicht klassifiziert und wenn man nicht dafür bezahlt wird. (Nach dem Krieg hat Guido über die Judinsche Methode, die in der Schweiz unbekannt war, mit mir zusammen eine Arbeit geschrieben. Es gelang uns mit Mühe, sie in der *Therapeutischen Rundschau*, einem zweitklassigen medizinischen Blättchen, unterzubringen. Als Guido dem Chefarzt der Schweizer Armee darüber berichten wollte, hörte dieser nicht zu.)

Nachdem wir Nikšić verlassen hatten, hörten wir von Alfiorow nichts mehr. Wahrscheinlich ist er zurück zur Roten Armee, dachten wir. Erst viel später, in den letzten Wochen des Krieges, traf ich ihn wieder, in Prijedor, fünfhundert Kilometer von Montenegro, wo das siegreich vordringende Zweite Armeekorps vorübergehend sein Hauptquartier hatte. Wie und warum ich allein, ohne meine Kameraden dorthin kam, werde ich später erzählen. Meine «Konferenz» war für den nächsten Tag angesetzt. Da saß vor einer Baracke Alfiorow in der Aprilsonne, hatte den Waffenrock aufgeknöpft, die Kappe abgelegt und las die *Prawda*. Er sah auf, strahlte mit den Augen, umarmte mich aber nicht, wie es bei den Jugoslawen üblich ist. «*Druže* (Genosse) Pajo», und dann französisch: «Seid ihr alle am Leben?» – «Soviel ich weiß, ja.» Er fragte nach jedem einzelnen und war besorgt, weil wir von Guido schon lange nichts gehört hatten. Wir wußten nur, daß er an der Srijem-Front arbeitete, wo jetzt Kämpfe waren.

In Prijedor war Alfiorow, wie ich selber, wieder einmal unbeschäftigt, im Wartestand. Darum war ich froh, als ihm einfiel, wir könnten zusammen eines der neuen *Medsanbat*, das es in der Nähe gab, inspizieren. Er organisierte einen Jeep mit Fahrer, ohne die Jugoslawen auch nur zu fragen, war bester Laune, auch energischer als damals in Nikšić, aber nicht so entspannt. Auf dem Weg zur Garage kamen uns russische Soldaten entgegen. Sie grüßten ihn militärisch, und er grüßte zurück, ohne hinzusehen.

Medsanbat ist die Abkürzung von *Medicin-sanitetski-bataljon*. Wir hatten gehört, daß die Partisanen seit einigen Wochen ihren gesamten Sanitätsdienst nach dem Vorbild der Roten Armee umorganisierten. Ich war skeptisch, ob das richtig war, und er auch.

Wir fanden das *Medsanbat*, das in einem großen Schulhaus untergebracht war. Die Wache wollte uns ohne schriftlichen Befehl nicht hereinlassen, auch der *dežurni*, der Diensthabende, machte Geschichten. Wir fragten nach dem Arzt. Als der nicht zu finden war, gingen wir ohne Bewilligung hinein.

Was wir sahen, war absurd. In jedem der leeren, kalten Klassenzimmer lag nur *ein* Patient. Bei den Sowjets war vorgeschrieben, daß in jedem Krankensaal Patienten mit den gleichen Verletzungen liegen sollen. Da es nur wenige Verletzte gab, lag jeder allein, und manche Zimmer waren leer. Die Patienten gaben uns keine Antwort und drehten sich zur Wand. Nur ein älterer Mann sagte, er werde ins Bett scheißen, wenn nicht bald jemand komme und sich um ihn kümmere. Im Operationssaal gab es kein Licht, im Verbandzimmer gab es einen Tisch, aber kein Verbandmaterial und keinen Gips. Schließlich fanden wir im Kellergeschoß, in das man die Schulbänke geschafft hatte, Krankenschwestern mit weißen Häubchen zur Uniform, die mit einem Studenten, der Russisch verstand, das Reglement des *Medsanbat* auswendig lernten. Ein junger Kommissar paßte auf, daß sie aufpaßten.

Ich hätte nie gedacht, daß Alfiorow so wütend werden könnte. Da der Arzt noch immer nicht erschien – es hieß, er sei in einer politischen Konferenz –, schrie er den Kommissar an: Sie sollten sich gefälligst um die Patienten kümmern, das seien auch Menschen.

Auf dem Rückweg beruhigte er sich lange nicht. Die Spitäler der Partisanen, das sei das Beste, was es in diesem Krieg gegeben habe. So wie es für die Patienten, für das Land, für diesen Krieg, diese Not, diese Menschen passe. Sogar in Montenegro, bei diesen lieben Faulpelzen, eine solche Solidarität, eine solche Hingabe. Jetzt machen sie es kaputt. Und wofür! Sind wir dafür verantwortlich, haben wir ihnen das verordnet? Weiß der Teufel, das sollten sie doch merken. Es ist doch *ihr* Krieg, es sind *ihre* Leute! «Wissen Sie, Pajo, es tut mir richtig weh.»

Weil man nicht fragen kann, wohin und warum jemand geht – die Antwort könnte ein militärisches Geheimnis berühren –, fragte ich, nachdem wir genügend übers *Medsanbat*-Debakel geschimpft hatten, nach seinem Idioten. «Der ist tot, der arme Teufel. Er hat sich umgebracht. Ein Opfer unserer nationalen Seuche. Er hat *rakija*, Schnaps, organisiert, im Rausch einer *drugarica* die Pistole weggenommen und sie hinter dem Spital vergewaltigt. Die Jugoslawen wagten nicht, ihn zu erschießen. Sie haben ihm den Rapport zu lesen gegeben, mit dem sie ihn in das Vaterland aller Werktätigen zurückschicken wollten, haben aber vergessen, ihm die Pistole abzunehmen.»

Er war ins Erzählen gekommen. Am liebsten wäre er in Montenegro geblieben. In Berane war ein neues Spital geplant, und man hatte ihm den Posten des Chefchirurgen angeboten. Bevor er das Gesuch an seine Vorgesetzten abgeschickt hatte, deutete man jedoch an, daß ein Medizinstudent, der noch jung, aber alter Kämpfer und Sohn eines der mächtigsten Clans der Gegend war, ebenso geeignet sei. «Irgendwann gehe ich zurück, in mein Vaterland.» Noch nie hatte er soviel von sich erzählt. *«Ma patrie, ma très chère patrie»*, wiederholte er. «Hoffentlich meinen sie zu Hause nicht, ich hätte auf ihn aufpassen sollen. Dabei war er doch mein...» – ein russisches Wort, das ich nicht verstand. Es hieß wohl Aufpasser, Spitzel oder Polizist. (Auf Briefe und später auf den Separatdruck über die Judinsche Methode haben wir keine Antwort von ihm bekommen.)

Wir waren schon vier oder fünf Tage in Nikšić, und die Tage zogen sich hin. Es gab immer genug zu essen, dreimal täglich das gleiche, ein Stück feuchtes gelbes Maisbrot und feine Leberpastete. Die Kanadier hatten Tausende *one-gallon*-Büchsen abgeworfen. Die Soldaten rührten die Luxusware nicht an, darum durfte sich der Stab damit ernähren. Auch uns war es bald zuviel. Heute weiß ich, daß im Krieg so etwas normal ist. Krieg ist Chaos. Es kann passieren, daß auf ein hungerndes Land Kochgeschirr herunterschwebt.

Langsam gewöhnten wir uns daran, nicht zu wissen, wie es mit dem Krieg stand oder wo die Front war. Fronten sollte es im Guerillakrieg gar nicht geben. Nur wenn man Fehler gemacht hat, vom Feind eingekreist wird, kommt es zur Bildung einer Front und meist zu schrecklichen Verlusten. Man hat die Geschichte des Befreiungskrieges in sieben Offensiven eingeteilt; die jugoslawischen Historiker haben das bis heute beibehalten. Gemeint sind die Offensiven des Feindes. Wenn die Partisanen nicht rechtzeitig ausweichen, verschwinden, sich sammeln, um unerwartet wieder anzugreifen, nennt man ihre Flucht Offensive. Darum geht man nicht «an die Front», sondern *u šumi*, «in den Wald».

In Nikšić blieb unser Kontakt mit der Armee auf die Mahlzeiten beschränkt. Die Mienen waren ernst. Wir waren für unsere Gastgeber kein Problem mehr.

Mit einem einzigen Soldaten habe ich mich angefreundet. Ein blonder Junge, die rechte Hand in einem Gipsverband, der nur von Alfiorow sein konnte, bewachte an der Hauptstraße eine Scheune, in der Munitionskisten gelagert waren. Statt der gewöhnlichen Maschinka hatte er eine Kalaschnikow. Wenn ich vorbeikam, rief er schon von weitem *«Buon giorno, dottore»*. Er hatte unten an der Küste gearbeitet und Italienisch gelernt. Dann hob er blitzschnell die Pistole und schoß einhändig eine Garbe in den Stamm einer Fichte, der schon ganz zerfetzt war.

Ein anderer Freund war weniger harmlos. Ein Mann mittleren Alters, der zu einer zerrissenen deutschen Uniform eine Partisanenmütze ohne Stern trug, sprach uns auf der Straße an. Er war Überläufer, wie er sagte, und sprach rheinländisch. Offensichtlich hatte er nichts anderes zu tun, als uns zu besuchen. Anfangs dachten wir, er habe es auf den Nescafé abgesehen, den er bei uns bekam. Als der zu Ende ging, kam er dennoch jeden Tag nach dem Essen in unser Quartier. Da er Nachrichten – oder waren es Gerüchte? – mitbrachte, wurden wir mißtrauisch. Er behauptete auch, daß es hier noch einen Arzt gebe, wußte aber nicht, wo der zu finden sei. War er auf uns angesetzt, wollte man uns aushorchen? Wahrscheinlich war er ein armer Teufel, der bei der Armee bleiben durfte, dem man aber nicht ganz traute.

Wir fürchteten bereits, in dieselbe traurige Rolle zu geraten. Die Kisten waren angekommen und lagen unter Regenblachen in einer Scheune. Vielleicht hätte sich noch lange nichts geändert, wenn nicht Dr. Keßler aufgetaucht wäre. Er hatte noch unter dem Kaiser in Heidelberg studiert und sich in Nikšić als Kinderarzt niedergelassen, wegen des Klimas, weil er schon damals an Tuberkulose litt. Er versah seine Praxis in den Jahren des Weltkriegs, unter dem Königreich und bis heute mit einer Gazemaske über Mund und Nase, um niemanden anzustecken. Jetzt ging es mit ihm zu Ende, er konnte nur noch eine oder zwei Stunden täglich arbeiten. Er war der einzige Zivilarzt, den es hier gab, und als es ihm noch besser ging, hatte er groß und klein verarztet. Viele der Partisanen waren mit seiner Hilfe auf die Welt gekommen. «Es ist ein seltsames Land. Vor einer Geburt hat die ganze Familie Angst, und man läßt den Arzt rufen. Ist es ein Büblein, gibt es *rakija* und Geschenke und ein Fest, das drei Tage dauert. Wenn es ein Mädchen war, hab ich mich durch die Hintertür davonmachen müssen. Sie hätten mich verprügelt. Sie wissen, daß der Arzt nichts dafür kann. Die Enttäuschung ist aber zu groß. Auch die Mütter sind so.» Von seinen Kollegen, die mit den Italienern abgezogen waren, hielt Keßler nichts. «Sie haben die Leute erpreßt, Geld gemacht, Villen an der Boka bauen lassen und womöglich eine Tochter aus einem reichen Clan geheiratet. Sie sind auf die Jagd gegangen, haben Karten gespielt; Mediziner waren sie nur noch fürs Geld. Ich bin froh, daß sie weg sind. Denn die Leute haben sie immer noch respektiert und teuer bezahlt.»

Ein Arzt in Montenegro, das weiß man also, ist ein gewichtiger älterer Herr mit Schnauz, schwarzem Anzug, gewichsten Stiefeln, einer goldenen Uhrkette über dem dicken Bauch, der die Leute anschnauzt und ausnimmt.

Guido hatte die rettende Idee: Unsere Freunde glauben gar nicht, daß wir Ärzte sind. Darum warten sie, bis klar ist, was wir hier wollen. Wir sind zu jung, zu höflich und sehen nach nichts aus. Wir müssen es ihnen zeigen, damit sie es glauben.

Am nächsten Morgen packten wir die Kisten aus. Wir fanden Bretter, breiteten weiße Operationstücher darüber, eine Ausstellung, die Eindruck machen mußte. Da lagen säuberlich geordnet Hunderte Instrumente für sechs Equipen, von der kompliziertesten Narkosemaske bis zum kleinsten Messerchen, von den schrecklichen Amputationssägen und -messern bis zu den feinsten Klemmen, Pinzetten und Nadelhaltern, dazu Ätherflaschen und alles, was der Chirurg so braucht. Da wir fürchteten, der Regen könnte wieder einsetzen, ließen wir die Genossen und Genossinnen vom Kommandostab bitten, noch vor dem Essen herunterzukommen. Guido war wie ein Verkaufschef auf der Basler Mustermesse. Der Kommissar übersetzte. Diese Klemme braucht man, wenn der Darm verletzt ist, da ist das Serum gegen Starrkrampf, da die Spritzen für Transfusionen, mit dieser feinen Seide näht man zerschnittene Nerven. Zum Schluß richtete er sich feierlich auf: «Diesen Teil der Instrumente haben Schweizer Antifaschisten für die Verletzten *u šumi*, zum Gebrauch der medizinischen Dienste der NOV beschafft, und wir, die Chirurgische Mission der CSS, bringen sie euch. Es ist genug Material für drei chirurgische Equipen. Mit den Instrumenten, die auf der anderen Seite liegen, wollen wir selber, fünf Ärzte und eine Operationsschwester, für die Partisanen arbeiten.» Er grüßte mit der Faust und trat zurück. Einige applaudierten. Andächtig gingen sie der Auslage entlang, zeigten mit den Fingern oder beugten sich vor, um besser zu sehen. Niemand wagte, etwas anzurühren. Die Genossin mit den Zöpfen lachte nicht mehr. Sie war beim Anblick der unheimlichen Messer und Scheren blaß geworden und mußte hinaus.

Es ist also wahr, mochten sie denken, ihr seid doch Ärzte, sogar Chirurgen. Wir müssen froh sein, daß ihr gekommen seid und all das mitgebracht habt. Das glaubten wir aus ihren Blicken zu lesen. Die Gesichter waren ernst. Mit Wunden, Blut und Tod wußten sie Bescheid.

Der Kampf hat die Partisanen in die Lage gebracht, unerhörte neue Erfahrungen zu machen. Sie planen nicht leicht voraus. Die meisten sind Bauern, die nur glauben, was sie mit Augen sehen und mit Händen greifen können. Dann aber erfassen sie blitzschnell, was not tut, gehen mutig drauflos, sind umsichtig und schlau, bis wieder etwas Neues auftaucht. Die Montenegriner sind Meister in dieser bäuerlichen Art, Krieg zu führen. Wenn man das Gesetz des Handelns ohnehin nicht bestimmen kann, weil man schwächer und schlechter bewaffnet ist, ist es besser zu improvisieren, die Taktik der Guerilla; gerade das können sie. Oft haben sie die feindliche Armee durcheinandergebracht, ihre Organisation überspielt, ihre Pläne verwirrt.

Die Ausstellung hatte ihren Zweck erfüllt. Sobald konkret zu sehen war, daß wir Chirurgen sind, wußten sie, was tun. Das Geschenk der unersetzlichen Instrumente war eine greifbare solidarische Hilfe. Bis zum nächsten Tag war unser Einsatz beschlossen und lief sofort an. Kaum hatten wir die Sachen geordnet und verpackt, kam eine Patrouille mit Pferdchen, lud die Kisten, die wir für die NOV mitgebracht hatten, auf die Tragsättel und zog damit fort in den Regen, der wieder eingesetzt hatte.

8
Die grosse Revolution: Petrograd Oktober 1917, Nikšić November 1944

Heute ist das Nikšić von 1944 kaum wiederzuerkennen. Man kann es finden, wenn man die Titova, die breite Hauptstraße, weitergeht bis dort, wo die alten Häuschen rekonstruiert, sauber hergerichtet, mit blumigen Vorgärten geschmückt sind. Das große Verwaltungsgebäude, ehemals k. und k., dann Sitz des Statthalters Seiner Majestät Nikita von Montenegro, ist neu aufgebaut und blättert bereits etwas ab. Das einzige stattliche Haus, das damals ein ganzes Dach hatte, unter dem das Kommando des Zweiten, des Montenegrinischen Revolutionären Armeekorps untergebracht war, ist heute – wie lange noch? – Museum des Befreiungskrieges. Als wir es vor einigen Jahren besuchten, bat uns der Kustos, ein ergrauter Archivar, der als zwölfjähriger Junge Kurier des Korpskommandos war, um Fotos unserer Mission. Er mußte auf diese Museumsstücke verzichten. Es gab keine Fotos. Wir hatten die wenigen Filme für medizinische Dokumentationen reserviert.

Die letzten Bilder aus Nikšić haben wir in diesem Frühjahr (1989) im westdeutschen Fernsehen gesehen, eine Straßendemonstration, mehr als eine halbe Million, mit Tito-Porträts – damals noch – und der Trikolore mit dem roten Stern. Der serbische Parteigewaltige Slobodan Milošević hatte das Volk von Montenegro nach Nikšić zusammengerufen und stachelte es mit chauvinistischen und rassistischen Parolen auf, die albanisch sprechende Minderheit in Kosovo unter die Knute zu nehmen und die ganze Föderative Republik unter serbischer Führung zentralistisch zu erneuern. (In Slowenien nennt man ihn einen Neostalinisten, in Kroatien einen serbischen Hegemonisten und fürchtet, daß er die serbische Vorherrschaft, unter der man unter der Dynastie der Karadjordjewitsch von 1918 bis 1941 gelitten hat, wiederaufrichten wird.)

Die sympathischen Jungen und Mädchen, die Männer und Frauen auf dem Bildschirm mit den stolzen und offenen Gesichtern glauben wir zu kennen. Es sind die Kinder und Enkel unserer Patienten. Sie tragen Jeans, T-Shirts oder elegant geschnittene Hemden, heben die rechte Hand mit dem Victory-V – nicht mehr die Faust zum sozialistischen Gruß – und skandieren «Slobodan, Slobodan», den Vornamen des Führers, der die Freiheit der jugoslawischen Völker bedroht. Damals tönte es ähnlich: *«Sloboda, sloboda»*, Freiheit, Freiheit. Dem deutschen Reporter antwortet der Parteigewaltige, er verabscheue den Personenkult, der sei ein Überrest der Vergangenheit; er werde das abstellen.

November 1944. Das Volk hat die Waffen ergriffen, die Unterdrücker verjagt und sein eigenes Land in Besitz genommen: die Revolution. Für mich ist sie seit fünfundvierzig Jahren mit dem Novembertag verbunden, an dem in Nikšić der Jahrestag der großen Revolution des brüderlichen russischen Volkes gefeiert wurde. Was ist damals passiert? Warum haben sich die Bilder dieses Tages mit der Idee der Befreiung verknüpft und als dauerhaftes Symbol in mir verankert? Merkwürdig.

Vor knapp einem Monat waren wir aufgebrochen, seit zwei Tagen in der befreiten Stadt Nikšić, hatten viel gesehen, noch nichts geleistet. Wir fanden es überflüssig, Jahrestage zu feiern, waren ohne Illusionen über Stalin und seinen Ismus und voll skeptischer Hoffnung. Wird es hier gelingen, die Unterdrücker zu verjagen, wird einmal ein Volk seine eigene Freiheit erkämpfen?

Die erste *četa*, die erste Partisaneneinheit, kam schon am frühen Nachmittag den Berghang herunter. Im grauen Herbstlicht sah es so aus, als ob sich die moosbewachsenen Felsen in Bewegung gesetzt hätten. Dann waren sie plötzlich da, die Hauptstraße entlang, lagerten in dachlosen Häusern und Scheunen, schwärmten aus, mischten sich, trennten sich wieder. Auf der kahlen Wiese hinter dem zerstörten Bezirksgebäude waren die Pferdchen angepflockt. Die Tragsättel mit den Patronenkisten lagen daneben. Die spitzen Hüftknochen und Rippen der Pferde stachen durch das lehmigbraune Fell. Die wunden Rücken und die dünnen Bündel Stroh vor den müden Mäulern waren ein trauriger Anblick. Schnell ging ich weiter und mischte mich unter die Partisanen.

Nikšić, das Herz Montenegros, die Wiege seiner berühmtesten Clans, die Heimat der mutigsten Männer, war ein Haufen trauriger und häßlicher Ruinen. Als mich die immer dichtere Menge am Quartier des Armeestabs vorbeischob, kam gerade der General heraus. «Schau, unser Volk; sie sind von weit hergekommen, sie sind froh. Wir feiern heute die große Oktoberrevolution.»

Eigentlich sah ich kein Volk, nur Soldaten. Alle waren in Uniform, Männer und Frauen, auf der Partisanenmütze den roten Stern, Gewehr und Maschinka auf dem Rücken. Man konnte sie kaum unterscheiden, die jungen Männer waren glattrasiert, die Mädchen trugen die kurzen Haare unter der Mütze. Allmählich sah ich, daß manche Männer graue oder weiße Schnurrbärte hatten und Frauen mit Runzelgesichtern das schwarze Kopftuch unter der Mütze trugen. Das waren die Alten. Auch sie waren bewaffnet mit langen Gewehren aus dem Ersten Weltkrieg, aber ohne die Eier, die italienischen Handgranaten, die den Jungen am Gürtel baumelten. Volk und Armee sind ein und dasselbe, dachte ich. Zum erstenmal sahen wir eine solche Menge Partisanen. Bisher gab es in Nikšić nur einzelne Wachen, viele Kuriere, zehn- oder vierzehnjährige Buben und Mädchen in Uniform, und hie und da eine Patrouille, die loszog oder müde zurückkam.

Ich staunte, wir alle staunten über unsere neuen Kameraden. Sie waren nicht verhärmt, abgemagert, verhungert. Aus mageren straffen Gesichtern blickten sie ernst, mit blitzenden Augen, die Uniformen und Waffen sauber, als ob sie frisch aus der Kaserne kämen und nicht aus vier Jahren tödlicher Kämpfe *u šumi*, im Wald, und in den wilden Bergen. Wenn man genau hinsah, bemerkte man die Flicken und Risse der Uniformen, die Löcher in Schuhen und Stiefeln. Nur wenige hatten noch die weichen ledernen Opanken an den Füßen, die die Schritte der Partisanen unhörbar machen wie Katzentritt. Das soll den Feind in lauernde Angst versetzt und am Schlaf gehindert haben.

Die Stimmung wurde immer festlicher. Unter den Kämpfern und Kämpferinnen waren viele, die einander kannten und lange getrennt gewesen waren. Manche umarmten sich, küßten sich rechts und links, trennten sich wieder, riefen einander Nachrichten zu, gute oder traurige, man sah es den Mienen kaum an, zogen mit ihrer Einheit weiter. Sie strömten zum Festplatz. Wir zogen mit, ließen uns von der Erwartung anstecken und suchten uns einen Platz im Hintergrund, der etwas erhöht lag.

Ohne Kommandorufe, ohne Marschordnung, man sah ja auch keine Offiziere, hatten sie sich so um die Rednertribüne gruppiert, daß die vorderen lagen, die nächsten kauerten; dahinter stand breit ein Amphitheater aus Uniformen. Man hatte eine Plattform aus rohen Brettern errichtet, vorne daran ein Geländer mit einem großen roten Stern aus Holz, dem *petokraka*, darüber die rote Fahne mit Sichel und Hammer und, etwas größer, die jugoslawische Trikolore mit dem *petokraka*. Man hatte versucht, die Tribüne mit grünem Laub zu schmücken, die Blätter waren aber abgefallen, so daß die kahlen Zweige übrigblieben. Da es allmählich dunkelte, wurden zwei hohe Reisighaufen angezündet, die die Feier des 27. Jahrestages der glorreichen Oktoberrevolution erleuchten sollten. Keine Gefahr im befreiten Land? Keine Verdunkelung wie auf den Schiffen seiner Majestät?

Bevor es losging, kam unser Freund, der Kommissar, herüber, nahm Guido bei der Hand und führte uns ganz vorne hin. Wir sollten besser sehen, und das Volk, das gekommen war, sollte uns sehen. Wir hockten uns auf den Boden, dicht beieinander wie die anderen.

Oben auf dem Podium trat der General nach vorne. Er grüßte mit der Faust. «Wie wir uns 1941 im *ustanak*, im revolutionären Aufstand gegen die Okkupanten» – Applaus, *živio*-Rufe – «unter Führung der glorreichen kommunistischen Partei» – Applaus, *živio* – «und unseres Marschalls Tito» – lauter Applaus, *živio*-Rufe, die nicht mehr aufhören wollten – «erhoben haben, so haben sich vor 27 Jahren die Arbeiter und Bauern unter Führung des großen Lenin erhoben» – *živio* – «und den Völkern der Sowjetunion die Freiheit gebracht» – *živio* –, «bis die verfluchten Hitlerischen eingefallen sind, die wir mit Hilfe der Roten Armee vertreiben und vernichten werden. Es lebe die brüderliche Rote Armee» – *živio* –, «es lebe der Genosse Generalsekretär Josef Stalin» – *živio* –, «es lebe das Sowjetvolk, es leben unsere Völker, die *Narodno oslobodilačka vojska* und unser *drug* Tito!»

Der Genosse General hatte sehr ruhig, beinahe leise gesprochen; er grüßte mit erhobener Faust und trat zurück. Die wenigen Sätze waren sogar für uns verständlich. Mit der Stille vor der Ansprache war es vorbei. Da und dort stiegen rauhe Töne ins Dunkel, abgehackte Takte eines Kampfliedes. Es klang nicht nach der Internationale. Dann wurde es wieder still. Der nächste Redner war nach vorn getreten: ein Pope.

Da stand er unter der roten Fahne, ein mächtiger Mann in schwarzer Soutane, mit einem gewaltigen grauen Bart, am hohen Priesterhut das prawoslawische Doppelkreuz, darüber den roten Stern. An der Brust hatte er das Zeichen der «Kämpfer der Ersten Stunde», denselben roten Stern wie unser Kommissar und der General, und um den beträchtlichen Bauch einen Ledergurt mit Koppel, ein Beutestück; darin steckten eine Mauserpistole und dazu das Magazin mit Patronen. Er hob ein großes weißes Doppelkreuz auf, schwenkte es segnend über die Menge, lehnte das Kreuz an die Brüstung, hob die Faust zum Gruß und hielt beide Arme mit geballten Fäusten hoch, bis der Applaus verklungen war. Die Rede war viel länger als die erste, er sprach dramatisch, feurig; wir verstanden kein Wort. Am Ende grüßte er auch die Rote Armee, das Sowjetvolk, die tapferen Partisanen und die Genossen Tito, Lenin und Stalin.

Bevor der Applaus ganz verklungen war, stand der dritte und letzte Redner vorne, ein schmaler Mann in Uniform mit dem glattrasierten Gesicht eines Intellektuellen. Anscheinend schilderte er die Geschichte der großen Revolution. Dann kamen viele jugoslawische Ortsnamen vor; wahrscheinlich ein Überblick über die militärische und politische Lage. Wir hätten gern gewußt, was er sagte.

Anders als beim Popen, der ihn zu Ende der Ansprache umarmte und auf beide Wangen küßte, gab es beim dritten Redner keinen Applaus. Als er die Faust zum Gruß erhob, standen alle auf, die Fäuste hoben sich, und es tönte aus dumpfen und hohen jungen Kehlen:

Druže Tito
kad ćes u Rusiju
pozdravi nam
Crvenu Armiju . . .

Genosse Tito
wenn du nach Rußland kommst
grüß uns
die Rote Armee . . .

Jede Zeile schwillt an, bricht unvermittelt ab; monoton zwischen drei Tönen steigt die Melodie an und bricht ab; nie entspannt sich der Rhythmus, Verse werden endlos angehängt, andere oder die gleichen? (Später in Badija und Meljine haben Verwundete, die vor Schmerzen nicht schlafen konnten, die ganze Nacht gesungen; für die Kameraden in den Betten daneben war der harte Rhythmus ein Schlafgesang.)

Der Gesang geht weiter, hat sich in viele Gesänge aufgelöst, die sich nicht mischen. Jedes Lied stapft einsam weiter, wie die *četa* über den steinigen Karst, bis der dünne Ton der *gusle*, der Hirtengeige mit einer einzigen Saite, ihn aufnimmt. Die großen Feuer sind heruntergebrannt. Dafür ist der Hang mit vielen kleinen Feuern gespickt. Endlich legen sie die Gewehre ab. Ein Kreis nach dem andern faßt sich an den Händen zum *kolo*, hin her, her hin, immer im gleichen selbsterzeugten Rhythmus; bis einer allein, nein, zwei geduckt in die Mitte des Kreises schnellen zum Adlertanz, die Ellbogen gespreizt, die Knie gebogen, unermüdlich schnellen sie, tanzen den Kampf, den Tanz des Adlers vom wilden Durmitor.

Gustl wird als erster in den *kolo* gezogen; dann die anderen. Mich erreicht der Rhythmus nicht. Ich gehe zwischen den Menschen durch, die mich nicht wahrnehmen, weil ich schaue, höre, rieche, aufnehme, aber nichts hergebe, alles im Kopf verstaue, notiere und dafür niemanden brauchen kann.

Was ich sehe, ist aber nicht fremd. Es ist das *narod*, das Volk von Montenegro, die zerfurchten Alten mit den flachen rot-schwarzen

Käppis, die alten Frauen in dunklen schweren Tüchern, die Hirten mit Hungeraugen, den schmutzstarrenden Schafpelz um die Schultern, die Kinder, die Kinderchen in Bündeln und Tragtüchern, alle still, sie nuckeln an dünnen Brüsten, eines hält ein Holzpüppchen dicht vor die Nase. Die größeren tappen zu den Gewehren, rühren sie an. Sie schnuppern am Lauf, sie fassen sich mit dünnen Ärmchen und stolpern, trampeln den *kolo*, den Tanz der Adlerküken.

Das Volk ist da, das ganze Volk ist frei. Das *narod* läßt Feuer leuchten in der Nacht, es hat keine Angst mehr, kein Tschetnik, kein Faschista weit und breit, kein Offizier mit Gold, weggeflohen die Herren mit den gewichsten Stiefeln und Schnurrbärten, die *gospodari*. *Drugovi i drugarice*, Genossen und Genossinnen sind wir geworden, und *bože moj*, mein Gott ist dabei; er braucht keinen Weihrauch, keine Kerzen, kein Gold mehr, sein Pope ist mit uns, mit Kreuz, Pistole und *petokraka*. Die Herren sind vertrieben, das Volk hat sich befreit.

Werden Hitlers Armeen aus *Grčka*, aus Griechenland, kommen, mit Tanks und Kanonen, Bombenflugzeugen, Gestapohenkern, und die auf den Motorrädern, den Tschetnikverräter hinten aufgepackt, den Totenschädel am Hut, werden sie die Flamme austreten? *Biće sutra*, das wird morgen sein! Sie laden die schweren Patronenbänder auf die Schultern, nehmen die Waffen, eine *četa* nach der anderen verschwindet in die Nacht, in den Wald, *u šumi*, keine Trommeln, keine Spur. *Smrt fašizmu*. Tod dem Faschismus! Greifen sie morgen an oder schon heute nacht?

Meine Revolution habe ich mitgebracht. Sie ist nicht in Nikšić entstanden, nicht in Petrograd aufgebrochen, wird nicht an einem Tag und an einem Ort stehenbleiben. Als Revolte, der Knecht verjagt den Herrn, dem geht es schlecht, das hör ich gern, ist sie das Leben selbst, die Triebgrundlage, die sich aufbäumt. Einmal findet das Es sein Symbol, das wirkt weiter, eine Naturtatsache, solange es Unterdrükkung gibt.

Keine Rede davon, daß ich mich ins Volk verlieren, mit den Massen verschmelzen, mit ihnen zusammen kämpfen, lachen, weinen könnte.

So etwas kommt vor. Es sind seltene Augenblicke der Geschichte. Goldy hat sie erlebt mit den Interbrigadisten, die auf gefährlichen Reisen aus fast sechzig Ländern zusammengeströmt waren, in den Hof des Hôtel de l'Espérance im Achtzehnten Bezirk von Paris, um klandestin weiterzuziehen nach Spanien, und dann die tausend Freiwilligen, Proletarier, Künstler, Sportler, Intellektuelle in den Kasematten von Figueras, eine Brüder- und Schwesternschar, bereit zu kämpfen, zu sterben für die Freiheit des spanischen Volkes, gegen den Aufstand der Putschgeneräle, für die Freiheit der ganzen Welt, gegen den Faschismus.

Es muß dieser Sturm sein, den die Herren so fürchten, nicht nur die Herrscher, auch ihre Dichter. Der Geheime Rat Goethe hat den Feldzug, den Preußen, Österreich und die Pariser Emigranten Anno 1792 unternahmen, um die neue französische Volksrepublik niederzuwerfen und die Bourbonen wieder auf den Thron zu setzen, als Kriegsberichterstatter begleitet und später in der «Kampagne in Frankreich» beschrieben. Der Dichter konnte sagen: «Wir sind dabeigewesen». Er war nicht dabei, der Geheime Rat. Die Greuel des Krieges sind zwischen den Zeilen versteckt. Er hat die Kanonade von Valmy gehört, als kaum dreiundzwanzigtausend in aller Eile zusammengetrommelte Leute, Soldaten des noch gar nicht recht organisierten neuen Regimes, die disziplinierten preußischen und die kampfgewohnten österreichischen Truppen, nicht weniger als achtzigtausend Mann, besiegt und aus dem Land gejagt haben. Den Donner der Revolution hat er nicht gehört. Freiheitskämpfer sind Verbrecher, meint der Dichterfürst; er nennt sie «das Pariser Greuelvolk».

Vielleicht hat er das Beben dennoch gespürt, sich mit klassischer Vernunft abgewandt, das Grauen klug abgeschirmt, die Angst verdrängt.

Hundert Jahre später ist Egon Erwin Kisch[4], Goethes Tagebuch lesend hinter den Linien von Verdun, der «Kampagne in Frankreich» nachgegangen. Es ist die Zeit des Interventionskriegs in Rußland. Der Reporter schreibt: «... es scheint, daß der Widerstand eines Volkes, dem eine Revolution Scheuklappen und Vorurteile genommen und die Heimat zum Besitz aller gemacht hat, unbesiegbar ist.»

Die Herren müßten keine Angst haben. Auch ohne ihr Zutun gehen die Tage, die die Welt erschüttern, vorbei. Die Oktoberrevolution hat ihr Datum verloren; kaum ist sie in den Westen gerückt, ist sie in den November gerutscht. Zweihundert Jahre nach der Französischen Revolution graben Politiker, Historiker, Künstler nach, was passiert ist. Was hat sich bewegt? Wann war der große Tag? Die Kanonade von Valmy, 1792, als das Volk zum erstenmal den Feind mit Waffen besiegt hat, war beinahe vergessen. Dem Präsidenten François Mitterrand ist es dann doch noch gelungen, den Sieg ästhetisch nachinszenieren zu lassen und zu benützen.[5] Er vertröstet die französische Armee von 1989, die über schlechte Sozialleistungen und flaues Avancement geklagt hat. Sie, die *Grande Armée*, die, mit dem Volk nur durch hohle Parolen verbunden, längst ein toter Teil der Nation ist, nennt er mit wohlgesetzten Worten noch einmal die Armee des Volkes, der Revolution. Das verkündet er, der Meister des imperialen Pragmatismus, am 16. September 1989 im staatlichen Fernsehen, *antenne 1*.

Es ist Zufall, daß genau ein Jahr zuvor, am 16. September 1988, Michail Gorbatschow im Moskauer Fernsehen gesagt hat: «Es ist eine schwierige, harte, aber große und für diejenigen, die an der Perestrojka teilnehmen, glückliche Zeit.»[6] Perestroika ist *seine* Utopie. Werden mit ihr die Völker der Sowjetunion zu *ihrer* Revolution zurückfinden?

Kann die Revolution weiterleben, stirbt sie nicht immer den eigenen Tod, schon vor der Vendée, bevor die Weißen Garden angreifen, bevor die Condor-Legion in Spanien, Diktatoren und Faschisten in aller Welt ihr den Garaus machen? Sie kann zum Fanatismus verkommen, im Blutrausch ertrinken, in Machtkämpfe zerplatzen, sie versikkert in den Tiefen des Elends und ruft grausame Ordnungsmächte auf den Plan, sie wird aufbewahrt, eingesalzen, zerstückelt, mit Parolen zu Aktenbündeln verschnürt, auf denen Bürokraten mit steinernen Köpfen und lastenden Ärschen hocken. Bis das Volk wieder aufsteht: *Aux armes, citoyens* ..., an die Waffen, Bürger ...!

Nein, alles mag verkommen, untergehen, sich selber zerstören –

die revolutionäre Bewegung bleibt bestehen. An einem Ort ist sie sicher, am Ort der Utopie. Utopien leben von ihr, grünen, welken und verdorren. Der Drang nach Freiheit bringt neue Utopien hervor, solange es Unterdrückung gibt.

Nie wird jemand gegen die Utopie recht behalten. Wer kann ihre Bewegung aufhalten? Wer immer sie ins Prokrustesbett seiner Zeit, seiner Kultur, seiner Urteile, Vorurteile, Meinungen, Absichten, Interessen spannt, dem ist sie bereits entglitten. Goethe hat sich geirrt, und Kisch. Auch meine Utopie in Nikšić, in einer Novembernacht zum Greifen nahe, beinahe unsterblich, ist seither immer wieder zerstoben, zerplatzt, gestorben. Sie ist wieder da, lebendig.

Wir sind als Chirurgen in den Freiheitskampf gekommen. Wenigstens vor der abscheulichen Blindheit des Dichterfürsten bleiben wir bewahrt. Die Greuel des Krieges, die Goethe nicht sehen wollte, sind unser Metier.

9
Der Ernst der Lage

Bei den deutschen Brigadisten im spanischen Bürgerkrieg tönte der Befehl zum Sturmangriff: «Vorwärts, marsch!», bei den Österreichern: «Gemma, Buam!», bei Kämpfern aus anderen Ländern wieder anders. Bei Titos Partisanen hieß es: «*Pokret!* Bewegung!» Einen Befehl kann man das kaum nennen. *Pokret* ist ein neutraler Ausdruck, heißt einfach: wir müssen weiter, losgehen, stürmen, zurückweichen, davonlaufen; je nachdem.

Im Guerillakrieg gibt es Zeichen, Signale, aber keine Befehle. Die Führung läßt wissen, was geschehen sollte. Die Kämpfer und Kämpferinnen sind es, die der Lage entsprechend entscheiden, ihrer Entscheidung gemäß handeln. Sie allein kennen ihren Kampf, aus dem sie nicht herauskönnen, den sie weitertreiben. Überleben können sie nur, wenn sie jederzeit tun, was nötig ist, nichts versuchen, was unmöglich ist. Mitunter entsteht Unordnung oder Chaos. Weil es keinen Überblick gibt, sind Befehle von außen oder von oben gänzlich ungeeignet, die Lage zu verbessern. In konventionellen Armeen werden mit solchen Befehlen Soldaten verheizt. Was *pokret* heißt, wann, wohin und wie die nächste Bewegung geht, das muß jeder selbst sehen.

Unser Aufbruch aus Nikšić war im tödlichen Ringen der Partisanen ein sehr kleiner Schritt; für uns war es *der* Aufbruch. Dieser Tag ist mir in so lebhafter Erinnerung geblieben wie kaum ein anderer jener Zeit.

Als ich weiterschreiben will, bin ich blockiert. Gestern las ich in der Zeitung, daß der montenegrinische Politiker Milo Djukanović während einer Massendemonstration in Nikšić mit dem Einsatz der

Armee gedroht hat, um die Slowenische Teilrepublik, deren Parlament vor wenigen Tagen eine freiheitliche Verfassung mit dem Recht der Selbstbestimmung verabschiedet hat, der Zentralregierung zu unterwerfen. Eine leere Drohung ist das nicht. Die jugoslawische Armee wird von serbischen und montenegrinischen Offizieren befehligt, und Serbien hat bereits ein autonomes Gebiet, Kosovo, mit Polizei- und Waffengewalt seiner Hegemonie unterworfen. Damit ist Nikšić, der Ort unseres Aufbruchs in den Kampf für die Freiheit, zum Herd einer populistischen Kampagne für die Vorherrschaft einer serbischen Zentralgewalt, zum Ausgangspunkt der Gegenrevolution geworden. *Pokret*, Bewegung, zurück in Neostalinismus und national-faschistische Diktatur? War es richtig damals, mit den kriegerischen Montenegrinern in den revolutionären Krieg aufzubrechen, oder war das der erste Schritt zu neuer Unterdrückung? Es ist leicht zu sagen, die Entscheidung von damals sei vom Gang der Geschichte überholt. Der Widerspruch bleibt bestehen, und ich weiß nicht weiter.

Gestern nacht träumte ich, daß Maya zu Besuch kommt (in Wirklichkeit wollen wir sie heute abend besuchen) mit Nachrichten aus Argentinien, die wir noch nicht kennen: Es hat sich herausgestellt, daß Präsident Carlos Menem, der Sieger der letzten Wahlen, dessen neoperonistisches, den faschistischen Generälen genehmes Programm die liberale Regierung Alfonsin abgelöst hat, durch einen ungewöhnlichen Wahlbetrug zur Macht gekommen ist. Menem ist entlarvt, er muß ohne Neuwahl zurücktreten. Der schlaue Menem hatte Hacker, kybernetische Einschleicher, in seine Dienste genommen, die sich in die Stimmenzählung eingeschaltet haben. Sobald der Betrug entdeckt und das eingespeiste Fehlprogramm bekannt geworden war, mußte sich der Präsident dem Druck der Öffentlichkeit und der Stimme der Experten beugen. Eine einfache Rechenoperation genügte, um das ursprüngliche Wahlergebnis zu rekonstruieren, und die vom Volk gewünschte Ordnung war wiederhergestellt.

Zuerst scheint es, daß dieser Traum mit meinem Nikšić-Dilemma nichts zu tun hat. Doch geht er uns beide, Goldy, der ich den Traum sogleich erzählt habe, und mich unmittelbar an. Wir leben in einer immer dichter computerisierten Welt. Zweifellos sind unsere Namen in polizeiliche Computer eingespeist. Wir sind der Überwachung gegenüber in der hilflosen Lage vieler Bürger unseres Landes, die nicht anders ist als in anderen durchorganisierten Industrienationen. Schon seit langem haben wir im Scherz eine hilfreiche Befreiungsphantasie entwickelt. «Hacker» würden wir als Beruf wählen, wenn wir heute jung wären. Als Hacker wären wir am richtigen Ort mit unserem anarchistischen Ideal. Menem steht im Traum für den serbischen Parteigewaltigen Slobodan Milošević und seinen Gehilfen in Nikšić. Er hat sich unserer subversiven Technik bedient, um die Ziele seiner reaktionären Politik zu erreichen. Im Traum sind wir gerüstet, ihn mit den eigenen Waffen, die er uns abgeguckt hat, zu schlagen. Eine Falle für den Fallensteller: Es gibt ein kybernetisches Entlarvungsprogramm gegen die kriminellen Hacker des Wahlbetrügers Menem! Im Traum wird er ohne Mühe mit unserer eleganten Methode entmachtet.

Wenn der serbische Neostalinist so leicht und einfach zu beseitigen ist, stellt sich die Frage gar nicht, ob wir es damals, bei unserem Aufbruch in den revolutionären Kampf, falsch gemacht haben. Als ich Goldy den Traum und diese Deutung erzähle, müssen wir lachen.

Wir hatten unsere Instrumente ausgestellt und die Genossen vom Stab des Armeekorps davon überzeugt, daß wir Ärzte waren. Am Tag darauf stand früh am Morgen ein Lastwagen bereit, der Hannes und Gustl mit dem Material in das Lim-Tal bringen sollte. Dort operierte die 2. Division, und dort würden sie das Sanitätspersonal für ihr chirurgisches Feldspital treffen. Es sei eilig, sagte der General, der herausgekommen war, um bei der Abfahrt dabeizusein. Vielleicht würde eine deutsche Armee, die weiter östlich nicht durchgekommen war, versuchen, ins Lim-Tal durchzubrechen.

Gustl und Hannes standen triefend auf der Ladebrücke. Es dauerte lange, bis das Material verstaut war. Der General und die anderen Zuschauer verzogen sich ins Haus. Wir standen noch da. Niemand dachte daran, das Partisanenlied zu singen oder mit erhobener Faust zu grüßen. Es war ein Abschied, wie er sich für Antifaschisten gehört. Keine sentimentalen Anwandlungen. Es wird sich erweisen, ob wir uns einmal wiedersehn. Langsam fuhr der Lastwagen an und verschwand im Regen.

Am Nachmittag war Elio an der Reihe. Etwa zehn Männer und Frauen und zwei Packpferde waren seine Equipe, mit der er zur 10. Brigade gehen sollte, die irgendwo in den montenegrinischen Bergen operierte. Zum Abschied standen nur noch Guido, Goldy und ich da.

Erst jetzt, wie ich uns in der Erinnerung dort stehen sehe, fällt mir auf, daß Marc inzwischen verlorengegangen ist. Unmerklich ist er aus der Erzählung herausgefallen und wird später nicht mehr auftauchen. Bereits in Bari hatte er sich von uns getrennt. Eines Tages war er verschwunden. Als er fort war, sagte uns Doktor Lovrič, er sei anders «eingeteilt» worden. Mehr dürfe er uns nicht sagen. Er wunderte sich, daß unser Kamerad sich nicht von uns verabschiedet hatte. Erst am Endes des Krieges trafen wir Marc in Belgrad wieder. Er hat uns nie von seiner Zeit bei den Partisanen erzählt. (Wir hatten gar nicht versucht, ihn in unsere Brüdergemeinschaft aufzunehmen, und hegten den Verdacht, daß er die Mission nur benützen wollte, um rasch nach Jugoslawien zu gelangen, ähnlich wie Dr. Limitani. Aber auch Marc wollte oder konnte nichts dazu tun, wirklich zu uns zu gehören. Jedenfalls hing diese Entfremdung damit zusammen, daß er von seiner Partei, der KP, abhängig war, was wir «Parteihörigkeit» nannten und damals – wie heute – abgelehnt haben.)

Da standen wir drei mit Elio, der die Kapuze seines Regenmantels über die Partisanenmütze gezogen hatte. Das Instrumentar für seine Ein-Mann-Chirurgie war aufs Allernötigste reduziert, vier schwere Kisten. Die Leute hoben die erste Kiste in die Schlinge des Tragsattels. Als sie losließen, um die zweite Kiste zu holen, sank das magere Pferdchen, das durchnäßt und zitternd dastand, langsam in die Knie und kippte dann krachend zur Seite. Die Leute fluchten, stellten das Pferd mit vereinten Kräften wieder auf die Beine. Dann versuchten sie es anders, luden die rechte und die linke Kiste gleichzeitig auf, das Pferd hielt stand, seine zerschundenen Beine zitterten noch mehr, aber es fiel nicht um. Beim zweiten Pferd, das ebenso mager und hinfällig war, wiederholte sich alles: Es sank zusammen, kippte, wurde wieder aufgestellt, beladen. Als das fertig war, setzte sich der Zug in Bewegung. Elio hatte nachgesehen, ob die Kisten noch ganz waren. Die Leute schienen ihn nicht zu beachten, nur ein junger Soldat fragte ihn, ob er ihm den Sack mit den persönlichen Sachen zum Tragen geben wolle. Elio wollte nicht. Die Pferdchen setzten vorsichtig einen Huf vor den anderen, fielen aber nicht mehr um, solange wir sie sehen konnten. Als die letzten an uns vorbei waren, sagte Elio: «Ich geh. Ciao» und ging als letzter der Equipe nach, auf die er jetzt angewiesen war. Hinter den zerstörten Häusern führte ein Pfad zwischen den Felsen steil aufwärts. Sehr bald schloß sich der kalte Nebelregen hinter ihnen. Es war ein sehr trauriger Abschied.

Am nächsten Tag hieß es für mich: *pokret*, los! Gleich nach dem Mittagessen kam der Bote, diesmal kein Kurierknabe, sondern mein Freund mit der Kalaschnikow. Einer der Ärzte sollte die Evakuierung der Verwundeten in das Zentralspital begleiten. Es ging gleich los. Guido und Goldy mußten beim Material bleiben, um das Spital einzurichten. Ich nahm meine Arzttasche und den Regenmantel, umarmte erst Goldy und dann Guido. Gleichzeitig sagten wir: «Salut und auf Wiedersehen!» Es klang so kleinlaut, daß wir lachen mußten.

Ich trabte mit dem Soldaten los. Unterwegs erzählte er mir, daß man alle Verwundeten aus der Gegend evakuierte – er wußte nicht, wohin –, weil die Deutschen jeden Moment vom Süden her angreifen konnten. «Es sollen 120000 Mann sein, mit schwerer Artillerie», meinte er. Ich bekam Angst um die Zurückgebliebenen. Er merkte es: «Hab keine Angst, sie werden nicht durchkommen, die Partisanen machen eine Talsperre. Wir haben hier viele Soldaten. *Sì, anche noi*, ja, auch wir.» Wie viele, wollte ich wissen. Beinahe achthundert, meinte er, alle gut bewaffnet, und er schlug mit der Gipshand auf den Kolben seiner Kalaschnikow. Es war das einzige Mal, daß mir ein Partisan eine genaue Auskunft über die militärische Lage gab.

Es gelang mir nicht, dem Fahrer des vordersten Lastwagens begreiflich zu machen, warum ich im letzten Wagen fahren wollte. Ich zählte achtzehn Drei-Tonnen-Zweiachser mit Planverdeck, jeder voll Verwundeter. Wenn unterwegs ein Notfall eintrat, mußte der Wagen am Straßenrand anhalten; er wäre bald eingeholt und der Arzt zur Stelle. Diese einfache Überlegung konnte ich ihm nicht klarmachen. Ich blieb hartnäckig neben dem Fahrer des letzten Lastwagens sitzen und hoffte, daß sich das Verfahren unterwegs einspielen würde.

Meine Unfähigkeit, das «Vernünftige» durchzusetzen, war nicht allein sprachlich bedingt. Das wurde mir schon während des Transports klar. Das Gesetz des Krieges ist eben Chaos und Unvernunft – neben und hinter aller Guerilla-Schlauheit und strategischen Planung. Damit hatte ich fertig zu werden, so gut es ging; wie jeder Mann und jede Frau im Krieg.

Schon beim Anfahren stellte ich fest, daß mein Fahrer ein Anfänger war. Der vorletzte Wagen war außer Sichtweite, und er hantierte noch immer verzweifelt mit hochrotem Kopf am Ganghebel, um anzufahren. Der Motor erstarb. Korrekt kuppelte er aus, ließ den Motor an, versuchte es von neuem. Als er endlich den ersten oder zweiten Gang gefunden hatte, setzte sich der Wagen langsam in Bewegung. Er blieb bei seiner Entdeckung und wechselte während der ganzen Fahrt den Gang nicht mehr. Das störte wenig, denn schon nach wenigen hundert Metern hielt der Zug an. Einer der Wagen war mit einem Vorderrad in den Straßengraben geraten. Man lief nach vorn, um den Fahrer des ersten Wagens zu holen, der als einziger imstande war, das Gefährt herauszumanövrieren.

Ich nützte den Halt und inspizierte einen Wagen um den anderen. Unter den Planen lagen die Verwundeten. Sobald ich über die Hinterklappe hinaufturnte, begann es aus dem Dunkel zu stöhnen und zu jammern. Ich hatte in Marseille eine Taschenlampe mit Handbetrieb gekauft. Wenn man den Griff zusammendrückte, heulte ein kleiner Generator auf. Das Licht war so schwach, daß ich nicht einmal ausmachen konnte, wie viele da drinnen lagen. Alle waren mit Uniformstücken bekleidet, es gab Verbände, Gipse und Beinschienen. In jedem Wagen hockte eine junge Partisanin, die Pflegerin. Keine sah auf, wenn ich hereinstieg. Sie hielten das Gesicht in den Händen verborgen, manche hatten ein Tuch vor dem Mund. Allmählich kam ich darauf, daß alle die jungen Montenegrinerinnen sogleich seekrank geworden waren, als die Wagen losfuhren. Das stillte meinen Ärger darüber, daß sie mir nicht im geringsten behilflich waren. Nur eine lieh mir ihre Flasche mit Trinkwasser, mit der ich denen, die am lautesten jammerten, eine Schmerztablette einflößte. Nach dem vierten oder fünften Halt – jedesmal war wieder ein anderer Wagen von der Straße abgekommen – hatte ich keine Tabletten mehr; auch der Vorrat an Morphiumspritzen war verschossen. Ich hatte noch immer nicht die leiseste Ahnung, welcher meiner vielen Patienten (später stellte sich heraus, daß es etwa zweihundert waren) wirklich schlecht dran war, ganz zu schweigen davon, daß ich kaum einen Eindruck von den Verwundungen der einzelnen Leute hatte.

Als ich sicher war, gar nichts mehr tun zu können, auch nicht blindlings wie bisher, blieb ich erschöpft neben meinem Fahrer sitzen. Er konnte sich auch in den Pausen nicht entspannen und wagte es nicht zu rauchen. Es war früh dunkel geworden. Im blau abgeblendeten Licht der Scheinwerfer waren die Fahrer noch unsicherer. Nach mehreren Halten inspizierte ich wieder einmal die Wagen, stieg aber nicht mehr hinauf, weil ich das Jammern, das ich auslöste, nicht mehr ertrug.

Gegen Mitternacht hielt der Zug in einer Ortschaft. Ich hatte den Eindruck, daß es Trebinje war, wo wir vor wenigen Tagen durchgekommen waren, konnte aber niemanden fragen. Die Fahrer und auch die Pflegerinnen waren ins Dunkle, wahrscheinlich in irgendwelche Häuser oder Kasernen verschwunden. Jetzt konnte ich wenigstens die Verwundeten in meinem Lastwagen näher ansehen. Untersuchen wäre zuviel gesagt. Ich sah, daß ihre Wunden verbunden waren, keiner schien mir irgendwie akut gefährdet, doch machte sich bei allen ein Schockzustand bemerkbar: unbeweglich, ohne Decken in der feuchten Kälte, waren sie bleich und kalt, der Puls gespannt und schnell. Etwas mußte geschehen. Ein rettendes Wort fiel mir ein: *rakija*, Schnaps; ich kannte es seit den ersten Wirtshausbesuchen vor Jahren in Slowenien.

Ich stellte mich neben den haltenden Zug, packte jeden, der vorbeikam, am Ärmel, zeigte auf die Wagen und schrie ihn an: *«Rakija, rakija!»* Meine Opfer machten sich davon und verschwanden im Dunkel. Zu meiner größten Überraschung erschien bald eine Art Delegation. Einer trug eine Karbidlampe, ein anderer eine große Karaffe mit Schnaps. Zwei oder drei enterten die Wagen, schenkten Schnaps in zwei Kaffeetäßchen, die sie mitgebracht hatten, und jeder Verwundete bekam einen Schluck oder zwei; auch die Pflegerinnen. Es reichte bis zum vordersten Wagen. Den letzten Schluck bekam der tüchtige Chauffeur des ersten Wagens, der mir anerkennend auf die Schulter schlug, was mich mit Genugtuung erfüllte. Ich sah nicht nach, ob meine Schocktherapie geholfen hatte. Als der Zug wieder anfuhr, hatte sich das Jammern und Stöhnen beruhigt.

Spät in der Nacht hielten wir endgültig an. Der Regen hatte aufgehört, ein feuchter Wind roch nach Jod und Salz. Wellen schlugen an eine Kaimauer. Wir sind in einem Hafen, man bringt uns auf irgendeine Insel weit weg vom Schuß. Eigentlich schade, dachte ich. Mit meinem trüben Licht inspizierte ich einige Wagen. Alles schlief. Die Fahrer waren verschwunden. Ich wollte das Schnapswunder wiederholen. Einen einzigen Soldaten bekam ich zu fassen: *«Čaj, čaj»*, schrie ich ihn an, «Tee». Er schwang sich auf ein Fahrrad, das ich nicht bemerkt hatte, und fuhr davon. Aus den Wagen tönte Schnarchen.

Allmählich konnte ich mich orientieren. Die Wagen standen der Reihe nach auf einem breiten Kai, rechts das Wasser eines Hafenbekkens, links hölzerne Baracken, dahinter ein steiler Hügel. Ich glaubte die dunklen Schatten von Schiffen auszumachen, gespannte Taue verloren sich im Dunkel, und dann, hinter dem letzten Wagen, ein großes Schiff. Aus Ritzen oder Spalten drang Licht. Ich war noch ganz besessen von der Idee, heißen Tee für meine Leute zu bekommen. Über ein Brett stieg ich von der Kaimauer steil auf das Hinterdeck, stieß eine Tür auf und blieb geblendet stehen. Im Licht elektrischer Kristalleuchter stand ich im Salon eines ehemaligen Touristendampfers. Der große Raum war voll verwundeter Soldaten. Sie lagen am Boden, auf Bänken oder lümmelten sich auf den samtbezogenen Stühlen. Die meisten schienen zu schlafen. Gegenüber der Tür, durch die ich hereingekommen war, saß ein Offizier auf einem

Podium in einem hochlehnigen Stuhl, umlagert von den Schlafenden. Er war ein kräftig gebauter Mann in einer graublauen Uniform mit goldenen Litzen und Aufschlägen. Von der Partisanenmütze mit dem roten Stern hing eine goldene Quaste. Da die Mütze für seinen großen Schädel zu klein war, konnte man sehen, daß seine Haare an den Schläfen weiß waren. Ohne nachzudenken, rief ich auf deutsch hinüber: «Herr Offizier, ich bin mit 200 Verletzten des II. Armeekorps unterwegs, die Leute sind halb erfroren. Können Sie mir mit heißem Tee oder *rakija* aushelfen?» – «Ich bin Oberst, der Oberst der Sanität Baum. Kommen Sie zu mir herüber, Herr Kollege, ich will Ihnen etwas zeigen.» Als ich zögerte, ermutigte er mich, es mache gar nichts, wenn ich seinen Leuten auf den Bauch stiege, sie seien gar nicht so krank; die Burschen schliefen ja fest, er aber sei schlaflos und freue sich über den Besuch.

Es war nicht leicht, über die Schlafenden hinwegzuturnen, ohne auf einen zu treten; so dicht lagen sie. Als ich bei ihm war, gab mir der Oberst die Hand und kippte einen Stuhl, auf dem ein Soldat mit einem Unterarmgips schlief. Der Soldat rutschte auf den Boden und schlief weiter. «Nehmen Sie Platz und schauen Sie her!» Er nahm die Mütze ab. Er hatte eine mächtige Glatze und sah so imposant aus, daß ich im Augenblick nicht wagte, mein Anliegen nochmals vorzubringen. «So etwas haben Sie noch nicht gesehen. Ich bin der älteste Sanitätsoffizier der Partisanenarmee, aber auch ich hätte nicht gedacht, daß es so etwas gibt. Das haben mir die Engländer geschenkt. Es ist das modernste Besteck für Staroperationen, sehen Sie diese Bistouris, die Flachpinzetten! Am liebsten würde ich gleich jetzt anfangen, damit zu operieren, aber diese Burschen sind viel zu jung, sie haben ausgezeichnete Augen. Vielleicht brauche ich es bald selber. Würden Sie mich operieren, werter Kollege, wenn sich der graue Star bei mir breitmacht? Ich glaube, es ist bald soweit. Und was nützt ein Chirurg, selbst einer mit der großen Erfahrung von Dr. Baum, wenn er nichts mehr sieht!» Er hatte eine lederüberzogene Kassette auf den Knien, in der sich tatsächlich ein komplettes ophthalmologisch-chirurgisches Instrumentar befand. Als ich mich anschickte, seinen Redestrom zu unterbrechen, stellte er mir die Kassette auf die Knie, nahm ein Instrument nach dem anderen heraus, betrachtete es verzückt und hielt es mir dann vor die Nase. «Sehen Sie doch, diese Messerchen, soo scharf, aus Iridium-Stahl, rostfrei. Wenn wir uns anfreunden, lasse ich Sie einen Star operieren, oder zwei. Das ist einmal etwas Neues. Ich bin Gynäkologe, und alle die Amputationen, das ist so langweilig, das mach ich im Schlaf wie eine Auskratzung. So ein Auge ist etwas anderes, viel feiner. Sie glauben mir nicht? Sie hören gar nicht zu? Na, wie Sie wollen.»

Einen Moment lang dachte ich, daß er sich über mich lustig machte; dann, daß der alte Herr betrunken sei; oder vielleicht ist er verrückt, schoß es mir durch den Kopf, und ich bestand noch einmal darauf, für meine Leute heißen Tee zu kriegen. Das Schiff sah danach aus. Er reagierte nicht und verlor sich in Lobreden auf die Engländer, die ihm das Wunderding geschenkt hatten. Plötzlich hielt er inne und lachte mir gutmütig ins Gesicht. «Sie sind noch nicht lange da. Machen Sie sich keine unnötigen Sorgen. Die Leute sind zäher, als man denkt. Ihren Verwundeten ist es wohler als mir. Ich bin ein alter Mann, vielleicht bräuchte ich etwas, aber diese Jungen, die wollen Verwundete sein, die tun nur so, damit sie Schnaps kriegen. Bis so einer stirbt, braucht es viel. Sektionen gibt es so selten, daß ich es beinahe verlernt habe. Aber die Sektionsberichte verfasse ich auf lateinisch. Wie es sein soll. Na, vielleicht haben Sie einen, den wir zusammen sezieren können. Meine Jungen da sind viel zu gesund.»

Ich war verwirrt und wütend. «Adieu, Herr Oberst», sagte ich und turnte über die Leiber der Schlafenden zurück. Die Türen ins Innere des Schiffes waren verschlossen. Ich verließ das närrische Schiff und stieg erleichtert hinaus auf den dunklen Kai.

In meinen Lastwagen schien alles zu schlafen. So begann ich, die Baracken zu untersuchen. Die erste war verschlossen, die Tür der nächsten war nur angelehnt. Drin roch es chemisch. Ich traute meinen Augen kaum. Im Licht meines seufzenden Lämpchens sah ich, daß der Raum bis oben mit Wolldecken angefüllt war. Sauber gelegt, je zehn von Stahlbändern zusammengehalten, dunkelgraue Decken mit eingewebten roten Streifen und den Initialen der königlich-italienischen Armee. Ich riß einen Ballen herunter. Mit dem Taschenmesser konnte ich die Stahlbänder lösen. Mit einer Decke auf dem Arm stieg ich in den nächsten Lastwagen. Die Pflegerin wachte auf, als ich ihr ins Gesicht leuchtete, schüttelte die blonde Mähne zurück und setzte die Mütze auf, die im Schlaf heruntergerutscht war. Es gelang mir, ihr mit Gesten begreiflich zu machen, daß es in dem Schuppen solche Decken gab. Seither weiß ich, was «Decken« auf serbokroatisch heißt: *«ćebe, ćebe»*, tönte es von einem Wagen zum anderen. Allmählich turnten die jungen Frauen, schlaftrunken, mit offenen Uniformjacken heraus, tasteten sich in den Schuppen und zerrten einen Packen nach dem anderen ins Freie. Ich saß neben dem Ausgang. Eine hatte begriffen, wie sie durch Pumpen am Griff der Taschenlampe Licht machen konnte, und ich durfte mit dem Büchsenöffner des Schweizer Armeetaschenmessers ein Stahlband nach dem anderen lösen.

Eine tiefe Zufriedenheit erfüllte mich. Meine Fingerknöchel bluteten. Aber die braven *bolničarke* schleppten die Decken, eine wertvolle Beute, zu den Verwundeten. Als ich im nächststehenden Wagen nachsah, waren alle Schlafenden zugedeckt und reichlich mit Decken eingehüllt. Alle hatten sich bedient, und es wurde wieder ruhig. Der Schuppen war noch lange nicht leer. Ich lehnte die Tür wieder an, setzte mich auf die Schwelle, zündete eine Zigarette an und dachte an mein erstes Kriegsglück.

Es war, als ob der Wind, der nun frischer vom Wasser her wehte, die Dunkelheit ins Land hineingetrieben hätte. Der Himmel über den Bergen hinter mir verfärbte sich in durchsichtiges Blaugrau, und das Wasser begann zu glitzern. Da lag der große lange Schatten des Dampfers mit dem verrückten Dr. Baum und daneben drei kleinere Schatten, die bald als Fischerbarken zu erkennen waren. Sie waren angetäut, von jeder führte ein Steg auf den Kai.

Ich erriet, daß die Barken für meine Verwundeten bestimmt waren. Von den Schiffsleuten, die allmählich aus dem Laderaum herauskrochen, sprach einer italienisch. Er fluchte, daß die Verwundeten noch nicht eingeladen waren; sie hatten Befehl, bei Tagesanbruch auszulaufen.

Irgendwie gelang es mir, einige der *bolničarke* dazu zu bewegen, die Verwundeten auf die Schiffe zu bringen. Wiederum hatte ich einen Plan: Die Schwerkranken gehören auf das größte der drei Schiffe, auf dem ich mitfahre. Zuerst ging die Auswahl ganz gut vor sich. Die Frauen halfen denen, die gehen konnten, aus den Lastwagen und führten sie zu den Booten. Die Leute balancierten hinüber und stiegen vorsichtig in die offene Luke des Laderaums, aus der es nach Fisch roch. Ich blockierte den Zugang zum großen Boot.

Als keiner mehr herauskam, sollten die übrigen auf Bahren geladen und auf das größte Schiff getragen werden. Ich hatte unterwegs bemerkt, daß es in einigen Wagen schwere solide Tragbahren gab. Die *bolničarke* machten aber keine Anstalten, mit dem Aus- und Umladen anzufangen. Einige baten mich um Zigaretten, setzten sich hin, rauchten und richteten sich die vom Schlafen zerrauften Haare unter der Mütze. Ich suchte mir die Blonde aus, die eine der größten und stärksten zu sein schien, nahm sie bei der Hand und zog sie mit hinauf in einen Wagen. Sie half mir, einen Beinverletzten auf die Bahre zu heben. Es war ziemlich anstrengend. Ich mußte herunterspringen, sie die Bahre bis an den Rand schieben. Dann trug man den Verletzten über das Brett auf das Schiff, bis an den Rand der Luke. Zu meinem Entsetzen wollte die Blonde unseren ersten Patienten einfach in den dunklen Laderaum kippen. Ich schrie, sprang herunter und zeigte ihr, wie man die Bahre mit gestreckten Armen hochhält, bis die Trägerin herunterkommt und der Verletzte sanft auf seinen Platz geschoben werden kann. Und so fort, mit dem nächsten.

Es war eine erschöpfende Arbeit. Glücklicherweise beteiligten sich allmählich fast alle jungen Frauen; soviel ich sehen konnte, wurde keiner der Patienten in den Abgrund gekippt. Sie hatten auch das gelernt. Mit einer der ersten Bahren stolperte ich über ein gespanntes Seil, mit dem eines der Schiffe angebunden war, und schlug mir ein Knie an. Es war noch tagelang geschwollen und tat weh. Vorläufig konnte ich nicht darauf achten.

Die Schiffsleute sahen zu und spornten die Mädchen mit Zurufen an, halfen aber nicht. Offensichtlich waren sie ungeduldig. Ich fürchtete, sie würden abfahren, bevor wir alle umgeladen hatten. Deshalb packte ich einen der Schiffsleute, der jetzt, als es heller wurde, jung wie ein Kind aussah, bei der Hand und nahm ihn als Geisel auf meine Inspektionstour mit, in der Hoffnung, daß seine Kameraden nicht ohne ihn abfahren würden. Die Dieselmotoren unserer drei Boote begannen, einer nach dem anderen, zu tuckern.

In den Wagen war kein einziger Mann mehr. Da lag aber die Beute dieser Nacht. Niemand hatte daran gedacht, die wunderbaren Wolldecken mitzunehmen. Ich weiß nicht mehr, wie es mir gelang, die *bolničarke*, die sich auf die Boote verteilt hatten, nochmals an Land zu locken, damit sie die Decken holten. Es gelang aber, und sie warfen eine Last Decken nach der anderen in die Luken. Damit konnten sie zumindest keinen der unten Liegenden erschlagen. Ich wußte damals noch nicht, daß es Brauch der Partisanen ist, nichts außer den Waffen und der Munition mitzuschleppen. Selbst im Schnee und Eis des Durmitor sollen sie Decken und Mäntel, die sie vorfanden, liegengelassen haben, um unbeschwert weiterzumarschieren. Das war unsinnig, weil die nächste Nacht wieder kalt war, und gleichzeitig richtig, denn die Guerilla muß vor allem darauf achten, beweglich zu bleiben. Wenn ich das damals gewußt hätte, wäre ich doppelt stolz über meinen Erfolg gewesen. Die Decken waren in unserem Spital ein unentbehrlicher Grundstock, solange wir in Montenegro blieben.

Im helleren Morgen glänzten goldene Reflexe auf den gekräuselten Wellen von der Sonne, die über den Bergen aufging. Unsere Boote steuerten leicht vibrierend dem offenen Meer zu. Hinten leuchtete der Dampfer mit dem Doktor Baum aus allen Fenstern. Es war nicht zu unterscheiden, ob sie jetzt erst aufgewacht waren und alle Lichter angezündet hatten oder ob sich die Sonne in den Scheiben spiegelte. Ich saß auf Deck, erleichtert, weil meine Schwerverletzten unten im Laderaum ruhig waren, aber auch weil ich gefürchtet hatte, der Verrückte werde mitreisen wollen. Daß wir ihn keineswegs los waren, konnte ich damals nicht ahnen.

Den Transport haben wir nicht schlecht bewältigt, dachte ich, und lobte die beiden *bolničarke*, die sich neben mir auf Deck ausstreckten. Sie verstanden meine Worte zwar nicht, aber die eine holte ein Päckchen nicht sehr saubere Watte aus der Hosentasche, beugte sich über den Rand des Bootes, tauchte die Watte ins Meer und begann meine blutverschmierten Fingerknöchel sanft zu reinigen. Ich ließ es ruhig geschehen. Sobald sie fertig war, schüttelte ich ihr und der anderen beide Hände. Da hörte ich zum erstenmal «*druže doktore*, Genosse Doktor», was ich noch unzählige Male hören sollte. Das erste Mal war es so unerwartet, daß mir beinahe die Tränen kamen. Ich war sehr müde, fast erschöpft.

Der junge Schiffsmann brachte uns dreien je ein Stück Maisbrot, dazu einen Tonkrug Wasser und ein Päckchen feinen blonden Tabak in Zeitungspapier. Die Mädchen drehten für sich und für mich dicke Zigaretten. Wir rauchten und fuhren in der Sonne, die zu wärmen begann, in die blaue sanfte Adria hinaus. «Nach Badija», hieß es. Was das wohl war? Ich warf den Zigarettenstummel ins Meer, schob die Arzttasche unter den Kopf und schlief ein.

Ein Schuß ganz nahe an meinem Ohr weckte mich. Dann eine Salve. Auf dem Deckaufbau war ein leichtes Maschinengewehr montiert. Vier oder fünf Schiffsleute standen darum herum und schossen abwechselnd eine Garbe ins Wasser. Ich kletterte zu ihnen hinauf. Sie riefen etwas in das Steuerhäuschen hinein, das Schiff drehte sich und hielt auf ein schwarzes Blech oder Brett zu, das auf den Wellen tanzte. Eine Treibmine, die sie sprengen wollten. Das verstand ich. Zum Glück war die Mine weit weg, und sie trafen sie nicht: das Boot schwankte, und die Mine ebenfalls. Mit ihren Zurufen an den Steuermann fuhren sie aber immer näher heran. Als es nur noch zwanzig oder dreißig Meter weit war, ging der Ladestreifen zu Ende. Man lief einen neuen holen. Ich war sicher, daß wir alle mit in die Luft fliegen würden, wenn wir noch näher herankämen. Da ich mich nicht verständlich machen konnte, packte ich den Lauf des Maschinengewehrs, drehte ihn nach oben und hielt ihn fest. Sie wollten mich wegschieben, wurden böse, verstanden immer noch nicht. Da schaute der Steuermann aus seiner

Luke, gab Gas, drehte ab und fuhr zurück. Er fuhr ganz nahe vor den Bug der zwei anderen Boote, um sie vor der Mine zu warnen.

Die Sonne begann schon sich zu senken, als Land in Sicht kam. Eine kleine Insel, dunkelgrün mit Maquis bewachsen, und als wir um ein Kap herum waren, lag da ein wunderbarer großer Bau aus weißen Kalksteinen, ein Kloster mit Kirche im venezianischen Stil. Vor einem langgestreckten Wohnhaus eine Kaipromenade, die zu einem gemauerten Hafenbecken führte, mit einer Reihe buschiger Palmen. Dort legten wir an.

Das große Haus war eine Klosterschule gewesen. In den hellen sauberen Sälen lag Stroh, die Wasserleitung funktionierte, es war eine Reihe von Aborten mit Wasserspülung vorhanden. Betten fehlten, sonst war das zweistöckige Haus für ein Spital durchaus geeignet.

Wir luden die Patienten aus. Ich ließ sie auf das Stroh in den Parterrezimmern betten. Der erste und der zweite Stock blieben leer. Sicher würde alles für das Zentralspital Nötige später ankommen. Aus den hinteren Gebäuden huschte ein Mönch in brauner Kutte hervor, reichte mir mit tiefer Verbeugung einen Laib Weizenbrot, einen Krug mit frischem Wasser und einen Holzteller mit einem Häufchen Salz. Er machte gegen die Leute hin ein segnendes Zeichen, bekreuzigte sich und verschwand.

Aus dem Krug konnten wir den Verwundeten zu trinken geben. Die *bolničarke* verteilten das Brot nach einem mir unverständlichen System. Auch ich trank Wasser und trat auf den Kai hinaus. Es war schon dunkel, der Mauer entlang duftete es – rote und weiße Rosen in Blüte, jetzt im Spätherbst. Dann suchte ich mir in einem der Krankensäle eine Ecke mit Stroh und versuchte den *bolničarke* zu erklären, daß sie mich wecken sollten, wenn es einem der Verwundeten in der Nacht schlecht ging. Sie mußten Hunger haben, schliefen aber trotzdem ein.

In der Nacht zog eines der Mädchen an meinem Fuß. Ich hatte die

Schuhe abgelegt und mir eine der Decken über den Kopf gezogen. Jetzt schlüpfte ich in die Schuhe, und sie zog mich fort.

Im nächsten Saal war eine gespenstische Szene. Von zwei Wachskerzen erleuchtet, lag ein völlig nackter junger Mann in der Mitte zwischen den Reihen der Schlafenden. Ein Bein wurde von zwei Pflegerinnen in die Höhe gehoben. Am Fußknöchel war eine tiefe Wunde, eigentlich ein blutiges Loch – daraus tropfte pulsierend ein Bächlein Blut und rann über die Hände und Arme der Helferinnen auf den Boden, wo sich bereits ein Blutsee gebildet hatte.

Es war eine arterielle Blutung aus einer tiefen, vereiterten, faulig stinkenden Schußwunde. Ich leuchtete dem Mann ins Gesicht. Er war weiß, die Lippen blaß wie seine Wangen. Sofort nahm ich meinen Gürtel und legte einen straffen Ring um den Oberschenkel. Dann holte ich die Tasche und bestimmte zwei der Mädchen, die stumm, mit weit aufgerissenen Augen herumstanden, mir zu leuchten. Es gelang mir, in der Tiefe der Wunde den Ort der Blutung zu finden. Ohne Betäubung machte ich eine tiefe Umstechung und zog den Knoten zu. Dann sollte jemand die Blutleere am Oberschenkel lockern. Überraschend genug verstand die Blonde, was ich von ihr erwartete. Es kam kein Blut mehr. Als ich mit meinem vorletzten Verbandpäckchen, das viel zu klein war, die Wunde verbunden hatte, fühlte sich das Bein wieder warm an. Der Puls war schwach gefüllt, aber nicht allzu rasch. Der Junge brummte etwas und schlief ein, nachdem er mit dem verwundeten Bein, das ihn sicherlich schmerzte, ein wenig gezuckt hatte.

Ich ging in meine Ecke zurück, konnte aber nicht mehr einschlafen. Ich muß etwas tun. Die in Nikšić lassen sich Zeit. Sie sind ihre Verwundeten los und vergessen uns auf der paradiesischen Insel. Nach und nach werden alle unversorgten Wunden eitern, bluten, und die Leute werden allmählich verhungern. Es ist eine Toteninsel. Was tun? Ich kann doch nicht einfach warten. Beim nächsten Zwischenfall wird es nicht mehr so gut ausgehen.

Am Morgen ging ich hellwach durch die Säle und schrieb die Namen und die Art der Verletzung in mein Notizbuch. Manche begannen wieder laut zu klagen. Draußen fand ich zwei Männer in einem kleinen Boot mit Außenbordmotor, die nach Korčula fahren wollten; sie waren bereit, mich mitzunehmen. Sie sagten zwar: dort gibt es auch nichts, die Stadt ist kaputt. Aber etwas, irgend etwas mußte ich unternehmen. Ich fühlte mich energisch und aktiv. So leicht läßt man unsere Leute nicht verkommen. Als das Boot an der langen Küste von Korčula entlangglitt, war ich nicht mehr so sicher, ob ich Hilfe finden würde. Vielleicht hatte ich mich davongemacht, weil ich es nicht mehr aushielt: fahnenflüchtig.

10
Elios Chronik

Die Abenteuer und Leiden des Arztes Elio C. bei der 10. Revolutionären Brigade in den Bergen von Montenegro, im grausamen Winterkrieg 1944/45

Die kleine Equipe Elios mit zwei hinfälligen Packpferden ist Anfang November 1944 im Schneeregen von Nikšić verschwunden. Im Februar wurde ein Verwundeter in unser Zentralspital Meljine gebracht, mit einem Gips, auf dem mit Blaustift geschrieben stand: «Salut: Elio». Das war alles, bis er selber gegen Ende März an einem strahlenden Tag in Meljine auftauchte. Wir lachten und weinten beinahe. Er war so kräftig und von der Sonne braunrot gebrannt, daß man ihm seine Leiden nicht ansah. Die letzten Tage der Fahrt war er mit einem Frachtkahn den Fjord von Boka entlanggefahren, war auf Deck in der Sonne gelegen und von den Schiffsleuten bewirtet worden. Wir aber sahen bleich aus, vom Hunger und von der Arbeit, die uns kaum Zeit zum Schlafen ließ. Elio merkte, daß wir ihn um seine Zeit im Wald beinahe beneideten, und erzählte nur wenig. Schon am Tag seiner Ankunft operierten wir zusammen ein zerschmettertes und vereitertes Kniegelenk. Wir waren sehr erleichtert, daß er da war, und arbeiteten so gut mit ihm, als ob wir nie getrennt gewesen wären. Erst im September dieses Jahres (1989) hat er uns geschildert, wie er bei der Brigade gelebt hat.

«Vor dem Abmarsch von Nikšić habe ich dem Kommando des Armeekorps einige Flaschen Martini Rossi geschenkt, die mir Freunde im Tessin mitgegeben hatten. Nach einigen Stunden kamen wir zu einem Posten, wo Genossinnen der 10. *Udarna Brigada*, der 10. Revolutionären Brigade, auf mich warteten, die dort mit mir arbeiten sollten. Nach zwei Tagen Fußmarsch über die Berge waren wir in der Nähe von Cetinje (der alten Hauptstadt von Montenegro), wo Kämpfe im Gang waren. Die Brigade sollte Deutsche, die aus Griechenland zurückkamen, stoppen. Da gab es die ersten Verwundeten. Ich konnte in einem Bauernhaus operieren. Der Kommissar, der vorher kaum mit mir gesprochen hatte, stand die ganze Nacht dabei und sah zu. Er sprach kein Wort. Von da an war er mein Freund. Er hat mich nie mehr kontrolliert und war immer bereit, mir zu helfen.

Das Leben mit der Brigade war nicht schlecht. Es herrschte eine freundliche, brüderliche Stimmung. Natürlich waren sie primitiv. Aber sie haben gespürt, wie ich zu ihnen stand. Das machte das Leben leicht. Später in Berane traf ich italienische Ärzte, die für die Partisanen arbeiteten. Sie klagten, daß man ihnen mit Mißtrauen begegnete. Sie lebten allein in der Stadt. Ich habe mit den Partisanen gelebt und habe nie gespürt, daß sie mich als Fremden ansahen, trotz meiner italienischen Aussprache.

Wenn es Tabak gab, wurde er verteilt und mit einem Messer zerschnitten. Mir hatte man eine Genossin, die italienisch sprach, als Übersetzerin gegeben, Ljubica, die eine starke Raucherin war. Aus dem feinen Papier eines Therapiebuches drehten wir Zigaretten. Einmal ging sie zum Kommissar und verlangte mehr Tabak, der Schweizer Arzt rauche soviel. Ich hatte schon ein wenig Serbisch gelernt und sagte zu ihm: ‹Paß auf, ich habe nichts verlangt, es ist für die Genossin.› Sie hat sich geschämt und bekam doch noch ein wenig Tabak.

Wenn man ein Schaf fand, gab es Essen für die ganze Equipe, auch für unsere Wache. Wo es ging, haben die Frauen für uns alle gekocht.

Es gab natürlich oft Widersprüche von Theorie und Praxis. Einmal ist ein Knabe, der im Kampf verwundet wurde, während der Operation gestorben. Obwohl die Religion abgeschafft war, bekam er ein religiöses Begräbnis. Ich wurde Zeuge des komplizierten orthodoxen Rituals. Die Partisanen sagten, er ist noch ein Kind, und seine Eltern wünschen, daß er religiös begraben wird.

Noch ein Beispiel für den Widerspruch. Die Montenegriner sind eben Machos. Einmal hielten wir auf einem Berg. Ich brauchte Wasser. Die Quelle war tief unten im Tal. Die Männer dachten nicht daran, sich zu bewegen. Sie schickten die Frauen. Ich bin mit ihnen hinuntergegangen und habe geholfen zu tragen. Als ich zurückkam, war der Kommandant erbost. ‹Was machst du? Das ist Frauenarbeit!› Ich verstand erst nicht. Da riß er mir den Eimer aus der Hand: ‹Laß das sein! Verstehst du? Wasser holen ist Arbeit für die Frauen.›

Das ist alles. Was soll ich dir noch erzählen? Ja, natürlich: meistens waren wir unterwegs. Ab und zu konnten wir ein Stück weit mit einem Lastwagen fahren. Wenn unterwegs wer mitfahren wollte, hielt man an. Einmal kam ein älterer Mann herein, ein Bauer wie alle anderen. Den erkannte einer von den Unseren. ‹Er ist ein *Tschetnik*, ein Verräter!› Der Mann wollte hinaus. Man ließ ihn nicht. Der Kommissar fragte ihn aus. Noch ein anderer Partisan kannte ihn. Er wisse, der Alte sei ein Tschetnik aus seinem Nachbardorf. Man zerrte den Alten aus dem Bus, und der Kommissar schoß ihn in den Kopf. Man ließ die Leiche im Straßengraben liegen, und wir fuhren weiter.»

Elio sprach stockend. Immer wieder mußte ich nachfragen. Plötzlich wurde er wütend.

«Nie habt ihr mich gefragt! Niemand wollte wissen, wie es war. Ich will dir etwas sagen: Ich habe Glück gehabt, überhaupt davonzukommen. Das Land war gar nicht angenehm. Es gab nichts zu essen. Montenegro ist kahl wie ein Mondland. Nichts, nur ein paar Schafe. Dazu der Krieg. Das Land war mit Wunden bedeckt, von Eiter zerfressen. Ja, ich habe gedacht, da komme ich nicht davon, mit mir ist es aus.

Es war gar nicht schön. Die ganze Crna Gora habe ich zu Fuß gemacht. Wer weiß, wie viele hundert Kilometer. Die Pferdchen, die du noch gesehen hast, sind bald gestorben. Die Instrumente mußten wir selber tragen. Wenn wir wo ein Schaf gesehen haben, wurde es getötet. Es war gleich, wem es gehört hat. Jeder bekam ein Stück Fleisch, steckte es in die Tasche, und es ging weiter. Das Fleisch haben wir roh gegessen. Ich hatte Glück, denn ich hatte etwas Salz. Sonst hätte ich es nicht heruntergekriegt. Oder doch. Wir hatten Hunger, fast immer Hunger.

In der Stadt Ćetinje gab es früher Ärzte. Die aber sind fort, sobald sie die Möglichkeit dazu hatten. Uns hat man zu einem versteckten Spital im Wald gerufen, dem einzigen Haus in der Gegend, das von den Tschetniks nicht zerstört worden war. Dort gab es alles, Pflege und reichlich Essen. Das hatten die Engländer abgeworfen. Aber keinen Arzt. In das Haus hatte man zwanzig Partisanen mit vereiterten Knochenbrüchen zusammengetragen. Zehn davon Todeskandidaten mit Gangrän. In der Küche konnte ich operieren. Zwanzig Amputationen. Die ganze Nacht. Zuletzt brachte man eine schwangere Frau mit Gangrän am Bein. Auch sie mußte ich amputieren. Am Morgen war das Kind da. Gleich nach der Amputation hatte sie geboren. Wir aber mußten weiter. ‹*Zdravo, dovidjenja* – Salut, auf Wiedersehen›, sagte der Kommissar und wollte gehen. Da habe ich zu ihm gesagt: ‹Die haben alles, Brot, Konserven, Sardinen, und wir haben nichts. Verlang doch etwas für unsere Leute!› Er hatte nicht daran gedacht. Sie gaben uns reichlich, auch ich bekam meinen Teil. Es war viel, aber unsere Leute haben alles sofort aufgegessen.

Einmal waren wir auf muselmanischem Gebiet Die Partisanen standen ziemlich gut mit den muselmanischen Bauern. Ein Mann, mit einem ganz armen Harem mit vergitterten Fenstern, ist zu mir gekommen. ‹Gib mir Medizin, meine Frau ist krank.› – ‹Ich muß sie selber sehen.› Er wollte nicht. Ich sagte, ich mache gar nichts, wenn ich sie nicht untersuchen darf. Da führte er mich doch hinein. Die Frau hatte einen ulzerierten Uteruskrebs. Ich sagte ihm, daß ich keine Medizin dafür habe, daß es kein Spital gibt, wo man das behandeln kann. Ich kann ihm nur ein Mittel gegen die Schmerzen dalassen. Der Mann will mir etwas schenken. Unter der Matratze hat er ein paar Äpfel versteckt. Das ist alles, was er hat. Er gibt mir einen Apfel, und ich bin froh darüber.»

Nachdem Elio eine Episode erzählt hat, schweigt er still. Unvermittelt kommt ihm wieder ein Erlebnis in den Sinn. In seiner Erinnerung ist alles gleich weit entfernt. Wie auf einem jener Schlachtenbilder sind alle Szenen des Kampfes nebeneinander auf die Leinwand gemalt. Manchmal muß er ein fertiges Bild ausbessern.

«Es ist nicht wahr, daß ich nie Streit mit dem Kommissar hatte. Ich kann mich nur nicht erinnern. In der 10. Brigade diente schon lange ein italienischer Überläufer, mit dem ich mich angefreundet habe. Er lebt noch heute in Rom und kommt mich manchmal besuchen. Der hat mir erzählt, wie ich meinen ersten Krach mit dem Kommissar hatte. Es gab mehrere Verwundete, und ich sollte die ‹richtigen› Partisanen zuerst behandeln, dann erst die anderen. Ich hätte mich geweigert und gesagt, daß ich die Verwundeten ausschließlich nach der medizinischen Dringlichkeit vornehme. Der Kommissar sagte zwar, ich hätte nicht gehorcht, aber er hat es nie mehr versucht und überließ es mir, meine Arbeit zu organisieren.

Da fällt mir das Schlimmste ein, was ich bei der Brigade erlebt habe. Ich hatte doch wieder Streit mit dem Kommissar. Es gab einen Prozeß gegen einen fünfzehnjährigen Jungen, der während eines Kampfes den Deutschen verraten hatte, wo die Partisanen versteckt waren. Das Kriegsgericht tagte in einem Wirtshaus. Die Deutschen waren in sein Dorf gekommen und hatten ganz harmlos gefragt: Wo sind die Partisanen? Er hat brav Antwort gegeben: dort und dort. Als unsere Brigade hinkam, haben ihn die Leute aus dem Dorf denunziert.

Der Junge wurde zum Tode verurteilt, und ich sollte bei der Exekution dabeisein, um den Tod zu konstatieren. Ich habe versucht, den Kommissar umzustimmen: ‹Er ist ein Kind› usw. Er blieb hart: ‹Ich weiß. Jetzt *müssen* wir streng sein. *Später* wird es anders sein. Dann wird es so etwas nicht mehr geben.›

Die Mutter des Jungen war in der Nähe, sie hat geschrien und geweint. Drei junge Soldaten sollten den Jungen erschießen. Sie gehorchten nicht und schossen in den Boden. Da zog der Kommandant die Pistole und erschoß ihn. Die Leiche wurde gleich weggetragen und irgendwo verscharrt. Die Mutter warf sich auf den Boden und küßte die Erde, wo ihr toter Sohn gelegen hatte.

Gehetzt waren wir immer, das ist wahr. Eine Zeitlang unterstützte uns englische Artillerie, die Brigade Montgomery. Bei Danilovgrad wurden sie zusammen mit den Partisanen abgeschnitten und konnten ihre Basen nicht mehr erreichen. Ein englischer Soldat trat auf eine Mine. Ein Major brachte ihn zu mir. ‹Was machen Sie da? Ein Schweizer, ein menschliches Wesen in diesem Krieg! Tun Sie für ihn, was Sie können. Wenn er stirbt, melden Sie, wo er liegt. Wir müssen nachts fort, wir sind eingekreist.› Der Engländer war früher oft in

Saas Fee Ski fahren gewesen und sprach gut französisch. Er konnte sich nur schwer von mir und seinem Soldaten trennen. Ich operierte – es war aber nichts zu machen. Bevor der Mann starb, gab er mir seinen Pullover und seine Lederjacke: ‹Ich brauche sie nicht mehr›, sagte er. Am nächsten Tag haben wir ihn in seiner Uniform begraben. Er war gut ausgerüstet. Es war kalt, unsere Leute hatten nichts Warmes anzuziehen. Als wir am nächsten Tag weitermarschierten, bemerkte ich, daß einer neue Stiefel hatte, ein andere er neue Hosen. Sie hatten den Toten ausgegraben und ihm die Kleider ausgezogen.

Es war furchtbar kalt in dem Winter. Alle meine Leute husteten und konnten kaum weiter. Ich gab ihnen Cibazol, das wir mithatten. Sonderbarerweise hat es gewirkt. Sie wurden wieder gesund. Am schlimmsten war die Sorge um die Koffer mit den Instrumenten und dem Narkosematerial. Immer fürchtete ich, sie würden es im Schnee liegenlassen. Im Pripet-Tal, bei Danilovgrad, konnte ich nicht mehr weiter. Ich hatte einen Abszeß am Fuß. Sie ließen mich in der Hütte eines Bauern zurück. Der hatte selber nichts zu essen. Der Kommandant sagte mir: ‹Paß auf, er hat Honig. Vielleicht gibt er dir welchen, sobald wir fort sind.› Ich hatte noch Seife. Die gab es schon lange nicht mehr. Ich schenkte dem Bauern ein Stück Seife, und er gab mir ein großes Glas Honig Damit habe ich mich gestärkt. Am nächsten Tag habe ich mir den Abszeß am Fuß selber aufgeschnitten. Es tat weh, aber ich konnte wieder gehen und habe die Brigade bald eingeholt.

Es war ein furchtbarer Winter. Wir hungerten und mußten immer weiter. Dann gab es Kämpfe und Verwundete. Nicht jeden Tag, aber oft genug.

Erst gegen Frühjahr wurde es besser. Es gab fast keine Deutschen mehr in der Gegend. Eines Tages blockierten uns Albaner den Weg, es waren vielleicht tausend oder zweitausend, Kämpfer, aber auch Frauen und Kinder und Alte. Sie waren über die Berge aus Albanien herübergekommen, wollten den Deutschen nach und gegen sie kämpfen. Die Deutschen hatten ihnen die Eltern oder Verwandte erschossen, jetzt suchten sie Blutrache. Von uns verlangten sie, wir sollten sie bis nach Deutschland führen, damit sie die Ihren rächen könnten. Die

Partisanen aber haben das Gesetz der Rache nicht anerkannt, die Kampffähigen ausgesondert und in die eigenen Einheiten aufgenommen, die Frauen, Kinder und Alten aber nach Albanien zurückgeschickt.»

Elio unterbrach sich; das klinge alles so, als ob die Partisanen nichts vom Kriegführen verstanden hätten. Im Gegenteil. Sie seien gut organisiert gewesen.

«Die Nachrichten von den Kampftruppen zur Bevölkerung, ohne Telefon, ohne Radio, ohne Straßen: das ging alles mit den Verwundeten. Wenn einer verwundet war, fanden sich meist Leute von seiner Familie, die ihn begleiteten. Die brachten Nachrichten von der Front. Wenn sie ihren Mann irgendwo in Sicherheit gebracht hatten, kamen sie mit Nachrichten zur Truppe zurück. Die Evakuierung der Verwundeten garantierte gleichzeitig die Kommunikation.

Für mich und meine Verwundeten wurde immer gesorgt, daß wir nicht in Gefahr kamen. Es war bekannt, daß die Deutschen alle Verwundeten und das Pflegepersonal sofort umbrachten, wenn sie sie erwischten. Nie haben sie mich zu spät gewarnt. Ich war vielleicht bei einer Operation. Da kam einer herein mit dem Befehl zur Evakuierung. Es war nicht wie ein militärischer Befehl; es wurde mir etwas zugeflüstert, und immer war etwas bereit, um uns abzutransportieren, zurück oder vorwärts, je nachdem.»

Von uns hatte Elio während des ganzen Winters keine Nachricht. Er wußte, daß wir im Zentralspital des Armeekorps arbeiteten, aber nicht, wo das war.

Gegen Frühjahr wurde die Brigade aufgelöst. Die Kader, durchwegs «alte» Partisanen, wurden für die Organisation des Zivillebens in den befreiten Gebieten gebraucht, die Kämpfer anderen Brigaden zugeteilt. Elio schickte man da- und dorthin. Seine Equipe kam nicht mit. Er marschierte bis Bijelo Polje, immer besorgt, daß die Instrumente nicht verlorengingen. Als dort keine Arbeit mehr war, wieder zurück nach Berane. Dort sollte er im Spital der Stadt arbeiten. Bald gab es auch dort keine Verwundeten mehr. Da verstand man, daß ein Chirurg Wichtigeres zu tun hatte. Er ließ die Instrumente in Berane und ging zu Fuß bis Budva, jeden Tag fünfzig Kilometer, bis er das Schiff fand, das ihn zu uns brachte. Niemand konnte ihm sagen, wohin er gehen sollte. Er mußte einfach fragen: «Wo ist das Spital von Radoš?» Das war unser Kommandant. Der war bekannt in Montenegro, aus einem der ganz großen Clans, und überall gab es Verwandte von ihm, die wenigstens ungefähr wußten, wo er zu finden war.

Goldy und ich waren nie richtig *u šumi*, im Wald, gewesen. Wenn wir es im Zentralspital beinahe nicht mehr aushielten, Tag und Nacht im Gestank von Blut und Eiter, täglich Operationen, immer wieder Tote, Typhus- und Flecktyphuskranke, sprachen wir uns oft vor dem Schlafengehen Mut zu: Wenn wir es hier gar nicht mehr aushalten, melden wir uns zu den Kampftruppen. Nach allem, was wir getan haben, können sie es nicht ausschlagen. Ärzte braucht es da und dort. Dann kam uns die Verantwortung für unsere Patienten wieder in den Sinn. Daß das Spital ohne uns verkommen würde – das war sicher. Es waren schon 660 Patienten da und, bis Elio dazukam, kein anderer Arzt. Da verzichteten wir – vorläufig – darauf, unsere Versetzung zur Truppe zu verlangen. Wir blieben und arbeiteten weiter. Wir nannten das ironisch «Parteidisziplin». Auch jetzt, nachdem uns Elio von seinen Leiden erzählt hat, ist mir das Gefühl geblieben, etwas versäumt zu haben, weil ich mit den Genossen und Genossinnen nie richtig «im Wald» gewesen bin.

11
Sozialismus mit brüderlichem Antlitz

Gerade heute erinnere ich mich gern an die Zeit im Partisanenspital auf der Insel Badija bei Korčula, obwohl die Bilder lückenhaft sind, manche verblaßt. Meine Stimmung ist nicht nostalgisch. Jene Zeit neuer Erfahrungen in einer von Krieg, Revolution, Mangel und Hoffnung bestimmten Lebensform wirkt auf mich als Bestätigung einer fragwürdig gewordenen Gewißheit: Sozialismus ist möglich.

In den letzten Tagen haben vier Staaten im Osten Mitteleuropas (bald wohl auch Jugoslawien als fünfter) die führende Rolle der kommunistischen Partei aus ihren Verfassungen gestrichen, und einige haben das Wort «sozialistisch» aus ihrer offiziellen Bezeichnung entfernt. Das im Westen grassierende Gerede vom «Ende der Geschichte» ist durch das Schlagwort vom «Ende des Sozialismus» abgelöst worden. Für uns hat der «real existierende Sozialismus» nie als Sozialismus existiert; die kommunistischen Parteien hatten – in unseren Augen – ihre Rolle als Avantgarde im Klassenkampf zur Aufrichtung eines bürokratisch und polizeilich gesicherten Macht- und Herrschaftsinstruments mißbraucht. Im Westen sah man in diesen Verhältnissen einen Beweis dafür, daß der Marxismus-Leninismus als Staatsdoktrin zu Unmenschlichkeit, zu politischer Diktatur und zu wirtschaftlichem Elend führt. Nicht nur Antikommunisten und Kalte Krieger dachten so. Wir unentwegten Sozialisten, die sich selber als undogmatische Marxisten bezeichnen, sahen in dieser Staatsform jedoch die machtpolitische Perversion unserer – wirklich oder illusionär – zukunftsweisenden, humanen Ideen.

Ich erzähle von unserem realen Leben in einer sozialistischen Gemeinschaft, in der Theoretiker allerdings mehr anarchistische als marxistische Elemente, Historiker mehr Kriegs- als Friedenszeichen und Geographen recht viel Balkantypisches ausmachen würden. Wir hingegen haben unser Spital in Badija als ein gelungenes Experiment sozialistischer Kultur erlebt.

Im halb zerbombten uralten Städtchen Korčula wollte ich Hilfe für unser Spital auftreiben. Ich irrte hastig durch die Straßen, um irgendein Kommando zu finden. Als ich endlich das Spital fand, war man kurz angebunden. Eine strenge junge Frau, wahrscheinlich die Oberschwester, bedeutete mir in tadellosem Italienisch, daß ihr Chef Dr. Arneri mich nicht empfangen könne; hier sei das Territorium dalmatinischer Einheiten, ich solle Korčula sofort verlassen und mich zurück nach Badija auf montenegrinisches Gebiet begeben, wo es für meine Verletzten alles gebe, was sie brauchten.

Als mein Boot um das Kap von Badija herumkam, fiel die Last der Verantwortung von mir ab. Am Kai lagen einige Last-Barken, es wimmelte von Männern und Frauen in Uniform, die gerade dabei waren, Kisten und Packen auszuladen. Weiter draußen lag ein größeres Schiff, der Ausflugsdampfer des Obersten Baum.

Später erzählte mir Goldy, wie man sie und Guido mit dem Material zuerst in Korčula zurückbehalten wollte, daß aber Dr. Arneri, der angesehenste Mann der Insel, vom Transport der Verwundeten nach Badija gehört hatte und – sehr zum Verdruß des örtlichen Revolutionskomitees – dem montenegrinischen Schiffskonvoi die Erlaubnis gab, weiterzusegeln. Daß ich den Schiffen unterwegs nicht begegnet war, klärte sich auf. Wir waren der Küste von Korčula entlang gefahren, während die größeren Schiffe den geraden Weg außerhalb der vorgelagerten Inseln genommen hatten.

Guido war energisch am Organisieren, und ich fügte mich gern in die Rolle des Assistenten, die mir ohnehin zukam. Es gab genügend Betten für meine Verletzten und die, die mit den anderen gekommen waren, so daß man das Stroh entfernen konnte. Im Waschraum des Internats wurde ein Operationssaal, gegenüber ein geräumiges Gipszimmer und das Labor eingerichtet. Sogar ein Operationstisch war da. Gerade füllte man Schweröl aus einer Barke in den Tank des Dieselmotors, der die Elektrizität für die Beleuchtung liefern sollte.

Im Armeekorps hatte man an alles oder beinahe an alles gedacht. Der Kommandant unseres Spitals war das sichtbare Symbol dafür. Radoš war das Urbild des montenegrinischen Helden: groß und stark, mit blitzenden Augen, einem gewaltigen Schnurrbart, immer in Stiefeln und Uniform, den roten Stern an der Mütze, den Stern der Kämpfer der Ersten Stunde auf der Brust, die Mauserpistole an der Seite. Er war sogar «Dr. med.», doch nur dem Ruf nach; für Medizinisches interessierte er sich nicht. Wahrscheinlich gehörte er zu jenen Söhnen der großen Clans, die in der Zeit des Königreichs nach Belgrad geschickt wurden, um «zu studieren», sich dort ausschließlich mit Politik beschäftigten und, wenn überhaupt, ohne Universitätsabschluß als Mitglieder der kommunistischen Partei in ihre Berge zurückkehrten. Dies und die nicht ganz harmlose Aufgabe, die Fremden unter Kontrolle zu halten, verschaffte uns die Ehre, von ihm kommandiert zu werden. Dem wurde er gerecht: er kommandierte überhaupt nicht. Wenn wir ihn trafen, breitete er die Arme aus, als wollte er uns an seine Brust drücken, und rief: *«Mes amis!»* Das war sein ganzes Französisch, mehr konnte er nicht sagen, und mehr verstand er auch nicht. Radoš blieb auch später in Meljine unser Kommandant. Den Namen seines Clans verschweige ich; würde ich ihn nennen, könnte ich mir noch heute die Feindschaft seiner Sippe zuziehen. Denn sein Bild blieb nicht so strahlend, wie es uns anfangs erschien.

Bei der Abfahrt von Nikšić sprang er erst auf den Lastwagen, als der schon in Bewegung war, hinter ihm sein großer Schäferhund. Dann wurde er grün im Gesicht, weil ihn die Seekrankheit packte. Das Schauspiel wiederholte sich jedesmal, wenn er am Kai von Badija in einen Kahn sprang, um in Korčula seinen Amtsgeschäften nachzugehen. (Diese Eigenheit des vegetativen Systems war seinem Ruf keineswegs abträglich. Die meisten Männer und Frauen in Montenegro neigten damals dazu, seekrank zu werden. Das galt sogar als Zeichen der Überlegenheit über die Dalmatiner, die Fischer und Seefahrer waren, während montenegrinische Helden sich nur auf der

Jagd und auf dem Rücken der Pferde wohl fühlten, abgesehen vom Kriegshandwerk, ihrer wichtigsten Tugend.) Zuerst dachten wir, daß ihm der Ruhm seiner kriegerischen Taten die Autorität verschaffte, die er genoß. Dies mußten wir revidieren. Keiner unserer Mitarbeiter und Patienten wurde so wenig gerühmt wie er. Obwohl sich niemand selber großtat, herrschte ein Tapferkeitskult, so daß wir wußten, wo und wie sich jeder oder jede im Kampf ausgezeichnet hatte. Später meinten wir, daß Radoš bei den Partisanen wegen seines Charmes und seiner Großzügigkeit beliebt war. Am Ende ließ unser Freund wertvolle Instrumente verschwinden. Er bestahl die Volksbefreiungsarmee, um die Arztpraxis, die er trotz seiner medizinischen Ignoranz nach dem Krieg führen wollte, auszustatten. Gleichzeitig unterschlug er Befehle Titos. Sein Ansehen wurde davon nicht beeinträchtigt.

Ich weiß heute, daß es unrichtig ist, einen Gegensatz zwischen den Repräsentanten der traditionellen Clans und den Helden revolutionärer Befreiungskämpfe zu konstatieren. Dem Träger seines großen Namens kam ungebrochen der Ruhm der kriegerischen Vorfahren zu. Sein selbstbewußter Charme und die Selbstherrlichkeit, mit der er sich ohne Skrupel über die Gesetze der revolutionären Armee hinwegsetzte, entsprachen seiner Herkunft. In zahlreichen Befreiungsbewegungen, auch solchen, die sich sozialistisch nennen, sind nationale Traditionen wichtiger als die Parteilinie. Manche Kenner der kolonialen Befreiungsbewegungen meinen, daß die revolutionäre Dynamik der Kämpfe von Gefühlen nationaler Auflehnung bestimmt wird und daß der «Klassenkampf» allein, die koloniale Ausbeutung, die «objektive» Unterdrückung nicht ausreichen, um den nötigen Kampfgeist zu erzeugen und trotz aller Rückschläge heroisch durchzuhalten.

Vielleicht ist es nicht ohne weiteres klar, wie groß die menschlichen und organisatorischen Anforderungen für einen chirurgischen Betrieb sind. Guido hatte über das für die Kriegschirurgie Nötige hinaus noch den Ehrgeiz, große aseptische Operationen auszuführen. Schon nach wenigen Wochen begann er diese in seinen Augen höhere chirurgische Tätigkeit mit der Naht eines durchschossenen Ischiasnervs in Beckenhöhe. Die Schußwunde war längst geheilt, das linke Bein des Mannes war gelähmt geblieben. Da wir nur den einen Operationssaal hatten, in dem infizierte Wunden operiert wurden, war die höchste Anforderung an die Asepsis, die Keimfreiheit des Raumes, der Instrumente usw. gestellt. Technisch war das zu bewerkstelligen, da Goldy neben ihrer Laborarbeit die Garantie für die Asepsis übernahm. Doch mußte der ganze komplizierte Apparat der Gehilfen und Gehilfinnen und auch der Patienten auf das hohe Ziel der großen Chirurgie eingestimmt werden; lauter Menschen, für die bisher das ärztliche Tun ein unverständliches magisches Ritual war und die sich unter Keimfreiheit ebenso wenig vorstellen konnten wie unter der Anatomie und Funktion der Beinnerven.

Die Partei, die den Kampf inspirierte und zu leiten hatte, war nur indirekt am Erfolg des Spitals beteiligt. Wir hatten selbstverständlich sofort begonnen, alle Verwundeten zu untersuchen, Krankenblätter und Temperaturkurven anzulegen. Täglich gab es einige Operationen, neue Gipsverbände, den Verbandwechsel der vielen Amputationswunden, die aufwendige Pflege und Behandlung von vereiterten Lungen- und Bauchverletzungen. Etwa am zehnten Tag unserer Tätigkeit hieß es, der Sanitätsreferent des Armeekorps sei im Spital. Das ist der von der Partei eingesetzte Kommissar für den Gesundheitsdienst der Armee. Wir bekamen ihn nicht zu sehen. Von frühmorgens bis spät am Abend hatte der Funktionär mit jedem einzelnen Patienten gesprochen. Man erzählte uns später, wie das vor sich ging. «*Kako si?* Wie geht es dir?» begann er das Gespräch, hörte zu, bis er genug erfahren hatte, und ging dann zum nächsten Bett. Um neun Uhr abends war er fertig und ließ sofort eine politische Konferenz einberufen. Das war Aufgabe des Spital-Kommissars, der kaum eine andere Aufgabe hatte, als jeweils die *konferencija* zu organisieren. Anwesend war das gesamte Personal, der Stab, angeführt von Radoš, einige der mobilen Patienten, die noch nicht schliefen, und wir drei Schweizer. Der Sanitätsreferent war ein ernster, hagerer Mann, der ebenso wie Radoš als einziges Abzeichen den Stern der Kämpfer von 1941 trug. Es hieß, daß er vor dem Krieg Pharmazie studiert hatte.

«Dieses Spital ist das am besten geführte Partisanenspital, das ich gesehen habe», sagte er. Dann schaute er sich um und wartete. Niemand sagte etwas, Radoš strich sich den Schnurrbart glatt. Der Funktionär kam zu uns herüber und schüttelte Guido, mir und Goldy, in dieser Reihenfolge, die Hand. Damit und von da an hatten wir das Vertrauen der Partei. Das habe ich oft erprobt. Ich nahm bald die Gewohnheit an, mit Funktionären, Kommandanten, Kommissaren und dergleichen, mit denen wir zu tun hatten, so zu reden, als ob ich einer von ihnen, ein alter Kämpfer wäre. Nie mußte ich als Fremder oder als Nichtkommunist vorsichtig taktieren. Das Zutrauen in unsere Arbeit trug den Stempel der Partei; das war ihr Beitrag für unsere Tätigkeit in der NOV. Auch dabei hatte sie sich als Volkspartei bewährt. Der Referent hatte lediglich die Meinung «der Basis», der Patienten, zusammengefaßt.

Wenn wir heute von der Zeit in Montenegro erzählen, sagt Goldy sofort: «Das waren die besten Patienten, die es gibt.» Wenn sie es nicht sagt, dann ich: «Ich habe nie wieder so gute Patienten gehabt.» Natürlich waren sie *patientes*, Leidende, manche hatten andauernd Schmerzen; nie aber stellten sie sich passiv zu ihrem Leiden oder zur Behandlung ein. Sollte einer eine Injektion bekommen oder auch nur irgendein Medikament schlucken, hieß es. «*Zašto?* Wofür?» Wenn die *bolničarka* es nicht wußte, mußte sie einen von uns rufen. Jedesmal gab es eine Diskussion. Sprachlich war das schwierig. Wir verloren beinahe die Geduld. Das half nicht weiter. Erst wenn wir den Patienten wirklich überzeugt hatten, hieß es: «*Daj!* Gib her!» Jetzt konnte man tun, was nötig war. Diese Haltung hatten die jungen Kämpfer und Kämpferinnen aus dem Wald mitgebracht.

Da lag Slobodan, ein lustiger, intelligenter Junge, der nie lesen und schreiben gelernt hatte, mit nur einem Bein. Das andere war am Oberschenkel amputiert. Täglich wechselte ich den Verband der riesigen Wunde, die nicht heilen wollte. Eines Nachts um vier ließ er mich rufen. Diese *bolničarka* hatte schon einigermaßen gelernt, einen Notfall zu erkennen. «Er sagt, es ist dringend.» Ich fand Slobodan hellwach und bester Laune. Er wollte wissen, wann genau seine Wunde geheilt sein würde, in wie vielen Monaten oder Jahren.

«Kannst du mich das nicht fragen, wenn ich dich verbinde? Jeden Tag komm ich x-mal in deinen Saal. Warum mußt du mich nachts heraustrommeln? Ich muß doch auch einmal schlafen!» Er wurde ernst: «Genosse Doktor. Am Tag denke ich doch nicht daran. Am Tag schwätze ich mit den Genossen, wir sind fröhlich und denken an nichts. Aber jetzt in der Nacht, wenn ich wach liege, dann kommen die Sorgen. Jetzt muß ich wissen, wie ich meine Zukunft planen kann!» Ich verstand, erklärte ihm, wovon die Heilung abhänge, und gab eine vorsichtige Prognose ab: «Eine Prothese kann man wohl nicht früher als in sechs Monaten anpassen.» Er winkte mich näher heran, umarmte mich kräftig und küßte mich auf beide Wangen. «Jetzt weiß ich, woran ich bin. Jetzt kann ich wieder schlafen. Schlaf auch du, Genosse Doktor!»

Es war ein Glück, daß ich bald serbisch reden lernte. Neben der praktischen Notwendigkeit half mit, daß Guido und Goldy so taten, als könnte ich ohnehin serbisch sprechen, und mich vorschickten. Am wichtigsten war, meinerseits und bei den Genossen, das Gefühl, daß wir uns viel zu sagen hätten, die Atmosphäre der *bratstvo*, der «Brüderlichkeit». Das steht in der Parole *«Sloboda, bratstvo i jedinstvo»* – «Freiheit, Brüderlichkeit und Einigkeit», die Brüderlichkeit vor der Einigkeit; das machte das Unerträgliche erträglich, verwandelte die Einsamkeit der Partisanen zur Wärme einer Brüdergemeinde.

Wenn es einmal möglich war, einem montenegrinischen Patienten den Besuch seiner Familie zu vermitteln, verlangten Jungen und Mädchen nie nach Vater oder Mutter; der Wunsch, den Bruder, die Schwester wiederzusehen, war stärker, auch bei Sterbenden. Wir dachten zuerst, daß dies aus Rücksicht auf die Alten so sei. Allmählich wurde uns jedoch klar, daß die traditionelle harte und grausame Erziehung in den bäuerlichen Familien zu einem oft kaum durch Respekt gemilderten Haß gegen die Alten führte und zu einem gemeinsamen Widerstand der Jungen, der sich dann auf die Genossen und Genossinnen ausdehnte.

Einer der Todeskandidaten war Drago, ein Hirt von siebzehn oder achtzehn Jahren. Niemand kannte seinen ganzen Namen. Er war kein Partisan. Hoch oben auf einer Alm hatte er Schafe gehütet. Als die

Partisanen einige wegholen wollte, ging er mit dem Hirtenstab auf sie los. Mit der Maschinenpistole schossen sie ihn nieder, nahmen alle Schafe mit und auch den durchsiebten Leib des Jungen, der noch Lebenszeichen gab. Als er zu uns kam, war er nicht mehr zu retten. Beide Lungen waren zerfetzt, aus den Löchern der zerschossenen Rippen floß blutiger, stinkender Eiter, mit weißlichen Würmern, die sich vorzeitig an ihr Werk gemacht hatten. Drago war noch ein Knabe, sehr schmal, das bleiche Gesicht eingefallen, mit trockenen Lippen, die tiefliegenden schwarzen Augen vor Schrecken weit offen. Ein Bild von Agonie und Verzweiflung. Eines Tages sagte man mir, er sei nicht stumm, er könne sprechen und verstehe, was man sage. Wahrscheinlich glaube er, daß man ihn umbringen werde. Niemand sprach mit ihm. Wer will mit einem reden, der sich gegen die Partisanen erhoben hat! Am selben Tag erzählte ich seine Geschichte in der politischen Konferenz, so wie ich sie verstand: Er hat die Schafe aus seinem Dorf verteidigt, wie ihr Montenegro verteidigt gegen die Okkupanten. Anstatt ihm zu sagen, daß er mit den Partisanen mitmachen soll, haben sie geschossen. Er ist kein Verräter. Jetzt ist er noch einsamer, als er als Hirt in den Bergen war. Er weiß, daß er sterben wird, er fürchtet euch und haßt euch.

Von der Diskussion verstand ich nicht viel. Nur eine *bolničarka*, diejenige, die wir «die Lange» nannten, schien gegen Drago zu sprechen. Am nächsten Tag fand ich ihn zum erstenmal schlafend. Gegen Abend war er von anderen Patienten umgeben; nie mehr ließen sie ihn allein. Einer war immer da, ihn im Bett aufzurichten, wenn der Husten ihn quälte. Er hielt ein Bündel Pfefferminzstauden vor die Nase, die man ihm gebracht hatte, um den Gestank seiner Wunden zu überdecken. Seine dunklen Augen blickten weich wie durch Tränen. Am letzten Abend, an dem ich ihn noch am Leben fand, erzählte mir die Lange, der Drago habe ihr gesagt, er hätte es noch nie im Leben so schön gehabt wie hier. «Das stimmt auch», sagte sie, «er hat weder Vater noch Mutter und keine Geschwister. Er war immer allein. Heute wollte er, daß du ihn umarmst. Ich habe ihm gesagt, das ist nicht möglich.» Ich umarmte ihn, und er murmelte etwas; ich glaubte zu verstehen: «*Druže*, Genosse.»

Probleme des Spitalalltags wurden in der politischen Konferenz zur Sprache gebracht. In jedem Krankenzimmer hatte sich spontan eine Zelle gebildet, eigentlich ein Diskussionszirkel, der in Funktion trat, sobald sich genügend Stoff angesammelt hatte. Manchmal rief man den Politkommissar, die Diskussion zu leiten, meist begnügte man sich mit der *bolničarka*, die Dienst hatte. Am schwierigsten war es mit der Langen. Sie war überzeugt, daß die wichtigste Stimme einem großen und wohlgenährten Mann zukam, weil er am schwersten verwundet war. Er war mir schon unterwegs aufgefallen, weil er am lautesten gejammert hatte. Ich untersuchte ihn genau und bemühte unser Labor. Er hatte eine Verwundung, die tödlich hätte ausgehen können, einen Durchschuß durch den Oberbauch und die Leber. Doch war die Verletzung geheilt, hatte keinen äußeren oder inneren Schaden hinterlassen und sollte auch nicht mehr schmerzen. Nach der zweiten Untersuchung wurde er hilfsbereit und weniger kritisch. Die Lange vertraute mir an, daß sie ihn bevorzugt hatte, weil er im Kampf der Beste gewesen war.

Nicht nur mit der Langen gab es Probleme. Die meisten Pflegerinnen waren im Kampf gewesen und hatten ihre Einheit erst nach mehreren Verletzungen ungern verlassen, als sie zur Sanität abkommandiert wurden. Mit der Zeit erfuhren wir, daß unter ihnen *tankistas* waren. Einige dieser «Tank-Weiber» lagen mit amputierten Beinen bei uns. Es ist sehr gefährlich, einen Zug gepanzerter Fahrzeuge aus dem Hinterhalt anzugreifen. Am meisten Mut zeigten, wie uns Blažo, der vielverwundete Verwalter des Spitals, versicherte, junge Bauernmädchen von sechzehn oder siebzehn Jahren. Weil er Montenegriner war, störte ihn das sehr. Helden sind eigentlich nur Männer. Für diese Kampfart durfte man nicht allzu intelligent sein, und seiner Meinung nach waren Mädchen naturgemäß dumm. Es galt, mit Handgranaten, die mit Draht zusammengebündelt waren, aus einer höher gelegenen Deckung direkt bis nahe an die Seite des Tanks zu stürmen, die Granaten unmittelbar vor die Radketten zu werfen, mit ein paar Sätzen zurückzulaufen und sich flach auf den Boden zu werfen. Blieb die Angreiferin zu nahe am Fahrzeug, flog sie mit in die Luft; rannte sie zu weit zurück, geriet sie aus dem toten Winkel des Maschinengewehrs, das oben auf dem Tank montiert war, und wurde durchsiebt. Von jeder der jungen Frauen wußte man, wie viele Tanks sie erledigt hatte. Den Rekord hielt die Doppeltamputierte, die bei uns lag, mit siebzehn Tanks, bis der achtzehnte sie erwischt hatte. Diese Taten verliehen den Mädchen Ansehen und Selbstbewußtsein, waren aber nicht die beste Vorbildung für die Krankenpflege. Die meisten hatten noch nie eine Wasserleitung gesehen. Als sie merkten, daß es anderen mühelos gelang, ein Gefäß aus einem Wasserhahn zu füllen, drehten sie am Hahn. Wenn sie nach der falschen Seite drehten, brach der Hahn ab. Sie waren starke, arbeitsgewohnte Bauernmädchen. Da es im Krieg nicht möglich ist, neue Hähne zu montieren, setzte ich das Problem immer wieder auf die Tagesordnung der *konferencija*, so daß uns zwei funktionierende Wasserhähne erhalten blieben.

Am Abend mußten die diensthabenden Schwestern die Schmerzmittel für die Nacht verteilen. Es gab stark wirksame Morphium-Tabletten, die sehr klein waren, und ein unschädlicheres leichtes Schmerzmittel, eine viel größere Tablette. Erst nach einigen Nächten kamen wir darauf, daß die *bolničarke* unsere Anordnungen, die ihnen unsinnig vorkamen, korrigiert hatten: für starke Schmerzen die großen Tabletten, für wenig Schmerzen die kleinen. Wir selber mußten mit den Tabletten von einem Bett zum anderen gehen. Sie lernten aber rasch, sobald ich soweit war, sie täglich in einer besonderen *konferencija* in den Grundlagen der Krankenpflege zu unterrichten.

Es gab Ausnahmen, besonders Chela, die aus einer bürgerlichen Familie in Split kam und nach der Befreiung der Stadt von den Partisanen rekrutiert worden war. Sie hatte einen Krankenpflegekurs absolviert und sprach gut italienisch. Als Übersetzerin konnten wir sie nicht brauchen. Sie war zu schüchtern, und wenn sie es einmal wagte, unsere Anweisungen ohne Umschweife zu übersetzen, hörte ihr niemand zu. Was kann ein Mädchen, das nie im Kampf war, einer alten Kämpferin Vernünftiges zu sagen haben! Aber ich lernte von ihr viele neue Wörter.

In der Welt unseres Inselspitals gab es sonderliche Störfaktoren, vor allem den Doktor Baum. Er hatte mit seinen Patienten und Gehilfen den zweiten Stock bezogen, die Tür versperrt und ließ sich nicht blikken. Guido wollte unbedingt eine gute kollegiale Zusammenarbeit mit ihm herstellen. Baum kam zu Plauderstunden herunter. Am liebsten sprach er davon, wie schön es im Partisanenkrieg war. Man ließ ihm den Rang eines Obersten, den er in der königlichen Armee gehabt hatte; als Arzt war er unentbehrlich, und man brachte ihm die besten Speisen. Lange beschrieb er den *kaimak*, den Rahmkäse, den er in Bjelo Polje, einem Dorf im Innern, täglich zu essen bekam. «*Tamo ima svega*, dort gibt es alles», rief er jedesmal aus. Dieses *ima svega* ist in unseren Alltagsjargon übergegangen. Baums Narrheit war suggestiv. Der alte Herr litt in Badija unter der Ereignislosigkeit des Daseins und darunter, daß er ständig den Drang hatte zu erzählen, aber nichts aus seinem Leben vor dem Krieg verraten wollte. Sobald ein weibliches Wesen auftauchte, zog er sie in ein Gespräch und wurde zudringlich. Er begann die blonde *bolničarka* über chemische Formeln zu examinieren. Einem so alten Herrn gegenüber erlaubte sie sich keine ihrer sonst gar nicht schüchternen Sprüche. Er versetzte sie in Panik, als er sie glauben machte, sie müsse in der Hochzeitsnacht chemische Formeln aufsagen, sonst würde ihr Bräutigam sie niemals lieben. Von Zeit zu Zeit sprang Baum auf und lief auf den Händen so lange im Zimmer herum, bis Gesicht und Glatze blaurot anliefen. Er entschuldigte sein Benehmen damit, daß er im Alter des Hirnschlags sei und testen müsse, ob seine Blutgefäße noch hielten. Wir sorgten uns um seine Patienten, um so eher, als er sich immer mehr als Chefarzt des Spitals aufspielte. Durch Indiskretionen seiner *bolničarke* erfuhren wir, daß oben im zweiten Stock fast nur weitgehend geheilte Rekonvaleszenten lagen. Wenn einer von Baums Patienten wirklich ärztliche Hilfe brauchte, wurde er zu uns heruntergeschmuggelt. Radoš, der Kommissar und die anderen Funktionäre lachten über Baum, unternahmen aber nichts gegen ihn. Guido, der ihn noch immer als Kollegen ernst nahm, wurde schließlich hinaufgerufen, um Baum bei einer Operation zuzusehen. Der Patient lag auf einem improvisierten Operationstisch. Baum hielt die Äthermaske für die Narkose bereit. Als

Guido erschien, begann er zu dozieren, welche Verletzung am rechten Unterschenkel er versorgen wolle. Das rechte Bein war eingegipst. Dann begann er den linken Unterschenkel des Unglücklichen mit Jod zu bestreichen. «Ich will das linke Bein operieren. Das ist viel einfacher. Am anderen ist schon ein Gips, und bei diesen zerschossenen Knochen weiß man ja nie, wie es ausgeht.» Als Guido begriff, daß es ernst gemeint war, bekam er Streit mit Baum und rettete den Patienten zu uns herunter. Der Patient war so beeindruckt von seinem Arzt, daß er nicht gewagt hatte, zu protestieren.

Wir wunderten uns über die Toleranz der Partisanen. Nicht nur mit Baum. Auch mit der Kirche, den Franziskanermönchen hatten sie sich abgefunden. Den Ordensbrüdern war die Klausur überlassen worden. Sie bekamen die gleiche Verpflegung, durften jedoch das Spital nicht betreten. Zum Ausgleich hatte der Prior uns einige Laienbrüder als Arbeitssklaven zur Verfügung gestellt. Sie halfen in der Küche. Mit einem der Kuttenträger freundeten wir uns an. Er war fleißig, sorgte mütterlich für die Verwundeten und war sehr beliebt, weil er immer lustige Sprüche machte. Aufs Frühjahr hin nahm er bei Radoš Urlaub. Es war Zeit, die Felder der Bauern zu segnen, und auf den Inseln gab es eine Unzahl Felder. Jedes einzelne bekam ein Gebet und ein Sträußchen Taxus, das in geweihtes Wasser getaucht war. Die atheistischen Funktionäre fanden den Eifer, mit dem er von früh bis spät, mit Weihwasserkrug und Rosenkranz bewaffnet, ein Feld nach dem anderen ablief, sehr gut und lobten ihn als einen wahren Genossen, der alles für das befreite Volk tat, was er konnte.

Einmal hieß es, der Prior sei krank; Radoš ließ uns bitten, ihm sogleich ärztlich beizustehen. Guido war es unheimlich. Möglicherweise wollte man nur herausfinden, wie wir zur Kirche standen. Als man dringlicher wurde, mußte ich gehen. Man führte mich in die Klausur. Ganz hinten fand ich den Geistlichen in einem luxuriös eingerichteten, warm geheizten Zimmer. Es fehle ihm gar nichts, sagte er sogleich, nur etwas Kopfweh. Er war hager, glatzköpfig und platzte beinahe vor Wut. Er habe bloß sehen wollen, ob die gottlosen Kommunisten ihre Unmenschlichkeit so weit treiben würden, einem Kranken die Hilfe zu verweigern. Dann begann er, auf mich einzureden, um mir nachzuweisen, daß es gegen das göttliche Gesetz sei und eine Sünde, den Verwundeten, die von Gott selber gestraft waren, zu helfen. Ich dachte, auch er sei verrückt, ließ einige Kopfwehtabletten da, floh aus der Klausur und erzählte alles unseren Funktionären. Sie lachten gutmütig. Er sei ein religiöser Fanatiker, das wüßten sie schon längst; jetzt sei er unschädlich, und man müsse ihm einiges nachsehen, weil sie ihm doch fast sein ganzes Kloster weggenommen hatten.

Das Spital hätte nicht so gut funktioniert, wenn Blažo, der Verwalter, nicht in aller Stille den Nachschub aus Korčula organisiert hätte. Wir nahmen es hin, ohne nachzudenken. Die Verpflegung kam regelmäßig, die Bettwäsche wurde gewaschen, italienische Gipsbinden und deutsches Verbandmaterial wurden rechtzeitig nachgeliefert. Als neue Patienten ankamen, brachte man sogar weitere frisch lackierte Spitalbetten. Immer wenn etwas rar wurde, wollte Guido nach Korčula fahren, um mit Dr. Arneri zu sprechen, in dem er einen Freund unseres Spitals vermutete. Das wurde nie nötig.

Die schöne Seefahrt entlang der Küste von Korčula wiederholten Goldy und ich erst dreißig Jahre später. Wir fuhren mit unserem Alfa Cabriolet die dalmatinische Küstenstraße herunter, der Maquis blühte, die Pinienwälder auf der Halbinsel Pelješac dufteten, wir setzten mit dem Fährschiff hinüber. Die Hotels von Korčula waren noch geschlossen, nur im Gasthof am Hafenkai (der seither zu einem Viersternehotel umgebaut wurde) gab es Zimmer, aber die Sonne war stark wie bei uns im Mai. Mit dem Besitzer eines Motorboots, einem behäbigen älteren Mann, wurden wir handelseinig für eine Fahrt nach Badija. «Das Sporthotel ist aber noch geschlossen», meinte er. Als wir um das Kap der Insel kamen, sahen wir, daß das Klostergebäude viel stattlicher geworden war. Man hatte im gleichen venezianischen Stil aus weißem Kalkstein Wohntrakte dazugebaut, den Maquis der Umgebung gerodet, Tennisplätze und Schwimmbassins angelegt. Wir wollten nicht an Land gehen. Auf der Rückfahrt stellte der Bootsmann den Motor ab, holte eine Flasche Šlivovic und Gläschen hervor und begann, mit uns zu plaudern. Wir erzählten ihm, warum wir gerade Badija hatten sehen wollen. «Ich war damals nicht in Korčula. Ich war noch ein junger Bursche; ich war im KZ, in Mauthausen. Vom Partisanenspital habe ich viel gehört. Noch ein Gläschen? Prosit!»

Am selben Nachmittag erschien in unserem Gasthaus eine grauhaarige kleine Frau. Sie und ihr Mann hatten den Nachschub für das Spital besorgt. Wir hätten sie nicht wiedererkannt, doch sie wußte noch unsere Namen. Leider sei ihr Mann vor einem Jahr gestorben, sie müsse jetzt in eine kleinere Wohnung umziehen und habe alle Sachen in Kisten verpackt. Darum könne sie die Fotos nicht finden, die ihr Mann damals in Badija von uns und den Verletzten aufgenommen hatte. Während sie mit uns plauderte, kam der Bootsbesitzer wieder. Er lud uns ein, abends in «ihren Keller» zu kommen. So wie die Jungen bei uns in den sechziger Jahren in allen Städten ihre Keller mit Jazz und dem ersten Rock eingerichtet hatten, gab es jetzt in der Altstadt von Korčula, die man sorgfältig wiederaufgebaut hatte, einen Partisanenkeller. Ein Tisch mit langen Bänken, an der Wand der rote Stern, ein Bild von Tito in Uniform, eine Fotografie des Dr. Arneri, Waffen und einige Flugblätter der Bewegung. Allmählich strömten die Ehemaligen herein, alle schon alt, mehr Männer als Frauen. Die meisten gutbürgerlich angezogen, Honoratioren der Kleinstadt, aber uns gegenüber von der Herzlichkeit alter Kampfgefährten. Alle waren begeistert, die braven *Švajcarski ljekari*, die Schweizer Ärzte, von denen sie so viel gehört hatten, endlich hier zu haben. Es gab Schinken und Käse und viel Wein. Bis weit nach Mitternacht wurden die Kampflieder der Partisanen gesungen: «*Druže Tito, ljubičice bijela*..., Genosse Tito, du weißes Veilchen.» «Wir müssen uns im Keller treffen. Niemand will das heute hören. Die Restaurants der Stadt sind von den Jungen besetzt. Sie denken nur an Geld und Autos und wieder ans Geldverdienen. Vom Sozialismus halten sie nichts. Wir sind aber noch da. Jetzt, wo ihr endlich aufgetaucht seid, wird es vielleicht wieder besser. *Smrt fašizmu, sloboda narodu*.»

Am nächsten Tag gab es noch einen offiziellen Empfang und ein festliches Bankett im besten Restaurant der Stadt, mit dem Bürgermeister und einem jungen Arztpaar, das man eigens für uns eingeladen hatte, weil sie als echte Kommunisten galten – vielleicht die letzten in Korčula.

Am liebsten hätten sie uns dort behalten. Noch auf der Fähre hatten wir die alten Lieder in den Ohren, wie ehemals. Seinerzeit im Badija-Spital hörten wir die Kampflieder bei Tag und Nacht. Da war der bosnische Lastwagenfahrer, der mit einer Oberschenkelextension flach auf dem Rücken lag und mit einem wunderbaren Bariton singen konnte, daß es bis aufs Meer hinaus zu hören war. Das ganze Spital schwieg still und hörte ihm andächtig zu...

Zu Beginn, bei der Einrichtung des Spitals, hatten Radoš, Blažo und der Kommissar die bequeme Pförtnerwohnung bezogen. Für uns war ein Bretterverschlag vorgesehen, der in den größten Saal hineingebaut war, wahrscheinlich der Schlafplatz des Präfekten, der die Klosterschüler beaufsichtigte. Es war sehr eng für drei Betten, aber andererseits gut, weil wir nahe bei den Patienten sein wollten. Weil wir bei ihnen schliefen, fanden die Patienten, daß wir mehr zu ihnen gehörten als die militärisch-politische Führung. Wenn aber einer oder eine nicht schlafen konnte, und das war fast immer der Fall, begann das Singen. Tag und Nacht war alles von den abgerissenen rauhen Gesängen durchdröhnt. Ich hätte es nicht ausgehalten, wenn ich nicht manchmal in den himmlischen Frieden des Maquis geflohen wäre.

In unserem Klima kann man sich die Wintertage der süddalmatinischen Inseln kaum vorstellen. Die Luft ist klar, sie duftet herb nach Pinien und Lorbeer und süß nach Rosen. Es blühen immer neue Rosen auf, auch die kleinen weißen und rosa Wildröschen. Um die Insel herum, zwischen den weißgewaschenen Kalkfelsen der Küste, ist ein Weglein ausgespart, versteckt unter den hundert verschiedenen Büschen des Maquis, die hier zimmerhoch wachsen und so dicht stehen wie ein Urwald. An den *Bora*-Tagen mit dem Wind von der Küste ist das Meer schwarzklar mit weißen Schaumkronen. Danach regnet es, die grauen Wogen sind weicher und nicht so bedrohlich wie in nördlicheren Meeren, und am nächsten Tag ist der Mistral wieder da, milde, das Meer ist blau, nachts strahlen die vielen Sterne, mehr als bei uns, weil der Horizont weit und die Luft sehr klar ist.

Seit wir wußten, daß Tito sein Hauptquartier auf die Insel Vis verlegt hatte, angeblich um den Alliierten näher zu sein, war es auch nicht mehr störend, daß wir mitten im Krieg an einem so überaus geschützten und friedlichen Platz waren. Ganz isoliert waren wir nicht. Es gab zwar weder Radio noch Telefon, aber aus Korčula und mit neuen Verwundeten kamen genügend Nachrichten durch, so daß wir wußten, daß der Krieg, so hart er auch war, irgendwann ein siegreiches Ende nehmen würde. Einmal, an einem Vormittag, kamen drei feindliche Bomber recht niedrig über die Insel und ließen einige Bomben weit draußen ins Meer fallen. Die Patienten in ihren Betten merkten es nicht einmal.

Es war schön auf der Insel. Die Patienten hatten uns gerne. Nie vorher und kaum je seither habe ich mich so sehr im Einklang mit allen gefühlt. Woran das lag, merkten wir erst allmählich. Zuerst am Tabak.

Wir waren starke Raucher, und der Vorrat an Zigaretten, den wir mitgebracht hatten, war zu Ende. Glücklicherweise war der Süden der Herzegowina, wo der beste Tabak wächst, schon befreit worden. Von Zeit zu Zeit kam eine große Ladung vergorener und getrockneter Tabakblätter herüber. Ein älterer Mann wurde mit der Verteilung beauftragt. Ein Kurierjunge mußte alle zählen, Patienten, Personal, Mönche und Wachsoldaten. Dann legte der Verantwortliche ebenso viele Tabakblätter in einem langen Korridor auf den Boden, auf das erste Blatt ein zweites, dann wieder eines, bis alles verteilt war. Raucher und Nichtraucher bekamen gleich viel; ich glaube, daß viele zu rauchen begannen, die es früher nicht taten. Wer wollte, konnte sich den Tabak schneiden lassen. Der Vertrauensmann bat uns jedesmal, ihm ein Amputationsmesser zu leihen. Das sind lange dünne Messer aus bestem Stahl. Sorgfältig werden die Blattadern herausgetrennt, die Blätter gerollt und fein geschnitten, bis der helle duftende Zigarettentabak entsteht. Wir lernten, das rosa Seidenpapier, in das die italienischen Mullbinden verpackt waren, vorsichtig aufzulösen, statt es zu zerreißen und wegzuwerfen, wie Chirurgen es tun. Das war das beste Zigarettenpapier.

Erst an der Tabakverteilung wurden wir gewahr, daß wir in einer Verteilungsökonomie lebten. Geld oder Währung gab es nicht. Das Leben ohne Geld ist leicht und einfach. Da alles verteilt wurde, was da war, und niemand etwas hatte, was anderen abging, war der Übergang in die andere Wirtschaftsform mühelos. Hinzu kam, daß Zivil und Militär eins waren – wahrscheinlich hat die Verteilung der notwendigen Güter dazu beigetragen, daß sich jedermann auf den Inseln, wenigstens in der Zeit, als die Okkupanten erst seit kurzem vertrieben waren, zu den Partisanen bekannte.

Unmerklich waren wir in das sorglose Leben eines Ur- oder Primitivsozialismus hineingeraten. Unter solchen Umständen ist es sehr leicht, ganz zu vergessen, wie es ist, wenn man Geld braucht. Dieses trotz Krieg und Tod gute Leben würde zu Ende gehen, sobald es wieder Geld gab. Als es soweit war, machten wir die Erfahrung, daß es viel schwerer ist, sich wieder an das Geld zu gewöhnen.

Was uns Sorgen machte, war der Hunger. Essen gab es für alle, immer genug, wie es hieß. Doch war es keine richtige Nahrung. In den ersten Tagen kam weißes Brot aus Korčula. Dann gab es eine Zeitlang dehydrierte Kartoffelschnitze aus deutschen Beutebeständen, die gekocht nach Dachpappe schmeckten, früh, mittags und abends. Fett oder Öl hatten wir nicht. In einer nächsten Epoche kam synthetischer Käse aus Deutschland, der ohne Zugabe fast unverdaulich war; auch der ging gegen Weihnachten zu Ende. Jetzt war nur synthetischer Kakao da, den man mit viel Wasser kochte und der ohne Zucker gar nicht schlecht schmeckte, aber gar keinen Nährwert zu haben schien.

Ich litt nicht unter Hunger, da ich den Magen füllen konnte. Aber für die Heilung der Wunden hatte der Hunger katastrophale Folgen. Die Wunden schlossen sich nicht mehr und belegten sich mit einem blassen Schleim. Wir konnten die Verbände noch so sorgfältig wechseln, die besten Salben probieren, Vitamintabletten verfüttern – die Haut an den Amputationsflächen wuchs keinen Millimeter. Viele Verletzte, denen es schon gut gegangen war, begannen wieder zu fiebern. Alle wußten das, niemand sprach darüber, nur unser Mönchlein versuchte den Nährwert zu verbessern, indem er die Schüsseln segnete, bevor er das Essen auftrug.

Für mich hatte der Hunger eine besonders unangenehme Folge. An jedem Sonntag kamen einige Boote mit Bauern, Bäuerinnen und Kindern von Korčula herübergerudert, um sich die schmerzenden Zähne ziehen zu lassen. Seit vier Jahren gab es auf der Insel keinen Zahnarzt. Wir hatten ein Sortiment von zwei Dutzend Zangen zum Zahnziehen, aber weder Guido noch ich hatten diese Kunst erlernt. Er kehrte den Chef heraus: Ich müsse es tun. Wenn man den Bauern nicht hülfe, würden sie wieder fortfahren. Sie hatten einen Korb mit reifen Orangen im Boot. Erst wenn der üble Zahn draußen war, brachten sie die Orangen herein. So schwitzte und litt ich jeden Sonntagvormittag, bis ich die schlimmen Zähne draußen hatte. Ich wußte nicht, wie man die Anästhesie am Oberkiefer anlegt, aber sie hielten heroisch still. Zwei Orangen aßen wir zu dritt, die anderen bekamen die Kranken. Wegen des Vitamins C sollten sie auch die Schalen essen.

(Als später im Spital Meljine das Gerücht aufkam, ein Zahntechniker aus der Tschechoslowakei halte sich im Städtchen Herceg Novi versteckt, weil er keine Papiere hatte, befahl ich, ihn herzubringen. Als das verschüchterte Männlein unsere blitzenden Zangen sah, strahlte er. Kundig wählte er die richtige Zange, tastete sich mit seinem dünnen Finger an den wehen Zahn heran, und bevor der verdutzte Patient einen Schmerzenslaut hervorbrachte, lag der kaputte Zahn auf der Handfläche des Böhmen. Ich bewunderte den Künstler, gab ihm von meinen persönlichen Zigaretten ab, und er bekam ein Papier mit Stempel, auf dem stand, daß er der Partisanenarmee außerordentliche Dienste geleistet habe. Ich habe nie wieder einen Zahn gezogen.)

Gegen Ende des Jahres wurde die Lage noch schlimmer. Nach einigen stürmischen Tagen schien die Sonne frühlingswarm, aber viele Patienten fieberten, die Wunden waren bläulich verfärbt. Wir versuchten, die beginnende Sepsis mit Sulfonamid-Injektionen zu verhindern. Radoš hatte nicht den Mut, an Land zu fahren, um beim Korpskommando vorzusprechen. In Korčula hieß es, an der Küste sei der Hunger so schlimm, daß Kinder und alte Leute stürben.

Einen oder zwei Tage nach Neujahr geschah das Wunder. Über das seidig gekräuselte Meer kamen drei kleine Fischerbarken mit vollen Segeln, legten am Kai an, der Kommandant sprang heraus, ein fünfzehnjähriger Partisan mit Stern und Pistole: «*Eto jela*, da ist das Essen», rief er mit heller Stimme. Das Volk in den Bergen habe vernommen, daß ihre heroischen Verwundeten in Badija hungerten, sie hätten hundert Schafe zusammengetrieben, sie freiwillig hergegeben, er bringe sie, da, auf drei Schiffen der Volksbefreiungsmarine, einhundert prächtige große Bergschafe. Die Freude war groß; dann die Sorge: Wohin mit hundert Schafen? Wir hatten keinen Stall und keinen Pferch. Der Junge wurde ungeduldig und wollte mit dem Ausladen anfangen. Einmal an Land, würden die Schafe für immer im dichten Maquis verschwinden.

Das Problem löste sich ganz einfach. Draußen vor der Bucht lag ein flaches Inselchen, von zartem Rasen bewachsen mit zwei Palmen. (Nach dreißig Jahren standen die Palmen etwas schief, wehten aber immer noch elegant in der Brise.) Die kleine Insel wurde unser Schafstall. Sogar ein flacher Teich war dort, in dem sich Regenwasser gesammelt hatte. Jeden Tag wurde ein Schaf geschlachtet oder zwei, zum Frühstück gab es *džigerice*, Leber in Sauce, zu Mittag Suppe mit Fleisch und Knochen, am Abend Braten. Das Fieber ging zurück, die Wunden heilten, das Häutchen am Rand der Amputationswunden wuchs täglich fünf bis zehn Millimeter. Wir konnten es messen. Gerade als das letzte Schaf, ein riesiger Bock, geschlachtet war, erschien in unserer Bucht der Dampfer, mit dem das ganze Spital aufs Festland zurückverlegt werden sollte. Wir machten uns an die Arbeit.

12
Partisanenhochzeit

Die Befreiungsarmee war aus vielen unterschiedlichen Gruppierungen zusammengewachsen. Gemeinsam war ihnen der Wille, mit allen Kräften gegen «den Okkupanten» zu kämpfen. Jeder Kompromiß, auch das Zuwarten galt als Verrat. Die königstreuen Reste der regulären Armee, unter dem Kommando des Obersten Draža Mihailović, hatten sich in die serbischen Berge zurückgezogen. Sie wollten sich nicht in Kämpfe einlassen und nannten sich Tschetniks. Diese Bezeichnung wurde bald auf alle angewandt, die beim Befreiungskampf nicht mitmachten oder mit der Besatzungsmacht kollaborierten. Tschetnik hieß soviel wie Verräter.

Organisatorisch war aus den locker zusammengeschlossenen Partisaneneinheiten schließlich die NOV, die Nationale Befreiungsarmee, entstanden. Der erste wichtige Schritt dazu war die Aufstellung der 1. Proletarischen Brigade, der *Prva Proleterska.* Als Tito vorschlug, diese regional nicht verankerte, frei bewegliche Eliteeinheit aus den besten Kämpfern und Anführern zusammenzustellen, war man in der Partei gar nicht einverstanden. Man sah zwar ein, daß es für die Strategie des Kampfes nötig war, wollte aber das Prinzip der Guerilla, das Tito gegen den Widerstand vieler Genossen durchgesetzt hatte, nicht aufgeben, nämlich lokale, bewegliche Einheiten, die je nach der Lage kämpfen, sich zurückziehen oder sich auflösen und verschwinden konnten.

Bis dahin waren es nur sehr wenige Regeln gewesen, die für die ganze Bewegung galten; sie allein garantierten die Einheit der Partisanenbewegung. Diese Regeln waren zweckmäßig und leuchteten jedermann ein. Sie mußten nicht mit Befehlen und Reglements durchgesetzt werden, weil sie bald verinnerlicht, zur ideologischen Ausstattung aller geworden waren.

Da war erstens der gnadenlose Kampf gegen die Okkupation, zweitens die anbefohlene Verleugnung aller nationalen Gegensätze zwischen den jugoslawischen Völkern, drittens die bedingungslose Fürsorge für alle Verwundeten und Kranken des Befreiungskampfes und die Befolgung hygienischer Regeln zur Vorbeugung gegen Epidemien (Flecktyphus, Typhus) und viertens das Verbot jeder Liebesbindung, aller erotischen oder sexuellen Beziehungen unter Kämpferinnen und Kämpfern. Diese vier Grundsätze sollten von allen Kommunisten propagiert werden. Es war die besondere Verantwortung der Kommissare und Sanitätsreferenten, sie durchzusetzen. Verstöße wurden streng bestraft, jedoch nicht nach geschriebenem Gesetz oder abstraktem Recht, sondern mit Verfahren, an denen das *narod*, das Volk, im konkreten Fall die betroffene Einheit, teilnahm.

Als wir im Herbst 1944 nach Jugoslawien kamen, hatte das Liebes- und Sexualverbot den Charakter eines Tabus angenommen, es wirkte psychologisch als absolutes Verbot. Uns mutete das sonderbar an. In traditionsgeleiteten, «primitiven» Kulturen werden Tabus von religiösen Traditionen oder magischen Vorstellungen abgeleitet. Alle, für die das Tabu gilt, bilden eine Einheit, einen Clan, einen Stamm. Die Begründung ist zumeist irrational, aber die Funktion des Tabus, die gemeinsame Unterwerfung unter ein höheres Verbot oder Gebot, die eine einheitliche Identität stiftet, ist durchaus zweckmäßig. Auch Tabus, die in einer Institution gelten, sind bekannt: das Zölibat von Priestern, das Tabu der Homosexualität in den meisten Armeen.

Das Sexualtabu gab es in der ganzen Partisanenarmee, mit Ausnahme der slowenischen Einheiten, die sich während langer Zeit lokal getrennt und organisatorisch unabhängig unter Führung der Kommunisten, aber aus anderen nationalen Traditionen heraus entwickelt hatten.

Als Begründung für das Sexual- und Liebesverbot galt, daß die Bauernfamilien es niemals zulassen würden, daß ihre Töchter mit den Partisanen gingen, wenn sie nicht sicher wären, daß ihre Töchter dort ein sittsames Leben führten. Bei den meisten jugoslawischen Bauern im Innern und im Süden des Landes wurde das sexuelle Verhalten der Frauen, ganz besonders der unverheirateten Töchter, von den Männern überwacht. Diesen «patriarchalen» Brauch gab es bei Muselmanen, bei den serbisch-orthodoxen, aber auch bei katholischen Montenegrinern und Dalmatinern. Die Partisanen waren nicht nur auf das Zutrauen der Bauern angewiesen, sondern auch auf die Teilnahme der Frauen und Mädchen an ihrem Kampf. Von der Nazi-Propaganda wurden sie als Banditen diffamiert, die sich in den Wäldern promiskuös suhlten und paarten.

Auch Ehepaare wurden meist getrennt und verschiedenen Einheiten zugeteilt. Dafür gab es eine psychologische Begründung. Jede individuelle Liebe, die Sorge um Partner oder Partnerin würde dem Kampf Kräfte entziehen und wäre mit dem Geist der Gemeinschaft unvereinbar. Uns leuchtete das nicht ein. Warum sollte die Sorge um die Frau, um den Mann geringer sein, wenn man nicht wußte, wo sie waren und was ihnen passierte? Immerhin war deutlich, daß zwischen den Männern und Frauen der Kampfeinheiten Liebesbindungen und sexuelle Anziehung kaum eine Rolle spielten. Es herrschten geschwisterliche Beziehungen und ein Gefühl der Zugehörigkeit zur Kampfgruppe, das individuelle Bindungen beinahe ausschloß.

Man erzählte uns, daß in den ersten Jahren des Kampfes jede sexuelle Beziehung mit dem Tod der beiden Beteiligten bestraft wurde. Später wurden sie lediglich zu getrennten Einheiten verschickt, oft in so gefährdete, daß es einem Todesurteil gleichkam.

Entsprechend aufregend verlief die Liebesgeschichte unseres Guido, des beliebten und verehrten Chefchirurgen.

Chela sprach als einzige unserer neuen *bolničarke* gut italienisch. Sie war jung, blond, blauäugig, von schlanker biegsamer Gestalt und außerordentlich liebevoll. Die Patienten pflegte sie wie kranke Kinder. Wenn sie Gazetüchlein faltete, geschah es so, wie wenn eine junge Mutter die Windeln für ihr erstes Baby legt. Wir hatten zwei Verbandsequipen, die mehrmals wöchentlich zusammen arbeiteten. Mir half Goldy, in Guidos Equipe arbeitete Chela. Guido fand sie anziehend. Das wußten wir schon vor dem ersten Eingriff der Partei.

Eines Morgens kam Chela zu spät zur Arbeit und hatte Tränen in den Augen. Blaß und stumm versah sie ihren Dienst. Der Kommissar hatte sie rufen lassen, ihr auf den Kopf zugesagt, daß sie in Guido verliebt sei, und ihr befohlen, nie mehr mit ihm zu sprechen. Wenn sie sich nicht an das Verbot halte, werde sie vor ein Militärgericht gestellt und erschossen. Sie flehte Guido an, nicht mit dem Kommissar zu sprechen. Für sie wäre es das Ende.

Da Guido nicht daran dachte, sich zu fügen, es aber nicht klar war, wie ernst die Drohung gemeint war, beschlossen wir zu dritt, daß Chela von jetzt an in meiner Verbandsequipe arbeiten sollte. Sie war erleichtert.

Gegen Ende Dezember kamen fast keine neuen Patienten mehr auf die Insel. Die Arbeit war gut organisiert und ließ uns Zeit. Nur der Hunger machte uns zu schaffen. Die Sonne strahlte warm wie im Frühling. Von den Herbstregen erfrischt, sprossen Frühlingsblumen. Wir konnten es uns erlauben, jeden Nachmittag einen Spaziergang zu machen, auf dem einzigen Weg die Küste entlang. Guido blieb zurück. Wir trafen ihn erst wieder, als wir nach einer Stunde um die Insel herum gekommen waren. Es war nicht schwer zu erraten, daß ihn seine Chela irgendwo im Busch erwartet hatte.

Knapp vor Weihnachten brach die Katastrophe los. Chela war nirgends zu finden. Ihre Kolleginnen kamen verstört zu Guido. Der Kommissar hatte ein Gerichtsverfahren gegen sie eröffnet. Sie war nur deshalb nicht eingesperrt, weil es keinen Raum gab, der sich als Gefängnis geeignet hätte. Sie mußte in ihrem Schlafsaal bleiben, niemand durfte mit ihr reden. Man habe dennoch mit ihr gesprochen und versucht, sie zu trösten. Sie sitze auf ihrem Bett und weine, untröstlich. Es sei hart zu sterben, sage sie, jetzt, wo sie die Liebe ihres Lebens gefunden habe.

Guido stürmte ins Büro. Dort waren Freund Radoš, der Kommissar und die anderen versammelt. Bevor Guido sich verständlich machen konnte, richtete sich Radoš in ganzer Länge auf: «Genosse Doktor, liebst du die Genossin Chela H.?» – «Ja, ich liebe sie.» – «Willst du die Genossin Chela heiraten?» – «Ich will!» – «Gut, dann ist es *u redu*, in Ordnung. Ihr werdet heiraten, und ich werde *kum*, Trauzeuge sein.» – «Halt», rief Guido, «ich muß erst Chela fragen, ob sie will. Ich habe sie noch nie gefragt.» – «Das macht nichts. In Montenegro wird die Braut nicht gefragt. Wenn ein Mann sie will und die Familie einverstanden ist, genügt es. Ihre Familie, das bin jetzt ich, der Kommandant.» Er holte eine Flasche hervor und schenkte *rakija* ein. Guido wollte zu Chela. Der Kommissar war bereits gegangen und kam mit ihr zurück. Sie war halb tot vor Angst, denn sie meinte, es gehe zur Exekution.

Leider war ich bei der Szene nicht anwesend. Es muß höchst rührend gewesen sein. Guido fragte sie dann doch, ob sie seine Frau werden und nach dem Krieg mit ihm in die Schweiz kommen wolle. Sie war nahe daran, ohnmächtig zu werden, fiel dann aber Guido in die Arme und umarmte auch Radoš und den Kommissar. Noch am selben Abend wußte es das ganze Spital. Unser Mönchlein war mit der Neuigkeit herumgelaufen.

Es wurde beschlossen, daß das Paar am 31. Dezember getraut werden sollte. Chela wollte kirchlich heiraten, und Guido, der sehr verliebt war, aber Atheist, hatte nichts dagegen. Auch das Kommando meinte, das sei kein Problem. Sie komme aus einer katholischen Familie, und wir seien in einem katholischen Kloster zu Gast.

In den folgenden Tagen nahmen alle Anteil am großen Ereignis: die Patienten, die Mönche und vor allem die *bolničarke*. Ich hatte erwartet, daß Neid aufkommen würde oder daß jetzt, wo der Bann gebrochen war, die jungen Frauen sich in Liebesgeschichten einlassen würden. Sie waren gar nicht neidisch, halfen Chela, wo sie konnten, bei den Vorbereitungen, behandelten aber die ganze Heiratsgeschichte als ein Spektakel, das sie selber gar nichts anging. Die Schweizer sind gelungene Leute, meinte man. Was die zum besten geben, ist wirklich toll. Plötzlich wurde Chela, die man vorher nicht sehr geschätzt hatte, weil sie nicht im Wald gewesen war, zum Liebling. Die Lange nannte sie «eure kleine Schweizerin», und die Blonde wollte in die Stadt Korčula, um bei einer Freundin, die sie vor dem Krieg dort hatte, vielleicht doch ein weißes Brautkleid aufzutreiben.

Als viele Monate später eine andere *bolničarka*, die eine alte Kämpferin war, einen montenegrinischen Medizinstudenten heiraten wollte, gab es Eifersucht, Intrigen und Krach. Diese Genossin konnte man nicht ausgrenzen. Alles tat sich zusammen, um den Bruch des Tabus zu verhindern, die Männer, Patienten und Pfleger nicht weniger als die Frauen. Nur die vier italienischen Pfleger, die bei uns arbeiteten, konnten nicht verstehen, was es für ein Unglück sein sollte, wenn zwei junge Leute sich liebten und heiraten wollten. Zwar hatte die Partei das Sexualverbot bereits aufgehoben. Doch war eine Art Epidemie ansteckender seelischer Ausnahmezustände ausgebrochen, neurotischer Krisen, die zum Ausdruck brachten, daß ein gutes Leben nur als Kämpfer der Partisaneneinheit mit dem alten Kampfgeist möglich sei. Im Anfall wurde die Identität als Partisan im Wald vorübergehend wiederhergestellt. In dieser Stimmung war es unseren Leuten unerträglich, das einigende Tabu ganz fallenzulassen.

Die Vorbereitungen zur Hochzeit hielten sich in bescheidenem Rahmen. Ein Festessen mußte man nicht vorbereiten, weil es nur synthetischen Kakao gab. Während der Weihnachtstage kamen viele Bauern mit Zahnweh herüber, und ich sammelte die Orangen, damit beim Hochzeitsmahl wenigstens an jedem Platz eine Orange lag. Wir spendeten vom Tee aus der Schweiz, und weil Radoš, der *kum*, eine Flasche Schnaps versprach, konnte man sich auf eine Tasse Tee mit Schnaps freuen.

Das eigentliche Problem war die Brautnacht. Unser Bretterverschlag im großen Krankensaal war gänzlich ungeeignet. Mehr als Braut und Bräutigam, die so taten, als ob das nicht so wichtig wäre, bestanden die *bolničarke* darauf, daß die Hochzeiter ein eigenes Zimmer haben müßten, das vor der Öffentlichkeit verborgen war. Es gab aber keines. Unsere Kommandanten dachten nicht daran, ihre Büros und Wohnzimmer zu räumen. Unter dem Druck der *konferencijas* entschloß sich Radoš, mit dem Prior des Klosters zu verhandeln. Kuriere liefen hin und her, da Radoš um nichts in der Welt die Klausur betreten hätte und der Prior es ablehnte, herauszukommen und mit den

Ketzern zu reden. Als er hörte, daß eine katholische Hochzeit mit Hochamt und Predigt mit ihm als Priester geplant war, gab er einen Raum der Klausur frei. In die Mauer, mit der man die Klausur verschlossen hatte, wurde eine Bresche geschlagen und mit einer Holztür versehen, die man woanders aushängte. Ein Zimmerchen kam zum Vorschein, mit einem kleinen Fenster in den Klosterhof. Den Ausgang in die Klausur hatte man zugemauert. Die *bolničarke* lachten darüber, daß die Hochzeitsnacht im heiligen Teil des Klosters stattfinden werde, und die Mönche erklärten das Zimmerchen mit einem dazu geeigneten Segen zum profanen Ausland. Zwei Spitalbetten wurden hineingestellt, Guidos Reisesack, Chelas Bündelchen, und es fand sich sogar ein kleiner Spiegel für die Wand.

Die Spitalarbeit wurde schon am Vortag erledigt. Bereits um zehn Uhr füllte sich die Kirche, die von den Mönchen ausgekehrt, mit grünen Reisern dekoriert und reichlich mit Weihrauch durchduftet worden war. Jemand spielte die Orgel, und die Kirche war bis auf den letzten Platz besetzt, auch die Chorgalerie, denn die Patienten, die irgendwie gehen konnten, hatten ihre Uniform angezogen und waren in voller Kriegsausrüstung erschienen. Nur Mönche waren nicht zu sehen; sie hielten sich hinter dem Altar versteckt.

Vor dem Altar hatte man zwei Stühle hingestellt, rechts für Guido, links für die Braut, dahinter noch zwei für die Trauzeugen, Radoš und mich. Alles ging feierlich vor sich. Der Prior hatte die braune Kutte gegen ein gesticktes Meßgewand ausgetauscht. Die Predigt leitete er mit einem Zitat aus dem Alten Testament ein, mit dem Fluch gegen die Amalekiter. Das ist ein böser, kriegerischer Text, der zum Krieg wohl paßte, aber den Übergang zu einer Trauung, wie mir schien, fast unmöglich machte. Guido sah strahlend drein, Chela, die zuerst glücklich und verliebt ausgesehen hatte, erstarrte und wurde blaß. Ich konnte einigermaßen folgen.

In seinem Gleichnis setzte der Pfarrer die Partisanen mit den Amalekitern gleich, die – so der Wille des Herrn – ob ihres Ungehorsams gegen Seine Gebote vom Stamm Israel bekämpft, vernichtet und ausgerottet werden sollten. Der Herr hatte einen richtigen Genozid befohlen.

Der Mann sprach immer heftiger und lauter. Jetzt kam er doch auf die Brautleute zu sprechen. Er warnte sie. Sie sollten ablassen von den verdammten ungläubigen Amalekitern, heimkehren in die Kirche der Gläubigen, sonst seien sie verdammt im Jenseits und schon in dieser Welt den schlimmsten Greueln und Strafen ausgesetzt. Er geriet immer mehr in Wut, beugte sich über die Brüstung, drohte mit geballten Fäusten, seine Stimme wurde schrill, Schaum rann ihm über das Kinn. Von den Amalekitern war nicht mehr die Rede, nur noch von den Partisanen. Sie haben sich von Gott abgewandt, haben Jesum verraten und nochmals gekreuzigt, sie paaren sich im Wald wie die Tiere, aber nicht unschuldig wie die Tiere Gottes, nein, schuldig stecken sie ihre gierigen Schwänze unschuldigen Jungfrauen zwischen die Beine, daß das Blut spritzt, sie vergewaltigen schwangere Frauen, töten zu ihrer Lust das unschuldige Kind im Mutterleib, vögeln jeden Arsch und jedes Kind, selbst Tiere, schlimmer als die Bewohner von Sodom...

Chela kam aus einer kultivierten dalmatinischen Familie. Vor solchen Ausdrücken war sie bisher bewahrt geblieben. Und jetzt kam aus dem Mund eines heiligen Mannes am Tag ihres reinen, glückseligen Festes Unflat und Haß. Der Krieg hatte ihr die Liebe gebracht; jetzt zerstörte er ihr den Glauben. Sie war totenbleich geworden und klammerte sich am Arm ihres Bräutigams fest. Guido, der kein Wort verstand, genoß die Feier und deutete die Unruhe, die im Publikum entstanden war, als Zeichen der Begeisterung. Radoš rollte die Augen, strich sich ein übers andere Mal den Schnurrbart und griff, mit einer impulsiven Bewegung, an die Seite, zog die Pistole heraus und lud durch. Ich fand die Szene zuerst nur makaber und komisch. Chela, die vor mir saß, verging vor Angst und Scham. Oben auf der Galerie hörte man metallisches Knacken. Einige Patienten hatten ihre Maschinenpistolen mitgebracht. Im nächsten Moment würden sie den tobenden Mann auf der Kanzel abschießen. Ich beugte mich zu Radoš hinüber und tippte ihm auf die Schulter. Er sah sich um, sprang auf, breitete die Arme aus, als wolle er das Brautpaar umarmen, ließ die Patrone aus dem Lauf der Pistole springen und steckte die Waffe weg. Oben auf der Galerie wurde es ruhiger.

Die Predigt aber ging haßerfüllt weiter. Plötzlich ein lautes metallisches Geräusch oben auf der Empore. Milo, der sanfte Junge mit der Stirnwunde, hatte sein langes Mausergewehr über die Brüstung gelegt, den Verschluß zurückgezogen und zielte auf den Prior. Da Milo nicht hersah, sprang ich auf und rief laut: «Milo!» Zwei andere Patienten kümmerten sich um ihn. Die Zeremonie ging zu Ende, die Mönche verschwanden hinten in der Klausur, und die Erregung flaute ab.

Das Hochzeitsmahl wurde sehr schön. Es gab eine Gusla zur Begleitung der Lieder. Chela zu Ehren versuchten sie sich sogar in dalmatinischen Gesängen, konnten aber vom abgehackten montenegrinischen Gesangsstil nicht loskommen. Milo war der erste, der mir erklärte, ein Mord in der Kirche wäre eine furchtbare Schande gewesen und eine Beleidigung für den geliebten Genossen Doktor.

Allerdings hatte Milo keinen Grund, Guido zu lieben. Seine Wunde kam von der Pistole eines italienischen Offiziers her, der ihm, der gefesselt dastand, in die Stirn geschossen hatte. Er sei bei einer Aktion mit zwanzig anderen gefangen worden. Der italienische Offizier sei von einem zum anderen gegangen und habe sie in die Stirn geschossen. Er habe gefühlt, daß er nicht tot war, sei aber niedergestürzt und reglos liegengeblieben. Als die Leute kamen, die Leichen einzusammeln, war Milo schon fort, auf dem Weg in die Berge. Milo mußte bemerkt haben, daß Guido seiner Erzählung nicht ganz traute; Guido hatte sogar den Verdacht, Milo bohre in seiner kleinen harmlosen Stirnwunde herum, um möglichst lange im Spital zu bleiben, denn er war weich wie ein Kind und wirklich kein Kämpfer. Als wir in Meljine endlich einen Röntgenapparat hatten, drängte Milo darauf, daß sein Kopf als erster durchleuchtet wurde. Da lag in der Tat ein 6-mm-Geschoß in einer Stirnhöhle. Milos Ruf war gerettet.

Das Hochzeitsfest hatte noch ein Nachspiel. Gegen Mitternacht war es still geworden, der Tee war längst ausgetrunken, die Kehlen heiser. Das Brautpaar hatte sich in sein Liebesnest zurückgezogen, als unten am Kai ein Boot anlegte. Durch die offenen Fenster waren Männerstimmen und das Klirren von Waffen zu hören.

Vier Genossen, alte Kämpfer, brachten auf einer Bahre einen bleichen Jüngling herein und stellten die Bahre auf den Tisch, auf dem die Lorbeerzweiglein lagen, mit denen man die Festtafel dekoriert hatte. Zuerst schien der Verletzte bewußtlos zu sein. Dann schlug er die Augen auf und stellte sich und die Genossen vor. Er war der Anführer des ersten Zuges der 1. Proletarischen Brigade, die vier anderen seine Genossen aus derselben Einheit. Sie waren Helden, die besten Kämpfer der Befreiungsarmee. Kein Zweifel, man traute es ihnen zu; alle fünf waren Montenegriner. Auch das war klar.

Der junge Mann hatte eine Neujahrsansprache für das Volk gehalten. Wo es war, blieb unklar; wahrscheinlich in der Stadt Korčula, da es in der Nähe keine andere Stadt gab. Wie es üblich ist, grüßte er zum *«Živio»* am Ende der Rede mit der rechten Faust und streckte die Linke mit der Maschinenpistole in die Höhe, ließ aber im Eifer die geladene Waffe fallen, eine ganze Garbe entlud sich und zerfetzte ihm den linken Arm oberhalb des Ellbogens. Das Blut spritzte heraus. Die kampferprobten Genossen wußten, was zu tun war. Sie legten eine Binde um den Oberarm, bis die Blutung stand, und organisierten das Boot. Sie hatten sich erkundigt, wo es einen Chirurgen gab, und sogar darauf geachtet, die Blutleere von Zeit zu Zeit zu lockern, was nötig ist, damit der Arm nicht abstirbt.

Ich mußte Guido benachrichtigen, sagte ihm aber durch die Tür, ich könne eine Arteriennaht allein versuchen; der Knochen war nicht getroffen, und der Verletzte hatte nicht allzuviel Blut verloren.

Ein Mann von Guidos medizinischem Pflichtgefühl (das noch stärker angesprochen war, da der Verletzte ein notorischer Held von der *1. Proleterska* war) läßt lieber die Hochzeitsnacht fahren als eine große Operation. Goldy hatte alles vorbereitet. Die verstörte Braut, die noch nie bei einer Operation assistiert hatte, mußte assistieren. Befehl vom Chef. Es dauerte beinahe vier Stunden. Wir saßen mit den vier Helden im Gipszimmer. Jeder hatte eine große Tasse Kakaosurrogat vor sich. In dieser sonderbaren Nacht habe ich begriffen, daß Helden weinen dürfen.

Den Begleitern des jungen Helden erklärten wir, ihr Genosse sei außer Gefahr. Der Blutverlust sei nicht lebensgefährlich, und jetzt blute er ja nicht mehr. Wenn alles gut gehe, werde der linke Arm so sein wie früher, im schlimmsten Fall bleibe der Arm steif. Im Spital müsse er nicht länger als fünf Wochen bleiben.

Sie waren beruhigt, verteilten Zigaretten und begannen zu erzählen. Einige *bolničarke* waren wach geblieben und hörten mit aufgerissenen Augen und offenem Mund die Saga von den Kämpfen und Siegen der *1. Proleterska*. Dann sangen sie ihre Lieder. Die meisten kannten wir, es klang aber anders von solchen Kriegern. Jedesmal, wenn sie ein Lied anstimmten, das dem Genossen, der drüben auf dem Operationstisch lag, besonders lieb war, brach die Trauer wieder los: «*Ajme meni, ajme meni*», klagten sie. Dicke Tränen rannen über die rauhen Wangen, tropften über die Schnurrbärte. «Er wird nicht sterben, er lebt; schaut, ich war eben drin, die Operation geht gut, habt noch Geduld, ihr könnt ihn bald umarmen.»

Sie ließen sich trösten, begannen ein neues Lied, und wieder kam die Erinnerung hoch; um ihn, den Liebsten, den Besten, den Tapfersten müssen wir bangen: *Ajme meni*, Tränen über Tränen.

Männer in unserem Land dürfen nur selten weinen, Offiziere haben es beinahe vergessen, Helden weinen nie. Seit der Ilias habe ich Helden nie weinen hören. Seit Guidos und Chelas Hochzeitsnacht weiß ich, daß wirkliche Helden um einen Freund weinen.

(Es hat sich gelohnt, daß Guido seine Hochzeitsnacht opferte. Nach vier Wochen konnte unser Held mit einer bereits gut funktionierenden linken Hand zu seiner Einheit zurück. Jetzt trug er die geladene Maschinenpistole im rechten Arm. Die verdammten kanadischen Pistolen schossen gut, hatten aber keine Sperrsicherung. Wenn man sicher sein wollte, daß kein Schuß losging, mußte man das Magazin herausnehmen. Ich konnte den Jungen, der sonst ein gescheiter Mensch war, nicht überreden, seine Pistole wenigstens für die Reise zu entladen.)

13
Die Kehrseite

Wie soll ich erklären, daß mir zuerst einmal Dr. Ledić in den Sinn kommt, wenn ich mich an Meljine erinnere? Ich wollte gar nicht über ihn schreiben. Er kam erst später, und wir waren selbst schuld, weil wir wiederholt reklamiert hatten, zwei Ärzte seien für 660 Patienten einfach zuwenig. Endlich hieß es, der Chefarzt des Spitals für Knochentuberkulose in Kraljevica, ein bedeutender Knochenchirurg, werde eintreffen.

Ein Herr in mittleren Jahren, der sogar in der Uniform elegant aussah, sprach sogleich zu einer Antrittsvisite bei Guido vor, dozierte über Chirurgie, wies auf sein kommunistisches Engagement hin (untermalt mit Zitaten aus den Klassikern) und bemerkte nebenbei, daß wir die Arbeit mit seiner Hilfe viel besser bewältigen würden, so, als ob wir bisher nicht damit fertig geworden wären. Am nächsten Morgen schickte er einen Patienten mit einer unwichtigen Botschaft herüber, mit einem eleganten leichten Unterarmgips, der Visitenkarte des Kollegen. Das blieb seine einzige Tat. Er untersuchte und behandelte niemanden, ging spazieren und saß stundenlang mit Radoš und seinem Stab zusammen. Da wir nicht die Zeit hatten, auf sein Geschwätz einzugehen, hörten seine Besuche bei uns bald auf. Ein letzter Versuch, ihm wenigstens die Leitung der neu eingerichteten Röntgenabteilung anzutragen, mißlang. Er ließ uns sagen, der Röntgenapparat sei zu primitiv. Er habe Besseres erwartet. An mißtrauischen Fragen, die Radoš stellte, merkten wir, daß Ledić versuchte, ihn gegen uns einzunehmen. Als der Kommandant andeutete, daß er daran denke, Ledić zum Chefarzt zu machen, gaben wir zur Antwort, daß wir in diesem Fall das Hauptquartier um Versetzung an ein anderes Spital ersuchen würden. Wenige Tage danach war Dr. Ledić verschwunden. Wir hörten, daß er irgendwo Chefarzt geworden sei, und wenig später, daß es ein Verfahren wegen Zusammenarbeit mit dem Feind gegen ihn gebe.

Gegen Ende unserer Zeit im Zentralspital Meljine schien es uns, als ob wir von einer ganzen Schar solcher Typen wie Ledić umgeben wären. Intrigen, Unterschlagungen und Diebstähle – sogar Radoš stahl Instrumente, um sie später für sich zu verwenden – und vor allem immer wieder das Gefühl, daß jeder seine privaten Interessen rücksichtslos durchsetzen wollte. Von wem das ausging, war unklar. Für manche Genossen waren wir zum Störfaktor geworden. Gleichzeitig waren wir als tüchtige Chirurgen ein wertvoller Besitz, den die Montenegriner behalten und über den sie verfügen wollten.

Ich muß weiter ausholen. Bereits die Überfahrt von Badija war ein Abenteuer. Das Einladen der Patienten mußte rasch geschehen, da ein Sturm aufkam. Guido trug alle von ihm Operierten persönlich mit der Bahre auf das Schiff, um sie richtig zu betten. Darunter war einer mit einer Kniekontraktur, die Guido monatelang mit einer überaus vorsichtigen Streckmethode zu bessern versucht hatte. Gerade als er die Bahre mit diesem Mann hinunter in den Laderaum reichte, hob sich das Schiff in der einsetzenden Dünung, Guido glitt aus, fiel von oben auf das versteifte Knie, ein Schrei, und das Bein stand gerade. Alle lachten, schließlich auch Guido, dem diese Chirurgie zuerst sehr peinlich war. Kaum waren wir mit dem Einladen fertig und der Dampfer in Fahrt, begann der Sturm. Die Bora, ein Fallwind von den Küstenbergen herunter, wühlt unmittelbar am Ufer nur die Oberfläche auf. Das Meer ist schwarzblau, mit weißen Schaumkronen. Hier draußen aber gingen die Wellen sehr hoch, und der Wind legte das große Schiff auf die Seite. Zum Ankern sind die Gewässer zu tief, so daß der Kapitän beschloß, vorsichtig zwischen den Inseln zu kreuzen. Erst am Nachmittag des dritten Tages legte sich der Sturm so plötzlich, wie er begonnen hatte. Die Patienten und sämtliches Personal waren während der ganzen Zeit seekrank gewesen. Deshalb brauchte man an Verpflegung nicht zu denken. Mich hatte die Seekrankheit verschont; ich war mit dem Stück Brot, das ich von einem Matrosen erbettelt hatte, halb verhungert.

Das Spital in Meljine war im Pavillonstil erbaut, gute, fast mit allen Einrichtungen versehene Gebäude, vor dem Krieg das Spital der königlichen Marine, an einem mit Palmen und großen Kakteen bewachsenen Wiesenhang, der zur Küste der Boka abfiel. Nach einigen Wochen waren alle Kakteenblätter von Kugeln durchsiebt; kein Partisan kann sich vor so verlockenden Zielscheiben zurückhalten. Weiter westlich gegen das offene Meer zu liegt das Städtchen Herceg Novi, das ziemlich mitgenommen war. Unser Spital sah aus wie im tiefsten Frieden.

Wir bestimmten die Abteilungen und teilten das Pflegepersonal ein. Der Operationssaal und die Sterilisation wurden in Gang gesetzt. Kaum waren unsere Patienten untergebracht, kamen die ersten Transporte. Die Arbeit begann am gleichen Abend und wurde mehr und mehr.

Ich hätte den Bericht über Meljine mit den Hirnoperationen beginnen sollen. Täglich kamen einige Kopfverletzte, zumeist Kinder und ganz junge Leute, die bei Bombardements im Innern des Landes verletzt worden waren. Man hatte einen Verband angelegt und sie auf den Transport geschickt. Viele starben unterwegs. In jedem Lastwagen lagen einige Tote zwischen den Patienten. Diese hatten einen gesteigerten Hirndruck und waren dem Tod geweiht, wenn man sie nicht operativ versorgte. Guido war mit der Einrichtung des Spitals und den Extremitätenverletzungen ausgelastet. Die Kopfverletzten fielen mir zu. Ich versuchte Entlastungstrepanationen. Wenn es bei den ersten beiden nicht gut ausgegangen wäre – sie überlebten und hatten schließlich, als ich den Drain entfernen konnte, außer dem von der Kopfschwarte geschützten Knochendefekt keinen Schaden –, wäre ich nicht in den Zustand geraten, in dem ich eine hoffnungslose Operation nach der anderen vornahm. Ich wußte, daß es zu spät war, konnte mich aber nicht dazu entschließen, die jungen Leute sterben zu lassen. Wir arbeiteten die Nächte durch, die Operationsequipe war erschöpft, meine Finger begannen vom Knüpfen der Fäden wund zu werden. Einer nach dem anderen starb an zunehmender Infektion und Hirndruck. Dabei wußte ich – es war gar nicht zu übersehen –, daß immer hoffnungslosere Verletzungen zur Operation kamen. Meine Equipe konnte für keine andere Arbeit eingesetzt werden. Guido und seine junge Frau waren übernächtigt und fielen vor Müdigkeit beinahe um. Ich weiß nicht mehr, wie viele sinnlose Schädeloperationen ich hintereinander gemacht habe. Goldy hat mich erlöst. «Du machst diese Operationen nur, weil du es nicht aushältst; damit geht alles andere kaputt. Solange du operierst, merkst du nicht, daß wir nichts tun können.» Es gab einen kurzen heftigen Streit. Die normale Arbeit konnte beginnen.

Weil die Deutschen allmählich aus der Gegend verschwanden, wurden neue Transportwege frei, und es kamen immer mehr Verletzte aus den Spitälern im Wald und aus den Verstecken bei den Bauern herunter an die Küste. Meljine lag an einer Durchgangsstraße. Das Zentralspital wuchs rascher als unsere Arbeitskapazität.

Da es gelungen war, den Röntgenapparat in Gang zu setzen, und Blažo Filmmaterial aus italienischer Beute auftrieb, war bald im ganzen Land bekannt, daß man sich bei uns röntgen lassen konnte. «Zum Röntgen» hieß *na struju*, «an den Strom»; das war in Montenegro etwas Magisches. Die alten Ärzte hatten billige Röntgenapparate angeschafft und jeden Patienten vor den Röntgenschirm gestellt. Das galt als Therapie, kostete viel Geld und brachte den Ärzten ein sicheres Einkommen mit einem Minimum an Anstrengung. Sogar Radoš erfuhr bei uns zum erstenmal, daß ein Röntgenapparat keinerlei therapeutische Wirkung hat. Für die Verletzten und Kranken droben in den Bergen bedeutete *na struju* die Verheißung einer wundersamen Heilung. Wirksamer als irgendein Befehl zur Evakuierung war der Ruf *«na struju»*.

Wir mußten einen abseits gelegenen Raum für die erste Untersuchung einrichten. Zu irgendeiner Tages- oder Nachtzeit trafen die Lastwagen mit ihrer traurigen Last ein. Ein kleiner Kurier tauchte auf und rief: es sind zehn Neue da, zwanzig; oder einfach viele, viele. Wenn wir gerade bei einer Operation waren, mußten sie warten. Da lagen sie der Wand entlang, mit blutigen Verbänden, mit zerbrochenen Gipsen und schön separiert die Opfer des Flecktyphus.

Der Flecktyphus ist der Schrecken aller europäischen Winterkriege, wahrscheinlich schon seit Napoleons Feldzug in Rußland. Die Erreger der Krankheit, Rikettsien, werden durch den Stich der Kleiderlaus übertragen, die anders als die Kopflaus leicht den Wirt wechselt. Im Winter werden Soldaten, die sich nicht waschen können, massenhaft angesteckt. Sie haben Fieber, schreckliche Kopfschmerzen, delirieren, an der Haut bilden sich rote Flecken vom Blut, das aus kleinen Arterien austritt. Viele sterben, manche in der ersten Woche, andere später an Lungenentzündung und Austrocknung. Junge, kräftige und gutgenährte Soldaten, die überleben, sind noch wochenlang schwach und nicht kampffähig. Angeblich verlor die deutsche Besatzungsarmee Tausende, die Italiener, deren Sanitätsdienste nachlässiger waren, viele Zehntausende. Die Partisanen konnten Flecktyphus-Epidemien vermeiden. In der Armee der spanischen Republik hatte man die Erfahrung gemacht, daß der Läusepest mit eiserner Disziplin beizukommen war. Dr. Gojko Nikoliš, der in Spanien als Freiwilliger gedient hatte, organisierte die Sanitätsdienste von Titos Hauptquartier aus. Jede, auch die kleinste Partisaneneinheit hatte einen Hygieneverantwortlichen, der bei jedem Halt das Kommando für die Entlausung übernahm. Wenn man mindestens eine Stunde an einem Ort bleiben konnte, richtete der Sanitätsreferent eine Entlausungsstation ein. Das Einfachste war: In ein leeres Benzinfaß, in das man den durchlöcherten Deckel als Zwischenboden einfügte, kam Wasser, darüber Wäsche und Uniformen der Soldaten, die sich splitternackt ausziehen und gründlich waschen mußten; wenn es keine Seife gab, dann ohne Seife. Das Faß wurde auf Steine gestellt, darunter ein Feuer angezündet. Nach zwanzig Minuten waren die Läuse samt Brut und Eiern vernichtet, die Kleider mit heißem Dampf gereinigt. *Pokret* – es konnte weitergehen.

Die Verletzten aus den Verstecken in Hütten und Ställen waren verlaust und streuten bei der ersten Untersuchung Läuse um sich. Da wir keine Schutzkleidung hatten, mußten wir uns dann selber entlausen. Trotzdem wurde ich angesteckt, mein Flecktyphus verlief aber milde, wie eine gewöhnliche Grippe, denn wir hatten uns in Zürich impfen lassen.

Die an Flecktyphus Erkrankten mußten isoliert werden, weil vielleicht doch noch infizierte Läuse übrig waren, und vor allem, weil ihr Anblick ein Krankenzimmer mit Schwerverletzten demoralisiert hätte. Ein Pavillon wurde zur Isolierstation erklärt. Goldy mußte die «Gefleckten», wie man sie nannte, und einige Bauchtyphuskranke, die es dann auch noch gab, versorgen. Die einzige wirksame Behandlung waren Infusionen, denen man Mittel für den Kreislauf beigab, und Goldy konnte die Venen der ausgemergelten, ausgetrockneten Kranken, die, halb bewußtlos, unruhig um sich schlugen, am besten punktieren. Sie rettete die meisten. Doch lag täglich eine quälende Spannung über uns allen, bis sie am späten Vormittag aus dem Isolierhaus zurückkam. War wieder einer gestorben?

Auch im Frieden entsteht in großen Spitälern eine Hierarchie: dem Chirurgen gebührt der erste Rang. Gar erst im Krieg. Guido, der alle schwierigen Operationen ausführte, sich an immer schwierigere heranwagte und damit außerordentlich erfolgreich war, wurde vom Ehrgeiz gepackt. Wer ihm assistierte, riskierte angebrüllt zu werden. Mich ließ er Gipsverbände, besonders die Oberarmgipse, die man «Avion» nannte, immer wieder abnehmen, weil die Stellung der Knochen nicht ideal richtig war. Schließlich streikte ich, er solle es selber machen und daran denken, daß nicht unbegrenzt viel Gips da war. Guido war nicht nur ein tüchtiger Chirurg, sondern auch ein Schweizer, der – anders als später im Leben – verbissen und mit viel innerem Krampf arbeitete. Er verbreitete eine Atmosphäre von Spannung und schlechtem Gewissen. Am meisten litt Chela darunter. Da wir uns mit den Genossen und Genossinnen gut verstanden, viel lachten und guter Laune waren, regten wir ihn auf. Ihm war es, als müßte er die ganze Last allein tragen. Wenn seine Laune unerträglich geworden war, gaben wir einander ein Zeichen; bei der nächsten Nörgelei brüllten wir ihn an. Es gab einen wüsten Streit. Plötzlich stürmte er hinaus und kam bald entspannt und lachend zurück – bis seine Spannung unter der Last der Verantwortung wieder anwuchs.

Diese reinigenden Gewitter hätten nicht ausgereicht, wenn wir nur aufeinander angewiesen und mit den wilden Montenegrinern und *bolničarke* allein geblieben wären. Es kam aber Hilfe. Zuerst Milena, eine strenge Kommunistin, die einer Operationsschwester an einer schweizerischen Klinik in nichts nachstand. Sie war von Guidos Launen nicht beeindruckt. Jugoslawische Ärzte seien noch schlimmer. Dann kamen, hierarchisch zwischen uns Ärzten und den *bolničarke* plaziert, zwei Medizinstudenten. Beide hatten erst ein Semester lang studiert, als der Krieg ausbrach und sie in den Wald gingen. Was ihnen an Kenntnissen fehlte, ersetzten sie durch Intelligenz; besonders der junge Mischa war von solchem Talent und psychologischen Verständnis, daß die Patienten ihm schon nach wenigen Tagen Kosenamen gaben und den Ehrentitel «der kleine Doktor» verliehen.

Wer den medizinischen Betrieb endlich rettete und Meljine zum Mekka der montenegrinischen Heilkunst machte, das waren vier kriegsgefangene italienische Sanitäter. Sie hatten sich zum Dienst in der Armee der Sieger gemeldet. Zu Fuß kamen sie an, in italienischer Uniform, mit einem Köfferchen in der Hand und bewacht von einem zwölfjährigen Partisanen, der vom langen Fußmarsch so müde war, daß Bruno ihn an der Hand mitziehen und sein Gewehr tragen mußte. Der lange Bruno war der Sprecher, der rundliche Cesare der zweite, dazu noch zwei, die beide Mario hießen. Von Bruno ging eine solche Autorität aus, daß die Pflegedienste, die uns fast zur Verzweiflung gebracht hatten, sogleich funktionierten. Vor einer Operation hatten wir nicht selten das Händewaschzeremoniell unterbrechen müssen, weil der Patient nicht in den Operationssaal gebracht wurde. Als die *bolničarke* sahen, daß ihre Arbeit auch ohne sie verrichtet wurde, mußten wir die Operierten meist auch noch selber zurück in ihre Betten tragen.

Das Schicksal, das die italienischen Kriegsgefangenen erwartete, war ungewiß. Es gab ein Gerücht, daß sie nach dem Krieg so lange als Arbeitssklaven in Jugoslawien bleiben müßten, bis das zerstörte Land wiederaufgebaut war. Die Genossen fanden das um so richtiger, als sie neidlos anerkannten, daß die Italiener viel fleißiger und tüchtiger arbeiten konnten als sie selber, die von Natur aus zum *nadjiravati*, zum Befehlen begabt waren. Plötzlich hieß es, die italienische KP habe in Verhandlungen mit Titos Hauptquartier auf der Insel Vis erreicht, daß die Hälfte der italienischen Kriegsgefangenen sofort repatriiert würde. Die anderen müßten «vorläufig» in Gefangenschaft bleiben. Von unseren vier Sanitätern gingen uns zwei verloren, doch gaben wir sofort unser Einverständnis. Allzu leicht hätte Radoš unter irgendeinem Vorwand alle vier dabehalten. Die Italiener waren vor mehr als vier Jahren mobilisiert worden und galten zu Hause als verschollen. Das Los, wer heim durfte, fiel auf Bruno und einen der Marios. Wir versuchten die Zurückbleibenden zu trösten und versprachen ihnen, uns bei den Jugoslawen dafür einzusetzen, daß sie nicht bis zum Sanktnimmerleinstag dableiben müßten. Den *bolničarke* predigten wir, daß sie jetzt so gut arbeiten müßten wie Bruno und Mario, die heim durften.

Am nächsten Morgen um sieben stand Bruno in seiner Arbeitsschürze im Operationssaal und rasierte den ersten Patienten für die Operation. «Was ist los? Könnt ihr doch nicht heim?» – «Ich habe mit Cesare getauscht. Er geht, und ich bleibe bei euch.» Das sagte er lächelnd; schließlich erzählte er: «*Cesare ha perso la sua dignità*, Cesare hat seine Würde verloren.» Er hatte seinen weichherzigen Freund im Kreis staunender *bolničarke* in Tränen aufgelöst gefunden. Das verletzte seinen Stolz als Italiener, und er blieb. Milena meinte, Bruno müsse verrückt geworden sein. – Bruno konnte bald nach Ende des Krieges nach Ancona zurückkehren, wo wir ihn einmal besucht haben. Er war Verwalter eines städtischen Spitals geworden und kommunistischer Deputierter. Für Italien passe der Kommunismus besser als für Montenegro, denn die Leute in der Romagna seien nicht so primitiv zu denken, daß Kommunisten nicht arbeiten müssen.

Wenige Tage später stand ich im Verbandzimmer, als wieder einmal ein kleiner Kurier hereinstürmte: «Die Neuen sind angekommen, zwei Lastwagen voll.» – «Ich komme in die Triage, sobald ich hier fertig bin.» – «Es ist aber ein *Švajcarac*, ein Schweizer dabei.» – «Nein, mein Lieber, das sind alles Genossen aus der Crna Gora, wir drei Doktoren sind die einzigen Schweizer, die es hier gibt.» Er wiederholte hartnäckig: ein Schweizer, ein verwundeter Schweizer. Ich wurde neugierig und lief hinüber. Die Bahren mit den Verwundeten standen wie gewöhnlich der Wand entlang. Einer saß aufrecht, rauchte eine Zigarette und winkte mit der Mütze. Es war Gustl, mit fiebrig glänzenden Augen, die Haare lang bis auf den Uniformkragen, mager und blaß, aber höchst lebendig wie früher. Sein rechtes Bein war bis auf den Oberschenkel eingegipst und der Gips der Länge nach gespalten. Goldy wurde gerufen, Bruder und Schwester umarmten sich. *Bolničarke* kamen neugierig herein, die Blonde wischte sich eine Träne ab, und Bruno schüttelte Gustl die Hand: «Willkommen, Genosse Doktor, das ist eine Freude.»

Dann das Erzählen. Wir hörten, wie und wo die 2. Division, die uns vor mehr als drei Monaten entschwunden war, gekämpft und gesiegt hatte. Alles war mit unserer Equipe gut gegangen, bis es Gustl erwischt hatte. An einem schönen Nachmittag lagen sie hoch in den Bergen den Deutschen gegenüber. Das Gefecht flaute ab, ein einziges Maschinengewehr war noch zu hören. Hannes bereitete alles vor, und Gustl ritt über eine steile Böschung hinüber zur Front, um zu sehen, ob es Verwundete gab. Da schossen sie wieder, eine Salve nach der andern, das Pferd wurde getroffen und rollte samt Reiter eine Geröllhalde hinunter. Unten blieben sie liegen, das Pferd tot, Gustl mit einem zerbrochenen Unterschenkel, aus dem der gesplitterte Knochen heraussah. Die Genossen der Division hatten alles vom Hang gegenüber gesehen. Sobald es dunkel war, kamen sie ihn holen. Da sich die Deutschen zurückzogen und die Partisanen, um sie nicht entkommen zu lassen, noch in der Nacht aufbrachen, versorgte Hannes die Wunde sofort und legte seinen schönsten Gips an, so eng allerdings, daß Gustl ihn unterwegs mühsam mit dem Taschenmesser aufschneiden mußte, damit die Zehen nicht abstarben. Hannes blieb bei der Equipe, und Gustl war dem *narod*, dem Volk anvertraut. Es wurde der übliche Transport, wie in diesem Krieg schon Zehntausende aus dem Kampfgebiet in sicheres Land gebracht worden waren. Frauen und Mädchen tragen die Bahre nachts über geheime Pfade. Vor Morgengrauen verstecken sie ihre Last in Felshöhlen, im dichten Gebüsch oder, wenn keine Feinde in der Gegend sind, in ihren eigenen Hütten. Sie bringen dem Verletzten zu trinken und zweigen bei ihrer Familie Brot ab oder was es sonst gerade gibt. Nicht einmal ihre Männer und Brüder dürfen es wissen, wenn ein solcher Transport unterwegs ist; wer nichts weiß, kann unter der Folter nichts verraten. (Wenn Tschetniks oder deutsche Patrouillen einen Transport entdeckten, töteten sie alle auf der Stelle, zuerst die Frauen und dann die Verletzten.)

Gustl erzählte, daß er nie mehr als eine Nacht im selben Versteck lag. Ganz kleine Mädchen liefen untertags zum nächsten einsamen Gehöft, um die folgende Etappe zu organisieren. Zu essen brachte man ihm mehr, als er mit Schmerzen und Fieber vertrug. Zum Dank konnte er von den Schmerztabletten abgeben, mit denen ihn Hannes ausgestattet hatte. Das schönste Geschenk aber waren Nachrichten von der Front an die Familien. Die Transporte der Verwundeten ersetzten eine Feldpost. In dem Land, in dem Post und Telefon längst nicht mehr funktionierten, halfen sie den Menschen in den Dörfern und Städten, am Kampfgeschehen teilzunehmen. So blieb das *narod*, das Volk, mit den Seinen *u šumi*, im Wald, verbunden.

Nachdem Gustls Bein neu eingegipst war, bestand er darauf, bei den Operationen zu assistieren, war aber für andere Arbeit noch lange nicht zu brauchen. Trotzdem war er eine große Hilfe. Seine leidenschaftliche Art gefiel den Montenegrinern, und da jetzt ein Schweizer Kriegsopfer war wie sie alle, gehörten wir noch mehr zu ihnen. Das half bei den Konflikten, die immer häufiger wurden.

Einmal drohte das Holz auszugehen, worauf Radoš befahl, nicht mehr zu heizen. Doch die Patienten froren in ihren Betten; kalte Frühlingsregen hatten die Sonne der Wintermonate abgelöst. Es gab eine heftige Auseinandersetzung mit den Anführern unserer Spitalwache, zu der jetzt fünfhundert Soldaten zählten, die sich für einige Wochen vom Einsatz erholen konnten. Wir fanden Freiwillige, die das trockene Holz, das überall herumlag, zerkleinerten, und Radoš rühmte sich, wie gut er für die Patienten gesorgt hatte.

Eine andere Krise drohte, weil wir mehr Betten benötigten. Wir hatten uns schon damit abgefunden, Leichtverletzte auf Stroh liegen zu lassen, als Blažo herausfand, daß das benachbarte Dalmatinische Armeekorps italienische Spitalbetten magaziniert hatte. Ein Bote mit der Bitte, uns diese Betten zu überlassen, erreichte nichts. Blažo organisierte zwei Lastwagen, und ich fuhr als Vertreter der ärztlichen Leitung mit, um die dalmatinischen Genossen zu überreden. Als wir im Hafenstädtchen ankamen, ging es zuerst schief. Niemand war zuständig. Der Diensthabende wollte unser Gesuch dem Korpskommando unterbreiten, das irgendwo mehrere Tagreisen weiter oben an der Küste sein mußte. Während ich verhandelte, brach Blažo die verschlossene Tür des Magazins auf, und unsere Soldaten luden beide Lastwagen mit den wunderbaren, zusammengelegten Spitalbetten voll. Gerade als ich unverrichteterdinge herunterkam, waren sie damit fertig. «*Pokret*, fahren wir!» befahl Blažo. Bei der Ausfahrt aus dem Hafen war ein Maschinengewehr aufgestellt, die Wache rief «Halt!» und richtete das Maschinengewehr auf uns. Blažo, der alte Kämpfer, zog die Pistole, ich konnte ihn gerade noch in den Wagen zurückscheuchen. Da ich unbewaffnet war, ließen die Soldaten mich herankommen. Ich setzte mich zu ihnen und erzählte von den Schmerzen und Leiden der Verwundeten, wie schlimm es ist, mit wundem Rücken und eiternden Wunden auf dem harten Boden zu liegen. Sie hörten zu, jeder wußte eine Geschichte von furchtbaren Wunden zu erzählen, die Stimmung schlug um, schließlich saßen alle auf dem Boden mit dem Rücken zu den Lastwagen. Der kleine Konvoi fuhr los, ich sprang auf, unsere Soldaten stimmten ein Kampflied an, und ich glaubte zu hören, daß die dalmatinischen Genossen, die nichts gesehen hatten, mitsangen.

Wo so viele Soldaten tatenlos in großen Sälen beisammenliegen, ist es schwer, die Disziplin aufrechtzuerhalten. Seit wir einen neuen Kommissar hatten, wurden die *konferencijas* immer mehr für den politischen Unterricht verwendet und die hundert kleinen Zwischenfälle des Alltags vernachlässigt. Wenn die *bolničarke* etwas beanstandeten, schrien die Patienten zurück: Bring mir lieber was zu essen! Geh zum Teufel! Hau ab, sonst bring ich dich um! Das Wechseln der Verbände, das früher so gut geklappt hatte, brauchte unendlich viel Zeit, weil die Patienten sich von den *bolničarke* nichts mehr sagen ließen und erst erschienen, wenn wir selber sie holten. Ein Zufall kam mir zu Hilfe. An einem Sonntagnachmittag fragten mich einige Rekonvaleszenten, ob ich mit ihnen kommen wolle; sie hatten vor, am Strand ein Wettschießen abzuhalten. Ich kam mit, ein Schießstand wurde auf hundert Meter abgemessen, und die Knallerei ging los. Zu meiner Verwunderung trafen die meisten die Doppelseite der Zeitung, die als Scheibe diente, überhaupt nicht. Einer lieh mir seinen Karabiner. Nach wenigen Schüssen hatte ich das Visier neu eingerichtet und traf jetzt ganz schön in die Mitte. Einer nach dem andern kam, ich sollte auch sein Gewehr richten. Wo das nicht möglich war, zeigte ich ihnen, wie man die Abweichung feststellt und so zielt, daß man trotzdem einigermaßen trifft. Es war gewiß kein Kunststück und sonderbar genug, daß sich die Schießkunst, die in vier Jahren Krieg doch lebenswichtig war, so gar nicht verbreitet hatte. Das Wettschießen hatte eine unerwartete Fernwirkung. Die Disziplin in den Zimmern wurde besser. Sie waren jetzt überzeugt, ihr Doktor müsse ein besonderer Krieger sein, und der Respekt ersetzte die Vernunft, die ich ihnen nicht beibringen konnte.

Der Effekt meiner Schießkunst verlor sich leider rasch, doch es kam Hilfe von anderer Seite. Neuerdings gab es Russen unter den Verletzten, Kriegsgefangene, die geflohen waren und sich den Partisanen angeschlossen hatten. Wo ein Russe in einem Krankenzimmer lag, stellte sich eine in Montenegro unbekannte Disziplin ein. Wie es dazu kam, habe ich nie herausgefunden, vielleicht durch das Beispiel oder weil die Russen den montenegrinischen Genossen beibrachten, wie man es in der Roten Armee mit der Disziplin hielt. Wir waren versucht, die wenigen Russen einzeln auf die Zimmer zu verteilen, um den Disziplinierungseffekt auszunützen, brachten es aber nicht über uns. Alle Russen waren heimwehkrank, viele weinten nachts vor sich hin, wenn niemand es sah. Wir legten sie alle in ein kleineres Krankenzimmer zusammen. Sie plauderten den ganzen Tag und die halbe Nacht, und das Heimweh wurde erträglich.

Nur einer blieb deprimiert. Er hatte ein Bein verloren, das andere Knie war von einem Schrapnell zertrümmert. Als alles andere fehlschlug, mußten wir ihm eröffnen, daß nun auch das zweite Bein abgenommen werden müsse, um sein Leben zu retten. Er hörte gut zu, stellte kluge Fragen, zuletzt noch, wie er ohne Beine heimkommen solle. Er stammte aus einem Dorf auf der Krim, war nach zwei Kriegsjahren und einem Jahr in Gefangenschaft gesund zu den Partisanen gekommen und verwundet worden, als schon die Rede davon war, er dürfe bald in die Rote Armee zurück. Nach der Operation sprach er kein Wort mehr, aß nicht und trank nicht. Wir meinten, er würde sterben. Da geschah ein Wunder. Ein Russe mit einer beinahe geheilten Wunde am Arm traf ein. Sofort fragte er nach Landsleuten. Als er ins russische Zimmer kam, stieß er ein Geheul aus, stürzte auf den Amputierten zu, kniete nieder und umarmte ihn. Er war aus demselben Dorf. Schon am Abend war unser Patient völlig verändert. Er hielt den Landsmann bei der Hand, lachte und weinte. «Auf den Schultern wird er mich heimtragen. Genosse Doktor, mach, daß er dableibt, bis ich soweit bin!» Wir entließen sie später gemeinsam mit einem Marschbefehl bis in ihr Dorf auf der Krim. Vom weiteren Schicksal der beiden Freunde wissen wir nichts.

Das größte disziplinarische Problem kam von den schönsten, freudigsten Augenblicken. Bereits in Badija hatte uns dann und wann eine Siegesmeldung erreicht. Was sich bewegen konnte, sprang aus dem Bett, zum Tanz; ein Kolo, mit den *bolničarke* mittendrin, Kampf- und Siegeslieder. Für die Stimmung war das gut, für die Gipsverbände aber schlimm. Es tanzten die Oberschenkelgipse, die den Körper bis unter die Achseln umschließen, die «Avione» der Oberarmfrakturen, es tanzten frisch Operierte, deren Knochen noch nicht zusammengewachsen waren. Die Gipsverbände gingen kaputt, und am Tag nach einer Siegesnachricht mußten wir Knochen neu einrichten und neue Verbände anlegen; wir machten sie immer fester und schwerer. Wenn wir nicht mit dem Gips gespart hätten, wären die Verbände so schwer geworden, daß auch der Kräftigste damit nicht hätte tanzen mögen.

Nach Meljine hatten einige der Verletzten ein Kofferradio mitgebracht und hantierten damit, solange die Batterien etwas hergaben.

Sie fingen eine Siegesmeldung nach der anderen ein. Ob die Rote Armee wieder irgendeinen Fluß überschritten, die Alliierten eine deutsche Stadt in Trümmer gelegt hatten oder ob ein Städtchen in Jugoslawien befreit worden war, der Triumph war nicht zu überhören. Sie schossen mit ihren Maschinkas ganze Garben aus dem Bett zum Fenster hinaus, andere holten die «Eierchen», die italienischen Handgranaten mit Aufschlagzündung, hervor und schmissen sie mit Wucht durch die Fenster ins Freie. Wir stürzten in den Krankensaal, aus dem der Lärm kam. «Ihr seid doch nicht im Wald! Draußen gehen vielleicht Leute spazieren.» Wir gaben Befehl, beim Eintritt ins Spital alle Waffen abzuliefern, und der Kommissar übernahm es, jede Waffe mit Namen und Nummer zu versehen und eine Quittung auszustellen. Es half nichts; immer wieder fanden sich Eierchen unter der Matratze. Schließlich waren die meisten Fensterscheiben kaputt; verletzt wurde erstaunlicherweise niemand.

Natürlich ließen auch wir uns von der Siegesstimmung anstecken. Wir sprachen oft vom Ende des Krieges und hätten allzugerne gewußt, was in Europa oder wenigstens in Jugoslawien vorging. Die Besucher, die vorbeikamen, Engländer von der *Typhus Commission*, drei sympathische junge Bakteriologen, die im Hinterland der vorrückenden Armeen Epidemien vorbeugen sollten, die Fahrer britischer Lebensmitteltransporte, Quäker, die in England vom Dienst mit der Waffe befreit sind, und sogar unser Vofi, Dr. von Fischer aus Zürich, der uns auf der Durchreise nach Belgrad besuchte, wußten nicht mehr als wir.

Eines Abends kam mit einem Transport eine Partisanen-Ärztin und wollte über Nacht dableiben. Sie war die Tochter russischer Emigranten nach der Oktoberrevolution, hatte in Dijon studiert und war politisch interessiert. Da sie vom Hauptquartier zu verschiedenen Einheiten delegiert worden war, hatte sie einen guten Überblick über das Kriegsgeschehen. Von der Befreiung von Belgrad im Herbst 1944, an der ihre Einheit teilgenommen hatte, wußten wir nur gerüchtweise, daß Tito die Stadt ohne Hilfe der Roten Armee eingenommen hatte. Was sie uns erzählte, fand ich später in der ersten Ausgabe von Wladimir Dedjers «Tagebuch» (des Partisanenkampfes) wieder; in den späteren Ausgaben fehlte diese Version:

Eine große, unverbrauchte russische Armee hatte Belgrad, das die Deutschen halten wollten, von Osten und Süden her eingekreist und war bereit, Donau und Save zu überschreiten. Tito, dessen Partisanen irgendwo im serbischen Bergland operierten – niemand bei den Sowjets wußte genau, wo –, ersuchte Stalin persönlich, mit dem Angriff drei Tage zu warten. So lange brauche er, um wenigstens ein oder zwei Bataillone herzuschaffen, damit die Partisanen beim Einmarsch in ihre Hauptstadt mit dabei wären. Das Sowjetkommando war einverstanden. Tito aber gelang es, erhebliche Kräfte seiner Brigaden mit allen Geschützen, über die sie verfügten, in einen engeren Ring zwischen die Russen und die Stadt einzuschleusen, ohne daß die Verbündeten es merkten. Am frühen Morgen des dritten Tages stürmte die Jugoslawische Befreiungsarmee die Stadt, verlor in erbitterten Kämpfen fünfhundert Kämpfer, doch die Partisanen zogen vor Abend ohne die geliebte und verehrte Rote Armee in ihre Hauptstadt ein. Tito ließ dem Sowjetgeneral für die Rückendeckung danken und bedeutete ihm, er solle seine Kräfte östlich der Donau zurückhalten. So kam es, daß Belgrad ausschließlich von den eigenen Leuten und nicht vom großen Bruder befreit wurde.[7]

Wir bewunderten die politische Weitsicht Titos und waren nach dem Krieg auch nicht sehr erstaunt, daß er und die jugoslawische Partei sich schließlich der stalinistischen Vorherrschaft entzogen. Bekanntlich kam es 1948 zum Bruch mit Stalin. Die Unabhängigkeit von der Sowjetunion wurde trotz vieler, auch militärischer Bedrohungen durchgehalten: als die Rote Armee 1956 Ungarn, 1968 zusammen mit den Truppen des Warschauer Paktes die Tschechoslowakei des «Prager Frühlings» unterwarf, und sogar 1980, als sie nach Titos Tod Anstalten machte, in Jugoslawien nach ihrer Art Ordnung zu schaffen. Es war die gleiche schlaue und selbständige Art wie bei der Befreiung von Belgrad, die sich bewährte; offiziell freundschaftlich und darauf bedacht, jede militärische oder wirtschaftliche Abhängigkeit vom großen Bruder zu vermeiden. Das war die Politik und das Erbe des Marschalls, der, selber in den Moskauer Partei- und Militärschulen ausgebildet, dennoch ein aufrechter Sozialist und Patriot geblieben war.

Was die jahrzehntelang manövrierende Politik der jugoslawischen Kommunisten verhindern konnte, war eine stalinistische Fremdbestimmung; nicht zu vermeiden wußten sie, daß die Machthierarchie ihrer eigenen Partei zu einer «Neuen Klasse» wurde und trotz Arbeiterselbstverwaltung und Föderativsystem eine Nomenklatura hervorbrachte, die heute erbittert gegen den Verlust ihrer Privilegien kämpft. Den Sozialismus im eigenen Land hat sie ebenso ruiniert, wie es bei den Sowjetsatelliten geschehen ist. Die unerschütterliche Vorherrschaft der Partei erwies sich für Freiheit und Sozialismus als ebenso verderblich wie anderswo die Abhängigkeit vom Imperium des Sowjetstaats.

Der Besuch der Kollegin war für uns ein politisch-intellektuelles Heilbad. Gegen Morgen – wir hatten die ganze Nacht mit ihr diskutiert –, als wir doch noch zu Bett gingen, meinten wir, noch nie mit einer derart intelligenten Frau gesprochen zu haben. Als wir sie in Belgrad – als Chefärztin eines Zivilspitals – wieder trafen, war sie uns durchaus sympathisch. Der Glanz ihrer politischen Intelligenz war nichts anderes gewesen als die Folge unserer Isolation. So «unpolitisch» wie im revolutionären Befreiungskampf haben wir nie wieder gelebt.

Das Spital hatte sich in den letzten Wochen stark vergrößert, etwa 660 schwerverwundete und andere, an Typhus oder Flecktyphus erkrankte Kämpfer und Kämpferinnen der Partisanenarmee und über tausend Köpfe Personal einschließlich der Wachsoldaten. Obwohl die Front sich schon weit entfernt hatte, kamen fast täglich Lastwagen mit neuen, noch unversorgten Patienten. Als operierender Arzt war ich allein geblieben, Guido zu anderen Einheiten abkommandiert, Gustl mit seinem Unterschenkelbruch noch nicht arbeitsfähig. Seit vielen Tagen mußten wir die Routinearbeiten tagsüber erledigen und nachts operieren. Wir hatten zwei Operationsequipen, die eine von

Goldy organisiert, die andere von Milena, der tüchtigen jugoslawischen Operationsschwester. Während ich mit der einen Equipe operierte, bereitete die andere die nächste Operation vor. Die Operationen dauerten fast jede Nacht bis in den frühen Morgen. Dann gab es einige Stunden Schlaf, um sieben Uhr fing die Tagesarbeit wieder an, bei der beide, Goldy und Milena, unentbehrlich waren.

In dieser Zeit erschöpfender Tätigkeit wurde uns an einem Nachmittag die Ankunft einer größeren Zahl Schwerverwundeter gemeldet. Als wir in den Triagesaal kamen, wurden soeben die letzten aus zwei Lastwagen abgeladen, deren Fahrer – begleitet nur von einem jungen Wachsoldaten, ohne Sanitätspersonal – bald verschwanden. Wie viele Verletzte es waren, weiß ich nicht mehr. Ich meine, es müßten etwa vierzig gewesen sein; vielleicht waren es aber nur zwanzig. Diesmal handelte es sich nicht um Kriegsverwundungen. Die neuen Patienten waren junge, sehr junge Männer albanischer Herkunft – offensichtlich überlebende Opfer eines großen Massakers.

Alle Verwundeten hatten gleichartige Verletzungen, einen oder mehrere Durchschüsse des Brustkastens von Geschossen aus leichten Maschinengewehren, die sie im aufrechten Stand von vorn getroffen hatten. Die Entfernung der Schützen von den Opfern war nach meiner Schätzung mehr als zehn Meter und nicht größer als fünfzig Meter, die Verletzungen waren vor mindestens sechs Stunden entstanden und nicht älter als 24 Stunden. Daß es keine Bauch-, Hals- oder Kopfschüsse und auch keine Verletzungen des Herzens oder der großen Blutgefäße gab, war leicht zu erklären; so Verletzte wären mit Sicherheit gestorben, bevor sie bei uns ankamen. Angaben über die Entstehung der Verletzungen gab es keine und auch keine Krankenblätter, obwohl die Wunden sachgemäß verbunden waren. Das war damals keine Ausnahme. Sanitäter und Sanitäterinnen waren zwar imstande, Erste Hilfe zu leisten, konnten aber schon deshalb keine Krankenblätter ausfertigen, weil es mehrheitlich *nepismeni* waren, junge Leute, die nicht schreiben konnten.

Ein Gerücht begleitete den Transport: Die Verletzten seien von der Befreiungsarmee rekrutierte Albaner aus den Bergen in der Umgebung von Peć, einer Stadt in Kosovo an der Grenze zu Montenegro.

Während der Ausbildung sei es zu einem Streit mit den Vorgesetzten gekommen, die Rekruten, die bereits mit Handgranaten, aber noch nicht mit Handfeuerwaffen ausgerüstet gewesen seien, hätten Handgranaten gegen ihre Offiziere geworfen, worauf diese leichte Maschinengewehre aufgestellt und einige Garben auf die zum Kommando befohlenen unbotmäßigen Rekruten geschossen hätten. Dann habe man alle überlebenden Verletzten verbunden und in unser Korpsspital geschickt. Wir glaubten dem Gerücht, da die Verletzten neue Uniformstücke kanadischer Herkunft trugen, wie sie das II. Armeekorps in den letzten Monaten zur Verfügung hatte.

In anderen Fällen konnten wir den Hergang der Verletzung von jedem Patienten, der nicht gerade bewußtlos war, erfragen. Hier war das nicht möglich. Keiner sprach ein Wort serbokroatisch. Auch schienen uns alle blockiert vor Todesangst. Als es uns nach wenigen Tagen gelang, einen Übersetzer aufzutreiben, bestätigte es sich, daß unsere neuen Patienten befürchteten, doch noch umgebracht zu werden. Diese Angst verschwand erst nach Tagen, als die jungen Albaner merkten, daß sie mit der gleichen Sorgfalt gepflegt wurden wie die anderen Verwundeten, die zumeist Montenegriner waren. Auch dann erfuhren wir nichts über den Hergang, fragten allerdings auch nicht danach. Das war nicht unsere Aufgabe.

Die Albaner wirkten neben den knochigen Montenegrinern fremdartig. Sie waren klein, schmal, beinahe zart gebaut, hatten große dunkle Augen wie die Engel auf byzantinischen Mosaiken. Wenn sie «nein» sagen wollten, nickten sie mit dem Kopf, und Kopfschütteln bedeutete «ja».

Die Behandlung war zuerst beobachtend, konservativ. Sobald bei einem Verletzten Zeichen einer Blutung oder Eiterung in den Brustfellraum auftraten, mußte operiert werden. Der Eingriff, eine Rippenresektion und Drainage, dauerte etwa eine Stunde und war in allen Fällen lebensrettend; doch mußte ein langes Krankenlager und Heilung mit Defekt in Kauf genommen werden. Also gab es in jeder Nacht einige weitere Operationen.

An einem dieser Abende, es war etwa neun Uhr, kam ich aus der Station der Schwerverletzten und sagte zu Milena: «Wir haben heute noch vier Operationen.» (Oder waren es nur drei?) Das hieß: wieder keine Zeit zum Schlafen. Sie bekam einen ihrer Ausbrüche, die wir kannten, und fluchte laut vor sich hin. Das war sonst harmlos, sie machte sich nur Luft, schimpfte einfach ins Leere und arbeitete dann ruhig und kompetent weiter. Diesmal aber stieß sie laut hervor: «Alles wegen der verdammten Schiftaren *(prokleti Šiptari)*!» Das fiel uns auf, weil es verboten war, albanisch sprechende Genossen so zu nennen. Man sagte «muselmanische Genossen».

Am nächsten Morgen erschien Milena nicht zur Arbeit. Das war noch nie passiert. Sie war Montenegrinerin, Kommunistin schon vor dem Krieg und 1941 zu den Partisanen gegangen, nachdem die Italiener ihren Mann und ihre beiden Kinder umgebracht hatten. Sie war etwa 40, sehr aufrecht, klein und mager, mit einem offenen Blick, von ungewöhnlicher Intelligenz, mit großer kriegschirurgischer Erfahrung, und nicht ohne einen gewissen sarkastischen Humor. Mit den führenden Genossen verstand sie sich gut, und ihre Stimme galt viel bei den politischen Debatten.

Als ich nach Milena fragte, hieß es, sie stehe soeben vor einem Kriegsgericht und solle wegen nationalistischer Untergrabung der Moral des kämpfenden Volkes erschossen werden. Ich lief zum Büro des Kommandanten. Im Vorzimmer saß Milena und rauchte eine Zigarette, bewacht von zwei Soldaten mit Maschinenpistolen, die ebenfalls rauchten. Milena bestätigte mir, was ich gehört hatte. Irgendwer habe ihren schlimmen Ausspruch dem Kommissar hinterbracht. Der Idiot von Kommissar habe eine Sitzung zusammengetrommelt, er vertrete die Anklage und habe für sofortige Erschießung plädiert. Eben jetzt berate man, was mit ihr zu geschehen habe. Gewiß, sie hätte sich nicht so gehenlassen sollen. Das habe sie sich selber eingebrockt. Die würden es wahrscheinlich nicht wagen, sie hier zu erschießen, sondern sie zum Kommando des Armeekorps schicken. Dort werde sie versuchen, sich zu verteidigen. Der Ausgang? Nun, der sei in solchen Fällen immer ungewiß. Von uns müsse sie sich jedenfalls trennen. Sehr schade.

Ich packte sie am Handgelenk und stürmte mit ihr ins Sitzungszimmer, wo etwa ein halbes Dutzend Genossen saßen, unser Kommandant Radoš, der Verwalter Blažo, bei uns der älteste Kämpfer und klügste Sozialist, und noch andere Genossen. Meine Worte von damals weiß ich natürlich nicht mehr, aber ich schrie die Versammelten an, etwa so: «Genossen, seid ihr verrückt? Milena soll eine Verräterin sein? Die beste Genossin, die wir haben! Wenn ihr nicht selber bemerkt habt, daß sie gestern vor Schlaflosigkeit und Erschöpfung nicht bei Sinnen war, sage ich es als Arzt. Sie war in diesem Zustand für nichts verantwortlich, was sie tat oder sagte. Wie bewußtlos. Wenn ihr sie wegführt, hört die Arbeit im Spital auf. Ihr wißt, es gibt keinen Ersatz. Und ich lege mich ins Bett, weil ich ohne Operationsschwester nicht arbeiten kann. Unsere Genossen und Genossinnen werden ohne Hilfe krepieren, und ihr Idioten seid schuld!»

Der Kommissar wollte etwas sagen. Ich sah noch, wie der kluge Blažo ihm den gesunden Arm um die Schulter legte und auf ihn einsprach. Dann verließ ich mit Milena den Raum. Vor der Tür schauten ihre jungen Bewacher verlegen zu Boden. Sie drehte zwei Zigaretten, zündete die ihre an, gab auch mir eine. Dann kam sie mit mir nach oben zur Arbeit. Von der ganzen Angelegenheit hat weder Milena noch einer von uns mehr etwas gehört.

Im Recht war der Kommissar. Einige Monate früher wäre Milena von einem Kriegsgericht unweigerlich verurteilt worden. Jede nationale Diskriminierung von Angehörigen eines der Völker Jugoslawiens galt als Verbrechen. Das war einer der wenigen Grundsätze, die von der Kommunistischen Partei in allen Einheiten der Volksbefreiungsarmee ausnahmslos durchgesetzt wurden. Bei Tito heißt das so:

«... in Jugoslawien darf es keine nationale Unterdrückung und soziale Ausbeutung mehr geben.

... Niemals hat die Kommunistische Partei ihren Grundsatz preisgegeben, den unsere großen Lehrmeister Marx, Engels und Lenin aufgestellt haben, den Grundsatz, daß jedes Volk das Recht auf Selbstbestimmung bis hin zur Loslösung hat.

... Die Kommunistische Partei Jugoslawiens wird auch weiterhin für eine brüderliche, freie und gleichberechtigte Gemeinschaft aller Völker Jugoslawiens kämpfen. Sie wird gleichermaßen gegen die großserbischen Hegemonisten, die nach neuerlicher Unterdrückung der anderen Völker des Landes streben, wie gegen diejenigen kämpfen, die im Interesse irgendeiner imperialistischen Macht versuchen sollten, Zwietracht zu säen und die brüderliche Einheit der Völker Jugoslawiens zu stören.

Die Frage Mazedoniens, die Frage Kosovos und Metohijas, die Frage Montenegros, die Frage Kroatiens, die Frage Sloweniens und die Frage Bosniens und der Herzegowina werden nur dann leicht zur allgemeinen Zufriedenheit gelöst werden, wenn das Volk selbst sie löst, und dieses Recht erwirbt sich jedes Volk mit dem Gewehr in der Hand in diesem heutigen Volksbefreiungskampf.» [8]

Einmal, gegen Ende des Krieges, habe ich versucht, den Abgrund, der die großen Entscheidungen von den Menschen trennt, die Material und Opfer der Politik sind, zu überbrücken. Bis dahin taten wir immer nur das Nächstliegende und das, was man von uns erwartete. Wir hatten keine Zeit und vor allem keine Möglichkeit, dem Irrsinn des Krieges, in dem wir drin waren, irgendwie entgegenzutreten. Offizielle Meldungen von Siegen der NOV gab es seit dem Winter. Im April hatten einige Patienten erbeutete Radioapparate mitgebracht, mit denen man manchmal Nachrichten aus dem befreiten Belgrad und sogar alliierte Sender hören konnte.

Eines Tages, als wir im Zentralspital arbeiteten, wurde mir ein Telegramm ausgehändigt, das für unseren Kommandanten Radoš bestimmt war. Eine Delegation französischer und englischer Parlamentarier, auf Staatsvisite im befreiten Jugoslawien, war zum Besuch des Zentralspitals des II. Armeekorps angemeldet. «Bereitet den Empfang vor. *S. f. s. n.*» Ich steckte das Telegramm in die Tasche.

Das Hauptgebäude des Lazaretts der ehemaligen königlichen Kriegsmarine, das mit mehreren Pavillons in einem sanft zum Ufer geneigten Park liegt, steht quer zur Eingangspforte. Eine innere Treppe führt in den ersten Stock; gegenüber war unser größter Krankensaal mit mehr als fünfzig Betten. Hier war der geeignete Ort für den Empfang. Nirgends ist die sinnliche Erfahrung von Krieg unausweichlicher als in einem Krankenzimmer mit Schwerverletzten und Verstümmelten.

Für Ärzte ist es leicht, Schauder und Ekel auszuweichen. Unmerklich schalten wir um. Der verletzte Mensch wird zum medizinischen Fall: Wir können und dürfen die Sinne nicht verschließen. Im Gegenteil, wir sind es gewohnt, alles wahrzunehmen, um mit dem Problem irgendwie fertig zu werden: was liegt vor – was wird daraus werden – was müßte ich tun – was kann ich tun. Noch heute, dreißig Jahre nachdem ich aufgehört habe, Kranke zu behandeln, geht es mir so, wenn ich bei einem Verkehrsunfall unvermittelt Verletzte liegen sehe. Das Blut, die verdrehten Glieder, das Röcheln und der Gestank erschüttern mich. Dann falle ich in die Rolle des Arztes, der seine Aufgabe aktiv zu bewältigen hat. Noch bevor ich irgend etwas tun kann, sind die Nerven ruhig.

In den Tagen bis zum Staatsbesuch machte ich zweimal Visite, einmal wie immer als Arzt, ein zweites Mal als gewöhnlicher Mensch. Ich roch den Gestank von Eiter und Lebertran aus den Judinschen Gipsverbänden, den Urin- und Stuhldunst der Männer mit zerschossenem Unterleib, ich sah schaudernd die melonengroßen, mit schmierigem Eiter bedeckten Wunden der Oberschenkelamputierten, die Gesichter unter serumdurchtränkten Kopfverbänden, die kaum mehr zu erkennen waren, weil der Unterkiefer fehlte oder die Nase, die Stirn, das Auge. Die allerschrecklichsten jungen Männer und Frauen ließ ich in den Saal No. 1 schaffen. Es ging unbemerkt vor sich. Guido war «auf Mission», Kommandant Radoš und sein Stab ahnten nichts, weil er ohnehin nie nachsah, was seine unbegreiflich fleißigen Ärzte in den stinkenden Krankenzimmern taten. Für diesmal war es ein Vorteil, daß unsere *bolničarke*, die Bauernmädchen, die als Krankenpflegerinnen der NOV Dienst taten, wie immer staunend und ohne Wißbegier oder Verständnis den Anordnungen des Genossen Doktor folgten, ganz gemütlich, aber mit revolutionärem Eifer im strahlenden Blick. Da ohne ausdrücklichen Befehl niemand daran dachte, auszukehren oder die Bettlaken zu wechseln, war alles bestens vorbereitet.

Der Genosse Kommandant schickte einen der Buben, die unser

Spitaltelefon waren. Kaum war der ungewohnte Motorlärm verstummt, stürmte er selber die Treppe herauf und brüllte: «Genosse Doktor, eine internationale Delegation ist da, der Genosse Kommissar und der Sanitätsreferent vom Armeekorps. Nichts ist vorbereitet. Was werden die Genossen sagen! Hier drin stinkt es ja wie die Pest.» – «Radoš *brate*, mein Bruder, reg dich nicht auf! Ich werde sie empfangen. Sag dem Blažo, er soll die Kantine auskehren lassen und ein Essen vorbereiten. Ich werde sie schön empfangen. Ich habe auch eine Ansprache vorbereitet, auf französisch und englisch. Geh hinunter, sag ihnen, daß der Genosse Chefchirurg sie hier erwartet, bring sie alle herauf und verschwinde dann!»

Es ging nach Wunsch. So viele Herren in Regenmänteln und Sakkos mit Krawatten und sauberen Halbschuhen hatte ich schon lange nicht mehr gesehen. Ich bat die Herren Parlamentarier, vom medizinischen Aspekt, für den ich als Chirurg zuständig sei, abzusehen und die unersetzlichen Informationen zur Formulierung ihrer künftigen Politik zur Kenntnis zu nehmen. Dann führte ich sie von einem Bett zum andern. Ich schlug die Laken zurück, sagte den Patienten, wer der hohe Besuch war, und gab ein kurzes Resümee: Bauerntochter aus Berane, beide Eltern und Bruder ermordet, *tankista*, Tank-Bomberin, hat mit Bündeln von Handgranaten sechzehn deutsche Tanks erledigt, beim siebzehnten beide Beine zerschmettert, Oberschenkel ohne Narkose amputiert, vierzehn Tage nachts von Bauern transportiert, Nachoperation, jetzt in Heilung, wird mit zwei Prothesen gehen können, will lesen und schreiben lernen und Kinderärztin werden. Slobodan, ein Auge verloren. Der Genosse da atmet nur mit der linken Lungenhälfte, aus dem rechten Brustfell fließt Eiter, mit massenhaft Maden. Hier der blasse Bub, fünfzehn oder sechzehn Jahre, wird an Sepsis sterben...

Einer nach dem andern unserer Besucher mußte von einer *bolničarka* hinausgeführt werden. Glücklicherweise hatten sich fast alle Schwestern versammelt, um das Ereignis zu genießen. «Führ den Herrn hinaus an die Luft», sagte ich und gab ihr das Fläschchen Ammoniak, das ich zur Behandlung von Wanzenstichen immer in der Tasche hatte, «wenn er daran riecht, geht es ihm wieder gut.»

Vier oder fünf hielten durch. Ich ließ es nach zwei Dutzend «Fällen» genug sein. «Wir behandeln gegenwärtig nur 660 Patienten», sagte ich noch, «Sie sehen, meine Herren, der Krieg hat bereits nachgelassen.»

Der Mittagstisch in der Kantine war mit Lorbeerblättern und den ersten Frühlingsblumen dekoriert. Es muß nicht sehr störend gewesen sein, daß es nur Kräutertee gab und in sehr kleine Portionen aufgeteilt den Imbiß, den sich die Genossen vom Revolutionären Armeekorps für den eigenen Bedarf mitgenommen hatten. Das Spitalessen – damals bestand es fast ausschließlich aus dehydrierten Kartoffeln aus deutschen Beutebeständen – war nach Blažos und Radoš' Ansicht nicht zumutbar. Dafür war die Konversation sehr angeregt. Einige Herren versprachen, mich einmal in der Schweiz zu besuchen, schrieben meine Adresse in ihr Notizbuch, und ich durfte ihren Namen notieren. So pazifistische Reden habe ich von erfahrenen Politikern nie wieder gehört. Es war vom «letzten aller Kriege» die Rede. Ich glaube, ich wußte damals noch nicht, daß jeder große Krieg damit beginnt und mit der gleichen Melodie aufhört. Beim Abschied umarmte mich der Genosse Sanitätsreferent, der sonst ein verschlossener Mann war. «Das hast du gut gemacht, Pajo [das ist die serbische Koseform von Paul]. Hast du gehört? *Ovi ljudi*, diese Leutchen glauben, daß es Frieden auf der Welt geben kann, bevor der Imperialismus ganz auf dem Boden liegt. *Smrt fašizmu!*»

Wenige Tage nach dem *Victory day*, dem 8. Mai '45, gab es in Belgrad zum erstenmal französische und englische Zeitungen zu kaufen. Elio hatte sie entdeckt und kam mit einem gewaltigen Stoß alter und neuer Nummern ins Hotel. Die ganze Nacht qualmte er, denn er hatte echten Pfeifentabak aufgetrieben, und wir blätterten und lasen; zuerst die Überschriften und dann immer gleich gierig den Text bis zur letzten Zeile. Vom Vormarsch hinein ins Reich, vom Wettlauf an die Elbe, von den letzten grausigen Bombardierungen wußten wir wenig, vom Wiederbeginn des politischen Lebens nichts. Als ich beim Bericht über eine Debatte im wiedererstandenen französischen Parlament angelangt war, stand da der Name eines sozialistischen *Député*, den ich notiert hatte. Er entwarf seine Utopie. *La France* müsse gerüstet sein. Faschismus und Nationalsozialismus seien *écrasés*, zerschmettert. Der Feind aber sei stark wie nie. Schon immer stand der Feind der Nation im Osten, jenseits des Rheins – jetzt jenseits der Elbe.

Während die ärztliche Tätigkeit einen Schutz vor den Gefühlen mit sich bringt, die den Geist umnebeln würden, immunisiert den Politiker sein Beruf gegen sinnliche Erfahrungen, auf die er nicht verzichten dürfte.

Die seelischen und moralischen Schäden, die jeder Krieg hinterläßt, sind ungeheuer. Kein Psychiater und kein Psychoanalytiker kann sie richtig beschreiben, geschweige denn heilen. Die USA haben nach dem Ende des Zweiten Weltkriegs versucht, mit Hilfe eines ausgewählten Aufgebots von Psychiatern und Psychologen psychische Kriegsschäden der Soldaten, Kriegsneurosen, reaktive Depressionen und psychosomatische Störungen zu klassifizieren, auf ihre Dynamik zurückzuführen und Behandlungsmethoden zu entwickeln.

In Jugoslawien kam es im letzten Kriegsjahr zu einer psychischen Epidemie, einer ansteckenden seelischen Störung, die sich im befreiten Gebiet – jedoch nie bei der Truppe – unter den Partisanen durch «Induktion», durch suggestive Beeinflussung ausbreitete. In keiner anderen Armee oder Widerstandsbewegung gab es etwas Ähnliches. Überall im Hinterland und in den Evakuierungsspitälern in Süditalien unterlagen Soldaten massenhaft der Ansteckung. (Nur aus Slowenien wurde kein Fall gemeldet.) Es ist nicht bekannt, wie viele es waren; vor Kriegsende, auf dem Höhepunkt der Epidemie, sollen es zwischen 50000 und 100000 gewesen sein: ein wehrmedizinisches Problem, dem die meisten Ärzte der Befreiungsarmee hilflos gegenüberstanden. Man sprach von einer ansteckenden Epilepsie, verursacht durch einen unbekannten Erreger – medizinisch ein Unsinn.

Der Volksmund kam der Sache näher. Er nannte es Partisanenkrankheit, weil nur junge Männer und Frauen, die *u šumi*, im Wald, gekämpft hatten, angesteckt wurden; sie hießen auch *jurišanti*, Sturmangriffskämpfer, weil es sich offensichtlich um eine Kampfdramatik handelte, die nur diejenigen ergriff, die mit der Waffe gekämpft hatten.

Bald nachdem wir nach Meljine gekommen waren, wurde ich zu einem Anfall gerufen. Im Vorraum des Verbandszimmers warteten Patienten auf den Verbandswechsel, begleitet von den *bolničarke* und Pflegern. Es hatte einen jungen Mann ergriffen. Er verdrehte die Augen, stieß wilde Schreie aus, warf imaginäre Handgranaten, duckte sich nieder, schoß mit einem nicht vorhandenen Maschinengewehr. Der Schrei artikulierte sich. Man verstand, daß er die Kameraden zum Sturmangriff aufrief, er warf sich nieder, schlug wild kämpfend um sich, ging auf einen Zuschauer los und zog ein nicht vorhandenes Messer. Da hatten sich schon *bolničarke* und Pfleger auf ihn gestürzt. Sie versuchten ihn festzuhalten, schrien auf ihn ein. Er aber wehrte sich, wollte sich frei machen und rang mit ihnen, bis er erschöpft war. Keuchend, mit Schweiß auf der Stirn und hochrotem Gesicht gab der Tobende endlich auf, sank in sich zusammen und atmete tief und krampfhaft. Nach wenigen Minuten wurde er blaß, richtete sich auf, sah erstaunt um sich, wie aus einem Traum: Wo bin ich? Was wollt ihr von mir? Was macht ihr da? Man trocknete ihm den Schweiß ab, gab ihm Wasser zu trinken und redete beruhigend auf den Erwachenden ein, der sich an nichts erinnerte, aber bald wie beschämt beiseite schlich.

Es waren hysterische Anfälle, «*grand mal*», wie Charcot sie beschrieben hat (auch bei einem Soldaten der Armee im Deutsch-Französischen Krieg 1870/71). Die Anfälle wiederholten sich, mit oder ohne sichtlichen Anlaß, in unregelmäßiger Folge, täglich oder mehrmals am Tag und auch aus dem Schlaf. Mir schien es falsch, mit dem Mann oder der Frau – denn auch junge Kämpferinnen waren betroffen, nicht seltener als Männer – zu streiten oder zu ringen, solange sie in Trance waren. Es gelang mir, bei einem der nächsten Anfälle die Helfer fernzuhalten. Ich stieg in die Dramatik der Szene ein, sagte ruhig und bestimmt, daß der Feind geflohen sei, die Partisanen gesiegt hätten. «Der Kampf ist für diesmal zu Ende, wir müssen uns sammeln, die Waffen reinigen, zehn Minuten ruhen, dann *pokret*, weiter!» Der Patient wurde ruhig, setzte sich auf und rieb sich die

Augen. Die «Heilung» dieses und einiger weiterer Anfälle machten auf das Personal des Spitals einen außerordentlichen Eindruck. Der Kommissar fragte mich allen Ernstes, ob ich einen Zauber angewandt hätte. «Nein, lieber Genosse, wir haben doch alle gesehen, daß er kämpfen muß. Ich habe ihm nur klargemacht, daß der Kampf vorbei ist und daß er wieder normal sein kann.» Leider half so eine Suggestion nur wenige Male; auch die von mir Geheilten wurden rückfällig. – Man griff wieder zur Methode des Ringens und Festhaltens, und ich hatte nichts mehr dagegen. Durch die wilden Schläge auf irgendwelche Möbel brachen sich einige die Fingerknochen. Einmal mußte ich den Arm eines kräftigen Jungen gipsen, der im bewußtlosen Kampf so heftig gegen eine Tischkante geschlagen hatte, daß beide Unterarmknochen quer durchbrochen waren.

Das Unheimlichste an dem Geschehen waren die Zuschauer. Immer gab es einige darunter, die seltsam stumm und benommen auf die Szene starrten. Das waren die nächsten Opfer. Selbst Milena, unsere tüchtige Operationsschwester, unterlag dem Zauber. Wir sahen, wie sie widerstand, und rieten ihr, beim nächsten Anfall nicht mehr hinzusehen. An manchen Tagen war andauernd etwas «los». Sie behauptete, daß sie die Sache durchschaue, bis es sie einmal hinwarf, gerade vor einer Operation. Als sie aufwachte, konnte sie sich an nichts erinnern. Wir aber waren Zeugen, wie sie ein halbes Dutzend Angreifer mit eigenen Händen umgebracht hatte.

Wir sprachen mit den *jurišanti*, den Sturmangriffskämpfern. Es waren junge, relativ primitive, aber intelligente, für den Freiheitskampf begeisterte Kämpfer. Keiner der unfreiwillig Rekrutierten war erkrankt, aber auch keiner, der vor dem Krieg das Gymnasium besucht hatte. In der erzwungenen Untätigkeit, als Spitalwache oder als Leichtverletzte (Schwerverletzte und Kranke waren dagegen immun) waren sie von ihren Kameraden, der Gruppe, die ihnen Schutz gegeben hatte, von ihrer gleichsam mütterlichen Heimat getrennt und mit Problemen konfrontiert, bei denen kein Arzt und kein Kommissar ihnen helfen konnte. Sie hatten Eltern, Geschwister verloren oder waren schon lange von der Familie getrennt und ihr ganz entfremdet. Die Zukunft, die in der *konferencija* als fröhlicher Aufbau des sozialistischen Paradieses geschildert wurde, war unsicher und düster. Mitten im depressiven Grübeln stellten sich sexuelle Gefühle ein. Das Sexualtabu galt noch, doch waren da plötzlich gleichjunge Burschen und Mädchen, die einander fremd waren. Wünsche wurden wach, die sie nicht unterdrücken konnten und denen sie nicht nachgeben durften. Als Ausweg gab es die Verdrängung, um dann in einer unbewußten Inszenierung die einzige mögliche Lösung ihrer Probleme darzustellen: zurück in den Kampf, zusammen mit den vertrauten Genossen und Genossinnen, ausgesetzt den Gefahren des Krieges, aber geborgen vor der ungewissen Zukunft und geschützt vor verbotenen Wünschen, geschwisterlich im gleichen Schicksal.

(In der muselmanischen Bevölkerung Bosniens gibt es die Tradition dramatisch-hysterischer Ausnahmezustände; die ersten Anfälle der Epidemie traten tatsächlich im Kosara-Gebirge in Nordbosnien auf. – Daß es in Slowenien die Partisanenkrankheit nicht gab, führten wir darauf zurück, daß dort das Sexualverbot nicht galt.)

Sobald wir das psychische Geschehen zu verstehen glaubten, rieten wir Radoš, die Anfallskranken, die keine Spitalbehandlung mehr nötig hatten, zu ihrer Einheit zurückzuschicken. Die eben noch depressiven Jünglinge und Mädchen strahlten, als sie den Befehl zurück an die Front erhielten. Wir hatten die Genugtuung festzustellen, daß allein die Aussicht, zur «heimatlichen» Kampfgruppe zurückzukehren, heilend wirkte: Es gab keinen einzigen Anfall mehr.

Ich traf noch Monate nach dem *Victory day* einmal auf der Terazije, dem Hauptplatz von Belgrad, ein andermal auf einer Donaufähre auf einen Anfall: Ein demobilisierter Partisan warf sich in Trance verzweifelt in einen tödlichen und beglückenden Kampf. Man hielt ihn fest, wollte heilen und trösten – während doch seine Zeit vorbei war.

Einige militärische Anführer hatten die gleiche Therapie wie wir bereits früher mit Erfolg angewandt. Unter den Ärzten der Armee war es der Psychoanalytiker Dr. Hugo Klein, der die Epidemie genau so interpretiert hatte wie wir. Er nahm sich der Kriegsneurose-Patienten an, die man nicht zu ihrer Einheit zurückschicken konnte, weil es diese Einheit nicht mehr gab, und sammelte sie in einem militärpsychiatrischen Zentrum. Dort wurden sie in Gruppen eingeteilt, einer strengen Disziplin unterworfen und für das zivile Leben ausgebildet. Es traten keine neuen Erkrankungen auf, und die Zahl der Anfälle ging bald zurück.

Als wir im Jahr 1946, acht Monate nach Kriegsende, wieder nach Jugoslawien kamen, versuchte ich, dem Schicksal der induzierten Neurotiker nachzuforschen. Alle Partisanenärzte kannten das Phänomen, aber keiner wußte mir auch nur einen einzigen Patienten anzugeben, der noch Anfälle hatte. Vielleicht gab es andere, weniger auffällige neurotische Störungen; wahrscheinlich hatten die meisten jungen Leute sich bereits mehr oder weniger von der Gruppe gelöst und waren Liebesbeziehungen eingegangen. Das Gerücht, daß einige geisteskrank geworden waren, ließ sich nicht bestätigen.

Die «Kriegsneurose der Jugoslawen» hatte für mich weitreichende Folgen. So nannte ich den wissenschaftlichen Aufsatz, den ich nach meiner endgültigen Rückkehr in die Schweiz im Sommer 1946 verfaßt habe. Ich holte die Notizen aus Meljine hervor, korrespondierte mit Dr. Klein, fügte meine psychoanalytische Deutung hinzu und schickte das Manuskript an Professor Rudolf Brun, bei dem ich mich um einen Platz für die eigene Analyse bewarb. Er reagierte sofort mit einer sehr positiven Kritik, war bereit, mit der Ausbildungsanalyse bald anzufangen, ermäßigte allerdings sein Honorar nicht, worauf ich gehofft hatte.

Professor Mieczislaw Minkowski, der Leiter der Neurologischen Poliklinik, an der ich Arbeit gefunden hatte, war Herausgeber des angesehenen Schweizer Archivs für Neurologie und Psychiatrie. Er versprach mir, seinem geschätzten Assistenten, die Arbeit sogleich zu publizieren. Zwei Jahre lang mußte ich sämtliche der im Universitätsbetrieb üblichen Intrigen erlernen und anwenden, bis er sein Versprechen einlöste. Diese Erfahrung war für meine weitere Laufbahn recht wertvoll.

Durch den Erfolg dieser Arbeit über eine psychische Epidemie, wie es sie seit den Zügen der Geißler im Mittelalter nicht gegeben hatte, bekam ich Lust, psychoanalytische Arbeiten zu schreiben. Die Dynamik der Kriegsneurose der Jugoslawen, die Einwirkung des Krieges auf das unbewußte Seelenleben wies unmißverständlich auf die psychologische Bedeutung gesellschaftlicher Verhältnisse hin. Eine Generation von Analytikern und Analytikerinnen in Zürich hat aufmerksamer und intensiver als die meisten Berufskollegen in Europa und Amerika die gesellschaftlichen Wirkungen auf seelische Vorgänge studiert. Vielleicht wäre die Ethnopsychoanalyse nie von uns entwickelt worden, hätte der grausame Krieg gegen den Okkupanten die jungen Partisanen nicht so tief betroffen. Sie hatten im Kampf um die Befreiung den besten Teil ihrer Jugend erlebt, an dem sie festhielten, bis der triste Alltag begann und die Phantasie ihnen noch einmal ihr mutiges solidarisches Leben in bewußtlosen Szenen vorspiegelte.

In früheren Kriegen hatten Kriegsneurosen stets den verborgenen Sinn, einem unerträglichen Geschehen zu entrinnen. Wo es keine Möglichkeit zur Weigerung gab, Desertion mit dem Tode bestraft wurde oder allein der Gedanke an Aufhören und Flucht unmöglich geworden war, traten krankhafte Zustände auf, die die weitere Teilnahme am Kampf physisch unmöglich machten. Bei Jugoslawiens Partisanen war es umgekehrt. Vielen war es unmöglich, den Kampf aufzugeben.

Ja ne mogu kući ići
borbu ostaviti . . .
Ich kann nicht nach Hause gehn,
kann den Kampf nicht lassen . . .

So lautet der Refrain eines montenegrinischen Kampfliedes.

Wenn man die Psychologie beiseite läßt und die Epidemie der Partisanenkrankheit politisch analysiert, ist sie Ausdruck eines antagonistischen Widerspruchs. Ein richtiges Leben gibt es im Befreiungskampf, in der Solidarität mit dem ganzen Volk, in der Utopie. In der zivilen Gesellschaft widersprechen soziale und wirtschaftliche Gegebenheiten den individuellen Bedürfnissen und drängen sich auf. Die Utopie muß einem Kompromiß weichen. Ist das die Kehrseite jenes seltenen Sieges einer Revolution?

14
Der Präsident

Der Widerstand des spanischen Volkes gegen den Aufstand der Generäle hatte an vielen Orten als Revolution begonnen. Anarchisten, Anarchosyndikalisten, Arbeiter und Landarbeiter hatten begonnen, Kirchen und Klöster zu verwüsten, Landbesitzer und Fabrikherren zu vertreiben oder zu töten und neue Besitz- und Machtverhältnisse zu schaffen. Es ist eine lange und traurige Geschichte, wie sich der anfänglich revolutionäre Prozeß zu einem hoffnungslosen Krieg gegen die Armee des Generalissimus Franco und seiner Verbündeten Hitler und Mussolini gewandelt hat. Die Kommunisten setzten durch, daß zuerst der Sieg gegen den Feind, dann die bürgerliche Revolution und später – vielleicht einmal – die proletarische Revolution ablaufen sollte. Die Sowjetunion, die ihre imperialen Interessen verfolgte, und die von ihr abhängige Kommunistische Partei Spaniens werden nicht zu Unrecht beschuldigt, durch diese historisch, politisch und militärisch falsche Strategie den Sieg der Faschisten ermöglicht zu haben.

Tito und seine Partisanen hatten die spanische Lektion gelernt. Der jugoslawischen Partei war es von den ersten Tagen des Aufstandes an klar, daß die Vertreibung der Besatzungsarmeen nur gelingen konnte, wenn sich das ganze Volk beteiligte und gleichzeitig gegen die Unterdrückung im eigenen Land aufstand. Nur aus dem revolutionären Umsturz konnte die Befreiung kommen; die Vertreibung des «Okkupanten» war die einmalige Gelegenheit, mit der alten Unterdrückung aufzuräumen. (Die feudalen Formen der Ausbeutung, die sich im Königreich weitgehend erhalten hatten, wurden von der serbischen

Militärkaste verteidigt, deren Vertreter Oberst Draža Mihailović konsequent genug war, seine königstreuen Verbände aus dem Kampf gegen die Besatzungsmächte herauszuhalten und ihnen gelegentlich im Krieg gegen die Partisanen zu helfen. Er wollte seine Truppen für die Auseinandersetzungen nach Ende des Krieges aufheben.)

Wir im Hinterland haben nicht miterlebt, was sich in jedem befreiten Weiler, Dorf oder Städtchen wiederholt hat: Die Partisanen kommen, das Volk steht auf, bildet Räte, übernimmt das Kommando, organisiert das gesamte zivile Leben; die Verteilung von Lebensmitteln, die Einrichtung von Schulen, Spitälern, von allem, was die Gemeinschaft braucht, wird in die Hand genommen, von neuen Leuten, diesmal endlich wirklichen Treuhändern des *narod*, des Volkes.

In solchen Augenblicken der Geschichte scheint das Volk zu wissen, was für ein gutes Leben in Freiheit nötig ist. Die Behörden des Königreichs und alle, die sich der Besatzungsmacht zu sehr angepaßt hatten, büßten ihre Ämter ein, ohne daß man sie vertreiben mußte. Die schlimmsten Verräter flohen, andere wurden sofort erschossen; oft gab es in den kurzen Verfahren schlimme Irrtümer und Entgleisungen. Milovan Djilas, der einer der wichtigsten Kriegskommissare war, schildert so ein grauenhaftes Geschehen in einer Erzählung mit dem Titel «Die Erschießung».[9] Der Übersetzer titelte statt dessen «Die Exekution». Er hat nicht verstanden, daß es kein Gesetz gab, nur das Gesetz des unerbittlichen revolutionären Kampfes. – Schon am nächsten Tag beginnen die befreiten Menschen für alles zu sorgen, was nötig ist. Schulen und Spitäler funktionieren, eine Zeitung wird gedruckt, obwohl es keine Nachrichtenagentur und keine Druckmaschine gibt. Für Witwen und Waisen, für die Alten und Behinderten wird gesorgt. Es macht nichts aus, daß viele der neuen Machthaber nicht lesen und schreiben gelernt haben. Die Gesetze des Lebens scheinen sie zu kennen. Die Menschenrechte, von denen noch niemand gehört oder gelesen hat, werden respektiert, als ob Beobachter der Vereinten Nationen darauf drängten. Was da vor sich geht, ist leicht zu erklären; die Befreiung hat den «neuen Menschen» hervorgebracht: solidarisch, verantwortlich und human

Der «alte Mensch» hat sich lautlos verloren; aber auch der neue hat keinen Bestand. Kaum festigen sich die Machtverhältnisse, gerechter als vor der Revolution, taucht der alte Mensch wieder auf: man merkt bald, daß er uralt ist, älter als das Königreich. Die Erfahrungen vieler Generationen, Traditionen und Vorurteile haben den Umsturz überlebt, sind stärker als das, was wir Befreiung nennen. Die äußeren Verhältnisse mögen sich noch so gründlich ändern; die inneren bleiben sich – im Guten und im Schlechten – noch lange gleich.

Die Umwälzung bringt viel Tragisches. Die Revolution bricht mit Abhängigkeiten, sie dringt in Familien ein, zerstört Freundschaften, sprengt uralte Bündnisse, löst frische Liebesbindungen auf. Wenn sich das Kriegsglück wendet, rächen sich die *Tschetniks*, die Verräter, die sich für kurze Zeit als legitime Herren fühlen; ist das kämpfende Volk wieder obenauf, kann keine Disziplin Massaker verhindern. Das Volk verbindet seinen Zorn auf den Feind mit der uralten verzweifelten Wut gegen die eigenen Unterdrücker.

Dieser revolutionäre Weg wurde von Tito und den Spitzen der Bewegung in allen Landesteilen, wo es zum Aufstand kam, nie in Frage gestellt. Ihnen war es wichtig, möglichst rasch im ganzen Land demokratische Einrichtungen zu schaffen, so daß das neue Leben nach dem Sieg bereits in guten Händen wäre, geleitet von den besten Köpfen der Bewegung.

Als die Bewegung noch voll im Kampf stand, ihr Sieg noch weit entfernt war, trat 1942 im bosnischen Bergstädtchen Bihać eine erste gesamtjugoslawische Delegiertenversammlung zusammen. Ein Jahr später trafen sich in Jajce in Bosnien Delegierte aus dem ganzen Land; nicht nur die Anführer des Kampfes, alles, was sich zivil, militärisch, geistig und materiell gegen den Faschismus erhoben hatte, war vertreten.

Delegationen aus allen Landesteilen mußten sich auf klandestinen Wegen durchstehlen. Man war bereit, auf die Männer zu warten, die der Versammlung das nötige Gewicht geben würden. Der kroatische Dichter Vladimir Nazor galt als geistige Kraft und moralische Instanz. Auch er erschien eines Abends, als niemand mehr daran glaubte, auf einem Rößlein reitend in Jajce und zog an einem Strick eine Kuh hinter sich her; da ihn das Greisenalter zwang, sich nur mit

Milch zu ernähren, und weil er wußte, daß bei den Partisanen alles knapp war, hatte er seine Verpflegung mitgebracht.

Am 29. November 1943 tagte die imposante Versammlung, die mit einer Verfassung die Grundlage der Föderalistischen Sozialistischen Volksrepublik Jugoslawien schuf. Diese Verfassung, die bis nach dem Krieg gelten sollte – sie mußte noch des öftern revidiert und erweitert werden –, schrieb damals die Errungenschaften der Revolution fest. Dem Genossen Tito wurde von der Versammlung der Titel «Marschall» verliehen, um ihm militärisch und international das richtige Gewicht zu verleihen. Die Frage, was mit dem Königtum passieren sollte (es wurde erst nach dem Krieg durch Plebiszit abgeschafft), blieb offen. Die einzelnen Regionen sollten nach ihren Bedürfnissen zivile Behörden wählen, wo immer die Trennung eines zivilen Staates von der Armee bereits möglich war. Montenegro, dessen Territorium zum großen Teil befreit war, erkor sich bald seinen ersten Präsidenten: ein echter revolutionärer Akt, der sich aus dem Wunsch des Volkes, der Macht der Gewehre und nicht zuletzt der montenegrinischen Tradition herleitete.[10]

Weil das Spital der Stadt Herceg Novi bereits wieder belegt war, sich aber noch kein Chirurg gefunden hatte, strömten immer mehr Menschen, endlich auch Alte und Kinder, in unsere Sprechstunde. Schon vor der Abreise aus der Schweiz wußten wir, daß die Behandlung von Verletzten nur ein Teil unserer Aufgabe war. Solange es noch kriegerisch zuging, waren zivile Patienten von Armeeangehörigen nicht zu unterscheiden. Jetzt kamen Männer und Frauen mit *kapice*, einem Leiden, einem Schmerz, einem Irgendetwas, das nicht war, wie es sein sollte. Wo das *kapice* saß, das mußte der Doktor herausfinden. Hat er den tiefen Blick: dein *kapice* sitzt im Magen, deins sitzt im Kopf, so ist das die Botschaft seiner magischen Heilkunst. Andere stöhnten mit tragisch-klagender Stimme: «*Me boli*, es tut mir weh.» Der westliche Mensch ist teilnehmend, der Arzt will wissen, wo es weh tut. «*Cijeli život me boli*, das ganze Leben tut mir weh!»

Ich palpiere, klopfe, setze das Hörrohr an, drücke den Bauch, bewege die Glieder. Die Frau schaut erwartungsvoll zu mir auf. «Das ganze Leben!» So komme ich nicht weiter. Sie wartet, Resignation macht sich breit. Wie soll ich da helfen? Ich kann gar nichts tun. Allmählich beginne ich zu verstehen: Alles ist verletzt, Leib und Seele, alles schmerzt. Die geduldigen Frauen in Montenegro und die schweigsamen Männer, die längst über den Übermut der Jugend hinaus sind, sagen dem Arzt und Magier deutlich genug, schon seit vielen hundert Jahren: Das ganze Leben tut weh.

Es war richtig schön, als einmal am selben Tag zwei Frauen mit blutender Bauchhöhlenschwangerschaft gebracht wurden; die eine war noch von einem verfluchten Okkupanten geschwängert worden. Mit der Operation ist es wieder gut, für den Augenblick: «das ganze Leben».

Vier Jahre Krieg hatten viel mehr Elend hinterlassen als nur die Kriegsverletzungen. Wir waren im Begriff, ein echter Dienstleistungsbetrieb zu werden, und wurden ohne unser Zutun immer mehr zu dem, was Ärzte in Montenegro früher waren: Magier, irrational verehrte Herren über Krankheit und Tod, die gleichzeitig von ihrer Kundschaft verächtlich als notwendiges Übel angesehen und wenn möglich manipuliert werden. Das Schicksal hat uns Ärzte verschafft, behalten wir sie, pressen wir aus ihnen die Wohltaten heraus, für die sie sich an uns finanziell schadlos halten werden. Daß die Behandlung in Meljine nicht bezahlt werden mußte, störte die aus vergangenen Erfahrungen auf uns übertragene Einstellung nicht. Die Arbeit war für uns irgendwie weniger befriedigend, unsere Solidarität wußte man immer weniger zu schätzen.

Das glaubten wir auch bei den Genossen vom Stab zu spüren. Als wir nach Meljine gekommen waren, hatte jedes der beiden Paare einen feuchten Kellerraum als Schlafzimmer zugeteilt bekommen. In jedem Raum hatten gerade zwei Betten Platz, das Fenster war ein waagerechter Spalt über dem Boden des Vorplatzes. Die Personalhäuser des Spitals waren von Flüchtlingsfamilien belegt, und Radoš versicherte, man werde bald bessere Wohnräume herstellen. In der Tat wurde unten am Hang ein ebenerdiger Bau errichtet, mit luftigen Zimmern und großen Fenstern mit Blick aufs Meer. Eines Tages sah ich die Bauarbeiter abziehen und brachte den anderen die frohe Botschaft. Der Neubau war jedoch bereits belegt. Radoš und der übrige Stab hatten sich darin eingerichtet. «Ihr arbeitet ohnehin den ganzen Tag und fast jede Nacht im Spital», meinte er, «zum Schlafen habt ihr ja Betten. Wir Funktionäre aber verbringen viel Zeit in unseren Zimmern und brauchen darum die neuen Räume.» Wir lachten über seine Logik und ließen es dabei bewenden.

Ohne daß es uns damals ganz klar war, fühlten wir uns in unserem politischen Selbstverständnis verletzt. Häufig sprachen wir davon, daß wir als Chirurgen zu weit entfernt von den Kämpfen arbeiteten, die jetzt nach Norden vorgetragen wurden, und wir bedauerten, von den Zentren der Revolution abgeschnitten zu sein.

In dieser Stimmung sahen wir dem Besuch des neu gewählten Staatspräsidenten von Montenegro mit besonderen Erwartungen entgegen. Er hatte einen Kurier auf einem knatternden Motorrad vorausgeschickt. Das allein war eine Sensation. Radoš ließ uns mit sichtlichem Neid ausrichten, daß der Genosse Präsident die Schweizer Ärzte begrüßen wolle.

An der Spitze seines nicht sehr zahlreichen Gefolges, die meisten in Uniform, kam er den Kiesweg herunter. Wir hatten uns freigenommen und frisch gewaschene Arztgewänder angelegt. Das war passend, denn der Präsident hatte – was immer sein Amt war – das Aussehen und die Würde eines französischen Universitätsprofessors. Docteur Miljanić, *professeur en chirurgie théorique et appliquée*, so stellte er sich vor, gab jedem die Hand und schrieb unsere Namen, kurzsichtig durch den Zwicker blinzelnd, in ein dickes Notizbuch. Der Professor sah sich nach einem Platz um, wo er mit den verehrten Kollegen, auf deren Bekanntschaft er sich seit langem freue, zusammensitzen und plaudern könne. Im Schatten eines Oleandergebüschs wurde ein Platz hergerichtet. Statt der passenden Lederfauteuils schleppte man Stühle aus der Kantine heraus.

Erst als der Präsident sich an sein Gefolge wandte, um sie zu entlassen, fiel uns auf, daß er mit uns französisch sprach, ein reines akademisch umständliches Französisch, nasal und murmelnd, wie eben ein vornehmer alter Professor; der Sprache fehlte nur die Rosette der Legion im Knopfloch. Der erste vom Volk gewählte kommunistische Staatspräsident von Montenegro – ein typischer *professeur*, der die Sprache seiner Heimat mit französischem Akzent sprach!

Der hagere, großgewachsene Herr hielt sich leicht vorgebeugt, wie man es bei Schwerhörigen beobachtet; er hörte aber ausgezeichnet, und seine dunklen Äuglein wanderten unaufhörlich nervös und aufmerksam zur Seite, damit auch dem Blick nichts entgehe. Unter der Partisanenmütze, mit einem ungewöhnlich großen roten Stern, quoll das lange weiße Haar hervor; den Schnurrbart, der sich nach allen Seiten sträubte, strich er immer wieder mit den blauadrigen Chirurgenhänden glatt. Die Kleidung war passend für die sonderliche Zwittrigkeit seiner Präsidentschaft. Er trug die grau-schwarz gestreiften engen Hosen, die man zum Gehrock trägt, aber nicht polierte schwarze Schnürstiefeletten, sondern hohe amerikanische *battle-boots* aus naturfarbenem Leder mit dicken Gummisohlen. Anstelle des Gehrocks hatte er eine lange Uniformjacke gewählt, ein Modell, das es in keiner Armee je gegeben hat, aus feinem Flanellstoff in einer aus sämtlichen Feldgrautönen gemischten Farbe, mit verdeckten Knöpfen, ohne Abzeichen, um den Hals ein breites schwarzes Seidenband, an dem Professoren den Zwicker zu befestigen pflegen. An seinem Band hing jedoch nicht der Zwicker, sondern eine schwere Mauserpistole, die er elegant zwischen die Knöpfe der Uniformjacke geschoben hatte.

Das Gespräch mit dem Präsidenten verlief etwas sprunghaft, war aber immer anregend. Sicherlich auch für ihn, da er im Lauf der Monate, die wir in Meljine verbrachten, sechs- oder siebenmal vorbeikam. Er unterließ es nie, den motorisierten Kurier vorauszuschicken. Es wäre schade, wenn wir gerade bei einer Operation unabkömmlich gewesen wären. Die Chirurgie, ganz besonders technische Probleme, Varianten der Schnittführung, die Perfektionierung von Nahtmaterial, das Vorgehen bei anatomisch nahezu unzugänglichen Tumorlokalisationen waren seine liebsten Themen. Wir konnten uns gut vorstellen, daß die Medizinstudenten in Belgrad, von denen es hieß, daß sie von seinen Vorlesungen fasziniert gewesen waren, nie ganz verstanden, was er dozierte. Auch für uns war es schwierig, besonders da er gern das Thema wechselte und mitten in einem Problem der Pathologie plötzlich von der Notwendigkeit sprach, Schießkurse für minderjährige Mädchen einzurichten oder in Montenegro eine schottische Schafrasse einzuführen, da die hiesige Schafwolle sich wegen ihrer rauheren Qualität nach dem Krieg auf dem Markt nicht werde behaupten können. Nie wollte er Patienten konsiliarisch begutachten – die seien bei uns in den besten Händen –, sprang aber plötzlich auf und eilte mit seinem schlurfenden Gang durch einige Krankensäle, schüttelte rechts und links Hände, sprach die Patienten mit Vor- und Nachnamen an, teilte in seinem näselnden Serbisch Genesungswünsche aus und ließ den Eltern, Onkeln und Tanten Grüße ausrichten. Er schien unerschöpfliche Kenntnisse über jede einzelne montenegrinische Familie zu haben.

Dann saßen wir wieder im faszinierenden Kolloquium über chirurgische Fragen und Regierungsaufgaben, bis er unvermittelt aufstand, sich mit freundlichem Gebrumm verabschiedete und die ganze Kolonne eilig davonfuhr. Das war auch nötig. Es stellte sich heraus, daß er die Aufgabe des Präsidenten darin sah, jedem Montenegriner, jeder Frau und jedem Mädchen einen Besuch abzustatten und wenigstens einmal während seiner Amtszeit die Hand zu drücken. Da er sich gerne in aufmunternde Gespräche einließ und die Behebung allen Elends im Auge behielt, wurden ihm unzählige Wünsche und Beschwerden vorgetragen. Die Taschen seines Waffenrocks standen weit ab, in jeder steckte eine Anzahl dicker Notizbücher, die er sogleich herauszog, um das Begehren mit roter oder blauer Tinte in das passende Büchlein einzutragen. In der Brusttasche hatte er eine ganze Sammlung von Füllfederhaltern, und wir bemerkten, daß die Hauptaufgabe seines jüngsten Adjutanten darin bestand, die Federhalter aus Fläschchen mit blauer oder roter Tinte nachzufüllen. – Seine Begleiter versicherten, daß der Genosse Präsident sein Amt unermüdlich versah: Wo die Wagenkolonne nicht hinkam, ritt er auf Lastpferden und stieg, immer rasch, vorgebeugt schlurfend, ständig redend, über die steilsten Pfade in die Felshöhen der Berge, bis er auch die letzte Familie beehrt und allen die Hand gedrückt hatte.

Es konnte nicht ausbleiben, daß Kranke die Gelegenheit benützten, ihn zu konsultieren. Abgesehen davon, daß es unendlich viele chronische Leiden, Tumoren, Lungen- und Herzkrankheiten gab, waren viele begierig, sich untersuchen zu lassen, um für künftige Krankheiten der magischen Kraft des hochgestellten Professors teilhaftig zu werden. Trotz der Eile, mit der sich der präsidiale Troß bewegte, fand er immer wieder Zeit, in einer Hütte, einem Stall oder unter freiem Himmel eine klinische Untersuchung vorzunehmen. Wenn er, wie es fast ausnahmslos der Fall war, eine chirurgisch relevante Krankheit feststellte, klärte er die Leidenden väterlich auf, eine Operation werde ihnen helfen, schon bald, sobald der Krieg beendet und die Spitäler von den besten Chirurgen, die es im Kommunismus ja geben werde, besetzt seien, schrieb in eines seiner Notizbücher, riß das Blatt heraus, schüttelte rechts und links die Hände, küßte ein Kindchen auf den Scheitel und war verschwunden. Der beglückte Patient hielt ein Zettelchen in der Hand, *Bon za operaciju*, Gutschein für eine Operation, mit Namen, Datum und – in lateinischer Schrift und Sprache, mit roter Tinte – der Diagnose. Und: *Smrt fašizmu, sloboda narodu.*

Der Professor muß sehr viele Gutscheine ausgestellt haben, denn bei uns erschienen unaufhörlich seine Patienten und forderten ihre Operation. Wir hatten die größte Mühe, sie zu überzeugen, daß die Zeit der kommunistischen Allgegenwart der Chirurgie noch nicht da war. Es kam vor, daß wir die Diagnose bestätigen konnten. Einige, bei denen überhaupt kein Leiden feststellbar war, hatten von Verwandten, die den Weg bis Meljine nicht machen konnten oder wollten, den Gutschein zum Geschenk erhalten. Auch sie waren stets etwas enttäuscht, wenn wir nicht doch irgendeine Operation ausführen oder sie wenigstens *na struju*, zum Röntgen, nehmen wollten.

Einer der Besuche des Präsidenten verlief besonders feierlich. Bevor man sich zum gewohnten Gespräch zurückzog, hatte er den Stab und das gesamte Pflegepersonal in die Kantine zusammenrufen lassen. Als alle da waren, brachte ein Kurier ein flaches, in Fallschirmseide eingeschlagenes Paket herein, das er wie eine Torte vor sich hertrug. Professor Miljanić hielt eine kurze Ansprache, zuerst in serbischer, dann in französischer Sprache, ließ das Paket öffnen und überreichte Guido in Anerkennung unserer segensreichen medizinischen Betreuung des montenegrinischen Volkes das wertvolle medizinische Werk, das ihm die verbündete britische Armee zum Geschenk gemacht hatte. Wir waren gerührt. Es war ein prachtvoller Band, eine reich illustrierte Operationslehre, das Werk der bedeutendsten Chirurgen Großbritanniens; zum erstenmal sahen wir ein Chirurgiebuch mit Farbfotos anstatt der üblichen Zeichnungen. In jeder freien Minute studierten wir das Buch, und Guido nahm es ins Schlafzimmer mit.

Leider tauchte nach wenigen Tagen ein Abgesandter des Präsidenten auf, der das Buch wieder abholte. Der Präsident wolle das geliehene Buch nach Berane mitnehmen, wohin er gerade aufgebrochen war, um es dem kürzlich eingetroffenen Chirurgen dieser Stadt zu überreichen. Guido war wütend und wollte das Buch behalten. Da half die liebe Chela: «Weißt du, der Professor ist Montenegriner, dagegen kann man nichts machen.»

Neben der menschlichen und medizinischen Betreuung der Genossen-Untertanen lag dem Professor auch die wirtschaftliche Zukunft des Landes am Herzen. Produktion und Handel sollten wieder blühen, die Gefahr des Kapitalismus aber für immer gebannt werden. Sein Plan war, unmittelbar nach Kriegsende das sogenannte «Schwundgeld» einzuführen. Für diese Wirtschaftstheorie gab es ein eigenes Notizbuch. Er diskutierte sie besonders gern mit uns, da sie um die Jahrhundertwende in Winterthur entwickelt worden war. Die Idee ist einfach. Geld ist notwendig für den Warenaustausch. Damit es sich nicht in Kapital verwandelt, das bekanntlich der Ausbeutung dient, muß das Geld im Umlauf bleiben und darf nicht angehäuft werden. Das läßt sich dadurch erreichen, daß jeder Geldschein die Hälfte seines Wertes verliert, wenn er nicht innerhalb eines Monats den Inhaber wechselt. Die Noten sind einseitig bedruckt. Auf der Rückseite tragen sich bei Abschluß des Geschäfts beide Partner mit der Unterschrift und dem Datum ein. Der neue Inhaber hat das größte Interesse, das Geld sogleich in Umlauf zu bringen. Würde er es horten, hätte es nach einem Monat nur mehr die Hälfte des Werts, nach zwei Monaten ein Viertel und so fort. Der Entwurf dieses glücklichsten Weges zur Überwindung des Kapitalismus war für den Professor ein Dogma. Er wollte das Modell diskutieren, ließ jedoch nicht den geringsten Zweifel daran gelten, daß es den wahren Sozialismus begründen werde. Für den Einwand, daß die Mehrzahl der Bewohner von Montenegro nicht lesen und schreiben könne und allein darum das Schwundgeld nicht funktionieren werde, hatte er nur ein mitleidiges Lächeln. Ob wir nicht wüßten, daß die Menschen im Befreiungskrieg gelernt hätten, einander zu helfen! Der Erfolg der geplanten Alphabetisierungskampagne würde durch das Schwundgeld gefördert werden, und damit sei die technische Grundlage gesichert.

Nur anfangs war es für uns rätselhaft, wie der weltfremde *professeur* zu seinem hohen Amt gekommen war. Dann erfuhren wir, daß die Miljanić der bedeutendste Familienclan Montenegros waren. Als Professor der Universität Belgrad gehörte er zur geistigen Elite Jugoslawiens, und als berühmtem Chirurgen kam ihm das Attribut eines mächtigen Heilers zu. Es geschah sicher nicht aus Berechnung, daß der alte Herr seine ärztliche Sendung täglich zur Schau stellte. Bei Ausbruch des Krieges hatte der Professor seine einträgliche Privatklinik in Belgrad und die luxuriöse Villa verlassen und war mit Söhnen, Töchtern und Enkelkindern in das Dorf seiner Heimat zurückgekehrt, das er seit seiner Studienzeit in Paris nicht besucht hatte.

Wir wußten nicht, wie und wann die Wahl des Präsidenten organisiert worden war, und meinten, die Partei habe die Gegebenheiten völlig verkannt, als sie dem Volk einen Präsidenten vorschlug, der seine Sprache beinahe verlernt hatte. Doch auch dies trug zu seiner Beliebtheit bei. In den Balkankriegen zu Beginn des Jahrhunderts wurde Serbien von Frankreich unterstützt, im Ersten Weltkrieg kämpfte es gegen die österreichische Monarchie, und diesmal war Frankreich von Hitler besetzt worden. Seine französisierende Sprache verstärkte das Vertrauen in den Träger des berühmten Namens, der seine von den montenegrinischen Bergen aus gesehen märchenhaften Schätze und sein Leben in der Hauptstadt zugunsten der Heimat seines Stammes aufgegeben hatte. Für ihn war der Kommunismus kein Hindernis, solange seine Landsleute den Traditionen treu blieben. Der nationale Wahn der Montenegriner war in den antifaschistischen Kampf eingegangen: «Wir werden», so hieß es, «mit Hilfe der Sowjetunion über das Hitlerreich siegen.» Getragen vom gleichen Hochgefühl. verrät heute die Partei ihre sozialistischen Ideale zugunsten eines nationalen Triumphes über die verachteten Skipetaren, die Albaner der Provinz Kosovo.

Wir fragten uns, ob sich für den skurrilen Präsidenten im neuen Jugoslawien ein Platz finden würde. Nach dem Krieg hörten wir, daß sich der gesamte Miljanić-Clan wieder nach Belgrad verpflanzt, der Professor seine Privatklinik neu eröffnet hatte und sein Spital das erste war, in dem man sich als Privatpatient operieren lassen konnte, wenn man über die nötigen Dollars verfügte. Wahrscheinlich hat der Professor so manchen «Gutschein für eine Operation» eingelöst.

Der Name Miljanić wird weder in den Kriegserinnerungen von Milovan Djilas, der Montenegriner ist, noch in einem anderen Memoirenbuch über den Befreiungskrieg erwähnt. Der revolutionäre Umsturz hat den ungewöhnlichen Mann im richtigen Moment auf das höchste Amt eines sozialistischen Staates getragen. Seine Prominenz stützte sich auf Traditionen, seine Eignung war von nationalen Mythen bestimmt. Im Umbruch der Staaten des real existierenden Sozialismus leihen ähnliche nationale Mythen ihre Kraft Männern, die ebenso ungeeignet, wenn auch nicht so sympathisch sind wie unser *professeur*.

15
Der Knopf an der Uniform des Genossen

An einem sonnigen Vormittag spät im März 1945 arbeite ich im septischen Operationssaal des Zentralspitals in Meljine. Wie an jedem Vormittag werden Wunden gereinigt, Verbände gewechselt, Abszesse drainiert. Es stinkt nach Eiter, Kot und Äther, es wird gestöhnt, geflucht und gelacht. Da kommt Goldy herein. Sie ist wütend und verstört. Ich vermute, daß ihr drüben in der Infektionsbaracke einer gestorben ist. Sie sagt nein, aber: «Es ist alles aus, wir müssen fort, ich zieh meine Uniform noch heute aus.»

Was ist geschehen? Auf der Wiese zwischen der Baracke und dem Operationstrakt war ein Zug der Spitalwache beim Exerzieren, wie gewöhnlich ohne einen Offizier, um sich Bewegung zu machen. Als sie vorbeigeht, brüllt plötzlich ein junger Partisan einen anderen an: «Mach die Knöpfe zu, wie läufst du herum, wir sind nicht im Stall!» Der Genosse wird rot, steht stramm, sagt keinen Ton und schließt den obersten Knopf seiner Uniform, die zerrissen ist; denn unsere Wache ist zur Erholung ins befreite Gebiet abkommandiert, nach ungezählten Monaten *u šumi*, im Wald.

Die Disziplin ist Sache der politischen Konferenz. Unser Kommissar muß erst lange mit den Genossen diskutieren, bis jeder überzeugt ist und man ihm folgt. Jeder denkt für sich und ist für die anderen da. Niemand läßt sich anbrüllen, der Ton von Herr und Knecht ist vergessen. Woher hat der das mit dem Knopf? So etwas Unsinniges! Aber das schlimmste ist nicht der Brüller, das ist der andere, der folgt.

Man versteht, warum Goldy fort will. Wir haben mit Brüdern gelebt, sind Genossen und Genossinnen geworden. Und jetzt, bevor noch Befehle vom Oberkommando durchkommen, bevor eine Staatsgewalt da ist, die eingreifen könnte, hat der Genosse, der seinen Knopf zumacht, uns die Illusion zerstört. Aus der Praxis der Kampfgemeinschaft ist der «Neue Mensch» nicht entstanden. Aber hatten wir nicht mit ihm gelebt? Jetzt hat er sich von innen aufgelöst. Die ihren Knopf innen haben, werden nie eine kommunistische Gesellschaft gründen. Was Heinrich Heine 1844 über seine Preußen sagte, gilt auch für den montenegrinischen Genossen:

> Als hätten sie verschluckt den Stock,
> womit man sie einst geprügelt.

Wenn wir fragen, wo das Ärgernis herkommt, warum der «Neue Mensch» nicht entstehen mag, wenden wir uns an die Psychoanalyse. Das Überich ist schuld. Sigmund Freud schrieb 1933, im Jahr, in dem Hitler die Macht ergriff: «... In der Regel folgen die Eltern und die ihnen analogen Autoritäten in der Erziehung des Kindes den Vorschriften des eigenen Über-Ichs. Wie immer sich ihr Ich mit ihrem Über-Ich auseinandergesetzt haben mag, in der Erziehung des Kindes sind sie streng und anspruchsvoll. Sie haben die Schwierigkeiten ihrer eigenen Kindheit vergessen, sind zufrieden, sich nun voll mit den eigenen Eltern identifizieren zu können, die ihnen seinerzeit die schweren Einschränkungen auferlegt haben. So wird das Über-Ich des Kindes eigentlich nicht nach dem Vorbild der Eltern, sondern des elterlichen Über-Ichs aufgebaut; es erfüllt sich mit dem gleichen Inhalt, es wird zum Träger der Tradition, all der zeitbeständigen Wertungen, die sich auf diesem Wege über Generationen fortgepflanzt haben. Sie erraten leicht, welch wichtige Hilfen für das Verständnis des sozialen Verhaltens der Menschen... sich aus der Berücksichtigung des Über-Ichs ergeben. Wahrscheinlich sündigen die sogenannt materialistischen Geschichtsauffassungen darin, daß sie diesen Faktor unterschätzen. Sie tun ihn mit der Bemerkung ab, daß die ‹Ideologien› der Menschen nichts anderes sind als Ergebnis und Überbau ihrer aktuellen ökonomischen Verhältnisse. Das ist die Wahrheit, aber sehr wahrscheinlich nicht die ganze Wahrheit...» [11]

Diese Worte stimmen noch heute. Hinzufügen kann man, daß auch Eltern, die ihre Kinder nicht «streng und anspruchsvoll» erziehen, das gleiche Ergebnis erzielen: Nicht die Güte und Toleranz, die sie ihren Kindern erweisen, sondern ihr strenges Über-Ich geben sie weiter. Mit dem Signal des Schuldgefühls sorgt das Über-Ich der Kinder dafür, daß auch sie sich nur dann «richtig» fühlen, wenn sie sich mit den «schweren Einschränkungen» nach dem Vorbild des elterlichen Über-Ichs identifizieren und dementsprechend verhalten. In den patriarchalen Familien der montenegrischen Bauern, aus denen die jungen Kämpfer und Kämpferinnen kommen, sind die Traditionen und all die «zeitbeständigen Wertungen» außerordentlich autoritär.

Noch vor Ende des Krieges verließen wir Montenegro. Acht Tage vor dem *Victory day*, am 1. Mai 1945, trafen wir uns beim Sanitätskommando in Belgrad, das neue Aufgaben für uns hatte. Auf einer Straße im Zentrum von Belgrad ist es Goldy passiert. Ein junger Offizier hielt sie an: «Genossin, deine Uniform ist nicht zugeknöpft, du mußt die Mütze gerade aufsetzen. Wie läufst du da herum!» So ungefähr habe es getönt, es sei ein ganz gewöhnlicher Partisan gewesen, ein offenes Gesicht, sicherlich ein Bauernsohn, kein Apparatschik. Er trug aber eine prächtige neue Uniform mit Achselklappen wie in der Roten Armee. Goldy holte ihre Zivilkleider aus dem Reisesack. Niemand fragte sie, warum sie die Uniform nicht mehr trug.

Dann trafen wir den jungen Helden aus der Neujahrsnacht; er traf vielmehr uns, denn wir hätten ihn nicht erkannt. Wir aßen in der Offizierskantine, für die uns die Sanitätsabteilung Gutscheine gegeben hatte, die täglichen Bohnen mit Saft, da kam ein junger Mann quer durch den Saal und umarmte uns. Erst als er fragte, wo ist der Genosse Guido, wußten wir, wer das war. Er hatte eine saubere neue Uniform an, sein Gesicht war voller geworden mit einem Schnurrbärtchen an der Oberlippe; der linke Arm mit der Arteriennaht war ganz in Ordnung. Doch vom jungen Helden war nichts mehr da. Weil er von der 1. Proletarischen war, hatte man ihn nach Belgrad in die Parteischule abgeordnet, und ein Schüler war er geworden. Von seinen Kampfgenossen wußte er nichts; er schien sich kaum an sie zu erinnern. Dafür flocht er auswendig gelernte Passagen aus Stalins Schriften ins Gespräch. Er wollte uns wieder treffen, am Samstag nachmittag hätten sie zwei Stunden Ausgang; wir gaben eine ausweichende Antwort, und er sputete sich, weil er um ein Uhr in der Schule sein mußte.

In Montenegro hatten wir uns sehnlich gewünscht, nach Belgrad zu kommen, um endlich mit all den entschlossenen und klugen Partisanen aus dem Wald über die neue sozialistische Gesellschaft zu diskutieren. Im Durcheinander der überfüllten Hauptstadt war es nicht schwer, Genossen und Genossinnen aus allen Teilen Jugoslawiens kennenzulernen. Nicht alle waren *na školovanju*, zur Schulung da, viele arbeiteten in der Verwaltung der Stadt, der Armee oder bei der OZNA, der Staatspolizei. Interessante Gespräche gab es jedoch nicht. Sie waren unselbständige, brave und ängstliche Buben geworden, ohne eigene Meinung, vollgestopft mit Schlagworten und marxistischen Leerformeln. Wenn nicht Goldys Freunde aus den Interbrigaden in der Sanitätsabteilung, Gojko Nikoliš, Oberst Mesterović und der Chirurg Lavrič, gelegentlich Zeit gefunden hätten, mit uns zu plaudern, wären wir so isoliert gewesen wie in Meljine an der schönen Adria.

Vom «Neuen Menschen» war nichts zu merken. Die Vorkämpfer der Freiheit hatten sich unversehens in Musterschüler verwandelt. Wovor hatten sie Angst? Vor der eigenen Meinung? Demnächst, Genosse, wird sich die Partei darüber äußern. Sie redeten von Vorschriften, hofften auf eine gute Stelle, zitierten Stalin und Tito und sprachen von der nächsten Parteikonferenz wie Kinder vom St. Nikolaus.

Das Notizbuch ging uns besonders auf die Nerven. Wenn man dem zuständigen Genossen ein praktisches Problem vortrug – die Kompetenzen waren jetzt genau geregelt –, zog er ein Notizbuch aus der Tasche und schrieb etwas hinein. Dann geschah nichts. Elio wurde bei der Besprechung mit einem General so wütend, daß er ihm das Büchlein aus der Hand riß und es auf den Boden warf. «Schreib nicht, tu was!» schrie er ihn an. Verdutzt meinte der General: «Was regst du dich auf? Ich hab alles genau notiert. Kann man mehr tun?»

Wer sollte die neue Gesellschaft bauen? Unsere Freunde meinten, die allgemeine Lethargie komme von einer nationalen Anämie, ausgeblutet sei das Land, Kampf und Sieg hätten zu einem verheerenden Aderlaß geführt. Wer weiß, wann sich die jugoslawischen Völker davon erholen würden. Hilfe vom großen Sowjetbruder? Ein Achselzucken. Sie mußten zurück an die Arbeit in der Sanitätsabteilung, die bald umbenannt wurde in «Sanitätsverwaltung». Der Name war gut gewählt, denn es wurde auch dort immer bürokratischer. Als wir nach wenigen Tagen zu neuen Aufgaben delegiert wurden, waren wir erleichtert.

In Belgrad, so grau und kaputt es war, mußte es doch noch etwas anderes geben, die siegreiche Avantgarde, die geistige Elite der Partei. Wir aus dem Getto der Militärspitäler dachten, wir hätten die «richtigen» Genossen bloß noch nicht getroffen. An einem Laternenmast entdeckte ich ein Zettelchen mit der Ankündigung, daß ein Gast aus Paris, der surrealistische Dichter Paul Eluard, der Barde der kämpfenden Partei, eine Lesung gab, in einem wiedereröffneten Theatersaal; Eintritt für Partisanen frei. Dort hofften wir die Leute zu finden, mit denen wir den Weg des befreiten Landes in die utopische Zukunft diskutieren könnten.

Der Saal war bereits halb voll, junge und ganz junge Genossen und Genossinnen. Draußen warteten die Lastwagen der Armee, mit denen sie hergebracht worden waren. Sie hatten das Parkett besetzt, mit Ausnahme der vordersten Reihen und der Logen, die für das Volk von Belgrad reserviert waren. Auch diese Plätze füllten sich, vor allem mit älteren Damen mit komischen Hüten, Brillen und Zwickern, dazwischen ein paar alte Herren in dunklen Anzügen. Das waren die Überreste des Lehrkörpers der königlichen Gymnasien und Lyzeen, und was an frankophil-bürgerlicher Kultur nach zwei Kriegen, der Nedić-Diktatur und dem Sieg der Partisanen noch übrig war.

Der Dichter wurde von einem Genossen als Kämpfer der Resistance angekündigt und von einer Genossin mit einer ungewöhnlich gut geschnittenen Uniform hereingeführt. Er verbeugte sich wie ein

Tenor und stand dann in Pose, die rechte Faust erst zum Gruß erhoben, dann auf das Pültchen gestützt, bis der Applaus verebbt war. Er sah aus wie jemand, der viele Steaks verzehrt hat, das dünne Blondhaar sorgfältig gewellt, in hellgrauem Flanell mit roter Krawatte und glänzend gewichsten Schühlein. «Ein rosiges Schweinchen», flüsterte ich Goldy zu. Dann hob er an, nach Art jener pathetischen Schauspieler, die an manchen Pariser Bühnen noch heute das Publikum überrollen. Die heroischen Verse wurden zu einem volltönenden Unsinn. Nach dem ersten Ärger mußten wir lachen. Die Gymnasiallehrerinnen hörten endlich wieder das geliebte Pariser Französisch, und die Partisanen unterbrachen den Vortrag mit donnerndem Applaus und *živio*-Rufen, wann immer sie die Namen der Heroen Lenin und Stalin, die Worte *liberté*, *victoire*, *parti communiste* verstanden. In der Pause bekam er rote Blumen.

Neben uns in der Loge stand Koča Popović, der Stratege Titos, der vor dem Krieg als surrealistischer Dichter in Paris gelebt hatte, bevor er zu den Interbrigaden nach Spanien ging. Auch er ärgerte sich. Als die Jugend wieder einmal losbrüllte, sagte er: «*Ce sont des gosses*, es sind Kinder.» – «Ja, aber mißbrauchte Kinder.» – «*Merde, oui*. Die Genossen werden das nie verstehen. Wenn ich ihnen erkläre, daß man Partisanen nicht dressieren soll, sagen sie: Sie tun es doch gern! Der Genosse Dichter wird gleich platzen!» Eluard hatte mit dem zweiten Teil seiner Darbietung begonnen. Popović drehte sich um und ging fort. Wir haben ihn nie mehr getroffen.

Koča Popović wurde Titos Außenminister. Es heißt, daß der Zusammenschluß der Blockfreien Staaten, den Tito mit Nasser, Nehru und Sukarno so erfolgreich betrieb, sein Werk war. Dann verschwand er aus den Schlagzeilen. Zu Beginn der achtziger Jahre zeigte uns Gojko Nikoliš Briefe, die ihm sein Freund Koča aus Paris geschrieben hatte, traurige und resignierte Briefe mit philosophischen Exkursen. Noch einige Jahre später protestierten die ehemaligen Spanienkämpfer gegen die Versteinerung und Korruption im jugoslawischen «Bund der Kommunisten». Gojko, alt und ungebrochen, hielt die entscheidende Rede. Der greise Popović unterschrieb. Offenbar ist seine Utopie nicht ganz erloschen.

Drei Monate nach der Rückkehr in die Schweiz sind wir noch einmal zu ärztlichen Missionen nach Jugoslawien aufgebrochen. Goldy überredete die Centrale Sanitaire, die sich jetzt um deutsche Sozialisten in den Besatzungszonen zu kümmern hatte, gemeinsam mit dem Don Suisse, der offiziellen Nachkriegshilfe als Geldgeber, eine Poliklinik für die Bevölkerung auszurüsten und zu führen. Das sollte nach dem Wunsch des neuen jugoslawischen Roten Kreuzes im Städtchen Prijedor in Nordbosnien geschehen, weil es dort am nötigsten war. Die Poliklinik kam trotz des Widerstands der Schweizer Behörden zustande. Doch hätten Goldy, Fritz Morgenthaler und ihre Equipe kaum die Energie für diese Mission aufgebracht, wenn wir ganz verstanden hätten, was wir in Belgrad gesehen hatten: Der revolutionäre Kampf hatte begonnen, sich zu einer – vorerst stalinistischen – Bürokratie zu deformieren.

Der Soldat hat den Knopf an der Uniform zugemacht – sein Gehorsam war in ihm drin. Ist das die Natur des Menschen? Nein, es ist nicht seine Natur. Die Gesellschaft macht beides, den Fortschritt und seine Hemmung. Der Mensch nimmt die Widersprüche der Gesellschaft als Konflikte in sich auf. Darum bleibt er sich gleich, und darum muß er nach Veränderung streben, ob er will oder nicht. Er folgt einer eigenen Dialektik, die wir so schwer zu fassen kriegen, weil wir selber ihr unterliegen.

Vor Prijedor arbeitete ich noch zwei Monate in Zagreb mit der chirurgisch-orthopädischen Mission des Don Suisse. Kriegsverletzte aus dem ganzen Land mußten noch einmal operiert werden, damit ihnen eine Prothese angepaßt werden konnte. Die Patienten trafen rechtzeitig ein, zwei Prothesenmacher aus Zürich hatten eine Lehrwerkstatt eingerichtet, in der die berühmten Zagreber Schuster die Kunst des Prothesenbaus lernten. Sogar die rostfreien Stahlschienen, das feingegerbte Ziegenleder, das steifere Rindsleder und festen Zwirn für die mitgebrachten Spezialnähmaschinen schaffte man her, soviel wir brauchten. Die Jugoslawen hatten als zweisprachige Sekretärin ein Mädchen angestellt, die Tochter eines jüdischen Textilindustriellen, die ich als ganz junger Mann in Slowenien gekannt hatte. Sie zog mich in eine Ecke und begann zu weinen. Erst meinte ich, es sei Rührung;

sie mußte viel erlebt haben in den letzten Jahren. Dann gestand sie mir, daß sie für die OZNA, die Geheime Staatspolizei, arbeite und jedes Wort, das gesprochen wurde, ihrem Chef melden müsse. Ich solle meine Landsleute warnen. Wenn ich etwas von diesem Gespräch verlauten ließe, wäre sie verloren. Ich versprach ihr zu schweigen und versuchte, sie zu trösten. Sie aber lief weinend davon. An den folgenden Tagen wollte sie nicht mehr mit mir reden, sah verweint aus und war eines Tages verschwunden. Eine andere Übersetzerin traf ein, die lustig war und nie weinte, aber leider kaum Deutsch verstand. Sie schwatzte andauernd mit den Patienten und rauchte unsere Zigaretten.

Der nächste Zwischenfall war eher komisch. Acht Krankenschwestern aus der Schweiz, die zur Ablösung eingetroffen waren, wurden am selben Nachmittag allesamt verhaftet. Bei ihrem ersten Ausgang hatte ein Mann sie angesprochen und ihnen angeboten, Schweizer Vreneli, die 20-Franken-Goldmünzen, zu einem phantastisch günstigen Kurs in Dinar umzuwechseln. Als jede ein oder zwei Münzen eingetauscht hatte, zog der Schwarzhändler einen Polizeiausweis aus der Tasche. Der grüne Wagen, der sie aufs Kommissariat bringen sollte, wartete um die Ecke. Uli Buff, unser Chefchirurg, hatte die Schwestern gleich bei der Ankunft gewarnt, daß jedes Devisengeschäft streng verboten sei; er war wütend und wollte sie ein paar Tage im Gefängnis lassen. Da erschien eine hohe Angestellte des Sozialministeriums mit einem Polizeioffizier und bot die Freilassung an. Ein Beutelchen mit den schwarz verkauften Goldstücken hatte sie gleich mitgebracht, die Dinars aus dem Handel wollte sie nicht zurück und gab lediglich zu bedenken, daß die Devisenbestimmungen von jetzt an besser eingehalten werden sollten. Das alles schien mir noch gar nicht sonderbar.

Erst als ich nach Prijedor kam, sah ich ein, wie anders das Leben und der Umgang mit den neuen Herren des Landes geworden war. An der Arbeit der Poliklinik lag es nicht. Im Gegenteil, vom ersten Tag an kamen aus den Bergen ganze Züge Hilfsbedürftiger. Schon früh am Morgen war der Hof voller Ochsenkarren mit Stroh, auf dem Patienten lagen, die nicht mehr gehen konnten. Andere wankten auf ihre Angehörigen gestützt herein. Viele waren die ganze Nacht unterwegs gewesen. Am Morgen, wenn drinnen die Lampen aufleuchteten, drängten alle gleichzeitig herein. Es bestand Gefahr, daß sie Türen und Fenster eindrücken würden. Die Polizei gab Wartenummern aus. Als es sich herumsprach, daß die Polizisten ihre Freunde bevorzugten, wurde die Stimmung unter den Wartenden so schlecht, daß es besser war, wenn wir selber für Ordnung sorgten. Goldy und die anderen meinten, es sei durchaus möglich, daß sich die Polizisten für die Wartenummern zahlen ließen. Zuerst wollte ich das nicht glauben. Nach wenigen Tagen in Prijedor traute ich den Behörden alles zu, was man ihnen nachsagte, und nicht nur der Polizei. Jeden Moment gab es irgendeine neue Schikane. Die jugoslawische Sekretärin, die anders als das verschreckte jüdische Mädchen in Zagreb eine selbstbewußte ehemalige Partisanin war, fragte ich geradezu, ob sie für die OZNA arbeite und uns zu bespitzeln habe. Sie lachte und meinte zweideutig: «Irgendwer muß doch die wertvollen Schweizer Ärzte und Schwestern vor den bösen *križari* beschützen.»

Križari, Kreuzträger, nannten sich im Wald versprengte Überreste der besiegten Truppen, die für verschiedene faschistische Milizen gearbeitet hatten und sich jetzt versteckten, um Sabotageakte auszuüben. Jedermann kannte Geschichten über sie; *križari* bedeutete etwa soviel wie heute «Terroristen». Nur wußte man, daß es sie nicht gab. Zumindest in Bosnien war kein einziger Vorfall bekannt geworden.

Mein Bruder, der aus der Schweiz als Verwalter des Spitals mitgekommen war und den alle gern mochten, weil er die Poliklinik tüchtig und aufopfernd organisiert hatte, wurde eines Tages zur Polizei gerufen. Man eröffnete ihm, es liege eine Anzeige vor: Er habe eines Nachts im Wald den *križari* eine Pistole und Verbandsmaterial übergeben und geheime Informationen geliefert. Es werde einen Prozeß wegen Landes- und Hochverrats gegen ihn geben. Aber man verhaftete ihn nicht, und er fand heraus, daß eine Angestellte des Don Suisse, die Informationen über das kommunismusverdächtige Team nach Bern zu liefern hatte, jetzt auch für die OZNA arbeitete. Mein Bruder hielt die Anklage für lächerlich, weil jedermann wußte, daß es die *križari* gar nicht gab. Vom Don Suisse aus riet man ihm, sofort heimzureisen; er fuhr statt dessen nach Belgrad und verlangte bei der Staatspolizei Aufklärung oder einen Prozeß. Es geschah nichts. Jahre später erhielt er eine Mitteilung aus dem Schweizer diplomatischen Dienst, daß man ihn als Verräter denunziert habe, das Verfahren aber später mangels irgendwelcher Beweise eingestellt worden sei.

Diese und ähnliche Zwischenfälle kennen alle, die nach dem Krieg in Gebieten gearbeitet haben, die von der Sowjetarmee befreit worden waren. Das ist das System, ob der KGB selber dahintersteht oder eine andere Geheimpolizei. Hier aber war es neu. Im Krieg, als es wirkliche Feinde gab, und sogar in den ersten Monaten nach dem *Victory day*, als sich die Alliierten als Feinde entpuppten, reagierten die Jugoslawen ziemlich gelassen und dachten nicht daran, alle Ausländer zu bespitzeln. Der Beginn des Kalten Krieges kam für Kommunisten nicht überraschend: Nachdem die Bedrohung durch den gemeinsamen Feind weggefallen war, hatte man es eben mit dem Klassenfeind zu tun; Churchill mit der Zigarre war sein Symbol. Energisch und ohne viel Bedenken machte man sich an den Wiederaufbau; zumindest wurden Pläne erstellt.

In Prijedor gab es Plakate, Aufrufe mit Trikolore und rotem Stern, die um Freiwillige für den Bau der *pruga*, einer Bahnlinie, warben. Man erzählte, daß sich nur wenige Jugendliche gemeldet hätten, daß die Polizei die Freiwilligen nachts aus den Betten hole, daß wenige Wochen nach Beginn der Arbeiten eine Flecktyphusepidemie ausgebrochen sei. Es habe Tote gegeben und Massendemonstrationen, die die Partei nicht habe verhindern können.

Da Radio und Zeitungen nichts berichteten, was dem Geist revolutionären Aufbruchs widersprach, war die Bevölkerung für Gerüchte sehr empfänglich. Jedesmal, wenn wieder ein Eisenbahnzug mit heimkehrenden Deportierten aus dem Norden im Bahnhof hielt, kam eine Welle von Hoffnung in die Stadt; jeder Zug aus dem Süden, aus den Zentren Sarajewo und Banjaluka brachte neue Gerüchte, von Sabotageakten der *križari*, aber auch von Gewalttaten der Partisanen und unglaublichen Fehlern der Verwaltung. Wir im Spital waren nicht auf Gerüchte angewiesen. Eine solche Institution ist davon abhängig, daß die Behörden und die ganze Gemeinschaft sie tragen. Als

Ärzte konnten wir deshalb unmittelbar wahrnehmen, wie es um das Land bestellt war.

Wenn wir Materialnachschub erwarteten und endlich vom Bahnhof Kisten aus der Schweiz gemeldet wurden, war es jedesmal ein Problem, sie in die Poliklinik zu bringen. Stundenlang mußten wir um einen Lastwagen bitten; *nema*, «es gibt nichts», wurde der beliebteste Ausdruck. Sogar den allereinfachsten Nachschub, z. B. Heizmaterial, mußten wir in langen peinlichen Audienzen beim mächtigen Stadtkommissar erbetteln. Gewöhnlich ging ich zu ihm, weil ich am besten sprach. Er ließ mich zwei, vier, einmal sogar acht Stunden warten. Erst wenn er merkte, daß er mich nicht loswerden konnte, empfing er mich, holte das leidige Notizbuch hervor, in das er alles schrieb, und veranlaßte erst einmal nichts.

Einmal wartete ich im großen Büro der städtischen Parteizentrale. Zwei Dutzend junge Leute saßen an Schreibmaschinen und tippten Ausweiskarten. Sie hieben so fest auf die Tasten, daß ich näher hinsah. Die Schreibmaschinen waren allesamt ohne Farbband; durch ihre Kraftanstrengung versuchten sie, eine Art Prägedruck zu erzielen. Als ich endlich vorgelassen wurde und unser Anliegen vorbrachte, glaubte ich etwas gefunden zu haben, um den wichtigen Mann für uns einzunehmen. Ich wies auf die unfruchtbare Tätigkeit seines Teams hin und schlug vor, daß der Don Suisse mit der nächsten Medikamentensendung Farbbänder mitschicke. Was könnte für einen Bürokraten nützlicher sein! Dann gab es doch noch ein Hindernis. Ich wollte die Typen der verschiedenen Schreibmaschinen notieren. «Das ist Spionage», war in seinen grünen Blicken zu lesen. Es gelang gerade noch, ihn zu überzeugen, daß dies nötig sei, damit die Farbbänder zu seinen Maschinen paßten. Auch als die Farbbänder eintrafen und ich sie persönlich eingespannt hatte, wurde er nicht zugänglicher.

Ich bemerke, daß es mir nicht gelingt, unseren Entschluß, das Land zu verlassen, von unseren Erfahrungen abzuleiten. Die Patienten kamen nach wie vor, wir waren so beliebt und erfuhren soviel Freundlichkeit, daß unser Leben in Prijedor keineswegs von Angst oder Sorge geprägt war. Und doch durchdrang Bürokratie und Polizeigeist alle Verhältnisse.

An anderer Stelle [12] habe ich erzählt, wie es dazu kam, daß ich mich im Juni 1946 entschloß, endgültig in die Schweiz zurückzukehren. Die Freiheitsbewegung war im Begriff, zum stalinistischen Kommandostaat zu verkommen. Goldy und ihre Equipe mußten in Prijedor bleiben, bis jugoslawische Ärzte den Betrieb übernehmen würden. Auch das zog sich hin und kam erst im Spätherbst zustande. Sobald wir wieder in der Schweiz waren, hörte jeder Kontakt mit Jugoslawien auf. Wir schrieben keine Briefe und bekamen auch keine. Vom Bruch Titos mit Stalin, von den Hexenprozessen wegen «Titoismus» in der Tschechoslowakei, Ungarn, Rumänien, Bulgarien und der DDR lasen wir in der Zeitung. Jugoslawien war für uns ein fremdes Land geworden.

Noch während wir in Pančevo waren, rief man uns einmal in die Verwaltung nach Belgrad Im Vorzimmer übergab mir der Diensthabende *«Zasluge za narod, II. reda»* (Verdienste für das Volk, Zweiter Ordnung), die zweithöchste Auszeichnung für nichtmilitärische Personen: sieben Orden, für jeden von uns einen – eine Kassette, darin ein vergoldeter und versilberter Doppelstern, in der Mitte ein winzig kleines Figürchen, Partisan mit Fahne; an der linken Brustseite zu tragen. Dazu gab es ein Trikolore-Bändchen für den Rockaufschlag und je einen Zettel mit dem Staatswappen, auf dem in kyrillischer Schrift die Verdienste jedes einzelnen verzeichnet waren. (Erst in Zürich kamen wir dazu, die Texte zu lesen.) Ich verteilte die Orden; nur den von Hannes, der in Pančevo nicht mit dabei war, konnte ich ihm erst in der Schweiz geben. Hier sollte das nötige Zeremoniell nachgeholt werden. Im Spätherbst desselben Jahres 1945 bekamen wir vom jugoslawischen Gesandten in Bern Briefe, in denen er uns bat, ein Datum vorzuschlagen, an dem die Gesandtschaft die feierliche Übergabe der Orden veranstalten werde. Doch ist Schweizer Bürgern und Bürgerinnen die Annahme ausländischer Orden in der Verfassung streng verboten. Das hat historische Gründe. Die Schweizer Kriegsherren, die bis zur Französischen Revolution ihr Geschäft mit den sogenannten Reisläufern trieben, das heißt mit Bauernburschen, die sie mittels Bestechung oder gewaltsam in eine Söldnertruppe preßten, wurden von den Fürsten mit Orden bedacht, die mit einer hohen Pensionszahlung ausgestattet waren. Wir kamen überein, dem Gesandten zu schreiben, daß wir die Absicht zu schätzen wüßten und ihn bäten, den jugoslawischen Behörden unseren Dank auszusprechen, ihn jedoch ersuchten, von der feierlichen Verleihung abzusehen. Die Antwort war ein ziemlich grober Brief. Wenn wir Freunde des sozialistischen Jugoslawien seien, sollten wir keine Geschichten machen und die Orden – die wir schon hätten – öffentlich entgegennehmen. Ich meldete mich zu einer Audienz. Der Gesandte ließ sich die historischen Zusammenhänge erklären, wiederholte aber: Wenn wir nicht bereit seien, die Orden offiziell entgegenzunehmen, sei das ein unfreundlicher Akt; er werde seiner Regierung Rapport erstatten. Er blieb beleidigt, und wir behielten die Orden in der Schublade.

Zweimal hatten Goldy und ich sogar eine Verwendung dafür. Als wir zum zweitenmal nach Jugoslawien fuhren, kamen wir über die «versiegelte» Grenze der Steiermark nach Slowenien. Nach schwierigen Verhandlungen war ein General der britischen Zonenbesatzung bereit, uns von einem Unteroffizier «schwarz» bis an die Grenze bringen zu lassen. Als die jugoslawische Grenzer-Patrouille auftauchte, hatten wir die Orden an den Rock geheftet. Der Effekt war fast zu gut. Der Diensthabende war tief beeindruckt. Statt verhaftet zu werden wie andere illegale Grenzgänger, avancierten wir zu Ehrengästen, wurden gefüttert und ins beste Büro gebracht. Den ganzen Tag über versuchte die Wache, telefonisch Anweisungen vom Oberkommando zu bekommen, wie sie die hohen Herrschaften behandeln sollte. Da das Telefon nicht durchkam, brachten sie uns am Abend zur nächsten Bahnstation, Gefangene mußten unsere Reisetaschen tragen, und der Bahnbeamte stellte uns Gratisbillets erster Klasse bis Zagreb aus.

Erst im vergangenen Jahr 1989 dachten wir wieder an die Sterne in der Schublade, die inzwischen dunkel oxydiert waren. Als wir wieder einmal von einem unerhörten Akt der Unterdrückung der serbischen Partei gegen die Albaner von Kosovo lasen, beschlossen wir, die Orden mit einem Protestschreiben zurückzugeben. Frau Helga Mračnikar, die Leiterin des slowenischen Drava-Verlags in Klagenfurt, brachte uns in Verbindung mit einem Redakteur des *Delo*, der kommunistischen Tageszeitung in Ljubljana. Diesem gefiel die Idee dermaßen, daß er ein langes Interview mit uns veröffentlichte, in dem wir unsere Kritik offen darlegen konnten. Die Orden heben wir bis zur nächsten Gelegenheit auf.

Das Spital Pančevo hatte sich fast unmerklich, ohne jeden offiziellen Akt aufgelöst. Es kamen keine neuen Patienten mehr, sei es, weil es keine mehr gab oder weil Guido, der immer wieder Reisen unternommen hatte, um in Militärspitälern geeignete «Fälle» aufzuspüren, ungeduldig geworden war. Er fuhr mit seiner Chela in die Schweiz. Auch Gustl begann sich zu langweilen und verschwand. Die jugoslawische Equipe, der wir das Spital und unsere wertvollen Instrumente übergeben sollten, erschien nicht. Dr. Lavrič deutete uns an, daß unter den Chirurgen der Armee ein erbitterter Streit um den Posten des Chefchirurgen ausgebrochen sei. Eines Tages packten die letzten Schweizer (Goldy, Elio und ich) ihre Bündel, ein Lastwagen nahm uns zur Donaufähre mit, und die Sanitätsabteilung gab uns Gutscheine für ein Hotel in Belgrad, nicht mehr das vornehme «Moskwa», sondern ein anderes daneben, in dem wir bleiben könnten...

Mit Goldy hatte ich einen Plan ausgeheckt, der uns erlaubte, die Rückkehr noch einmal hinauszuschieben. Wir wollten als Erkundungsmission für das Internationale Komitee vom Roten Kreuz nach Albanien. Dieses geheimnisvolle Land zog uns an, die albanischen Verwundeten, die wir in Meljine behandelt hatten, waren schön und sonderbar exotisch. Auch politisch schien es interessant zu sein. Die albanischen Partisanen hatten mit den jugoslawischen gemeinsame Sache gemacht. In Albanien hatten die italienischen Besatzungstruppen, um Exempel ihrer Strenge zu statuieren, einige rebellische Bauern erschossen. Bei den Clans des armen Hirtenvolkes im Norden von Albanien galt die Blutrache. In kürzester Zeit flammte der Aufstand auf, genährt von den archaischen Familienpflichten. Von den «zivilisierteren» Clans in Tirana und im Süden des Landes schlossen sich ihnen die in Frankreich marxistisch geschulten Genossen an. Sie standen militärisch und politisch bald an der Spitze eines Volksaufstandes. Zu Ende des Krieges war Titos Jugoslawien zum großen Bruder des jungen sozialistischen Albanien geworden, ähnlich wie die Sowjetunion für Jugoslawien. Unsere Genossen versprachen Unterstützung, wollten uns aber die Reise nach Tirana ersparen, da ohnehin ein Staatsbesuch der gesamten albanischen Regierung in Belgrad erwartet wurde. Mit ihr könnten wir unsere Mission besprechen.

Wir mußten einige Wochen warten, bis uns die Partei mitteilte, die Regierung des sozialistischen Albanien werde uns am nächsten Morgen um zehn Uhr im Hotel «Palace» empfangen. Das Internationale Komitee vom Roten Kreuz hatte vor kurzem François Jaeggi als Delegierten nach Belgrad geschickt, einen jungen Arzt, der als Kommunist galt. Unsere Beglaubigungsschreiben, die aussahen wie Diplomatenpässe, waren in Ordnung, und in Zivilkleidung sahen wir einigermaßen aus wie Westeuropäer.

Das «Palace» in einer Seitengasse im Zentrum war für Gäste des Außenministeriums reserviert. Der hintere Saal sah aus wie ein Wiener Café zu den besten Zeiten. An einem langen Tisch saßen die Herren in eleganten dunklen Anzügen mit weißen Hemden und Krawatten. Die Beleuchtung war vornehm gedämpft, so daß wir nicht sicher waren, ob der elegante Herr in der Mitte der berühmte kommunistische Held Enver Hodscha war. Wir stellten uns einem der Herren vor, der aufgestanden war, er gab die Vorstellung in albanischer Sprache weiter, wir nahmen Platz, ich begann eine kurze Ansprache in französischer Sprache und überreichte unsere Beglaubigungsdokumente. Einer der Herren, wahrscheinlich der Minister für das Gesundheitswesen, antwortete in tadellosem Französisch mit einer kurzen Schilderung der kriegsbedingten Leiden des albanischen Volkes. Er schloß mit einer Frage: «Können Sie uns sagen, wieviel das Internationale Komitee der Regierung zu zahlen gedenkt?»

Ich sah Goldy an. Vielleicht, so begann ich eine zweite Ansprache, hätte ich mich nicht klar genug ausgedrückt. Das Rote Kreuz sei bereit, uns ins Land zu schicken, damit wir die Verhältnisse in Augenschein nehmen und die Behörden ihr Begehren nach medizinischer

Hilfe vorbringen könnten. Dieses würden wir nach Genf weiterleiten, dort werde man entscheiden, was das Komitee übernehmen könne, und ein Budget erstellen. Das Rote Kreuz, wollte ich fortfahren, könne nur gestützt auf den Bericht seiner Delegierten auf Gesuche eingehen. Bevor ich damit fertig war, unterbrach mich der Minister: «Ich frage, wieviel Sie zahlen.» Ich schaute wieder zu Goldy hinüber. Ganz ruhig versuchte ich, das Mißverständnis aufzuklären. Es handle sich um die Bereitschaft, eine medizinische Hilfe für die Bevölkerung zu spenden. Das Rote Kreuz habe kein Interesse daran, seine Hilfe aufzudrängen oder gar Zahlungen *à fonds perdu* zu leisten. Jetzt ergriff der Herr, der in der Mitte saß, also wahrscheinlich Enver Hodscha, das Wort: «Wenn Sie zu einer genügenden Zahlung ermächtigt sind, können wir weiter verhandeln.» Wir standen auf. Ich versprach, ein Pro memoria auszufertigen, um unsere Position zu erläutern und die Mißverständnisse womöglich aufzuklären. Dann gingen wir. François Jaeggi sagte nur, er hätte nicht geglaubt, daß Marxisten so schnell der Korruption erliegen würden. Wir dachten, daß die balkanischen Bräuche sich wieder einmal als stärker erwiesen hatten als das sozialistische Bewußtsein. Vielleicht hatte allerdings das kapitalistische Rote Kreuz bei dieser Regierung keine Chance, und das, was wir erlebt hatten, sollte lediglich heißen: Nein danke. Aus der Reise nach Albanien wurde nichts. Wir nahmen Abschied von den Genossen in Belgrad und fuhren heim.

Im Sommer 1953, sieben Jahre später, lud die Sanitätsverwaltung der Armee alle Teilnehmer der ersten Mission zu einem Ferienaufenthalt nach Jugoslawien ein. Sicherlich hatten die inzwischen eingetretenen politischen Veränderungen zu dieser Geste beigetragen. Bei der Sanitätsverwaltung war ein gewisses Unbehagen zurückgeblieben, daß die einzigen Freiwilligen im nationalen Befreiungskrieg nie in würdiger Form verabschiedet worden waren. An Versuchen fehlte es nicht. Doch hatte unsere Tätigkeit im Spital für Reparatorische Chirurgie Pančevo (über die ich später berichten werde) aufgehört, ohne daß die politischen oder militärischen Behörden ausdrücklich davon Kenntnis nahmen. Man hatte damals Dringlicheres zu tun. Einige Jahre später war in der «Föderativen Sozialistischen Volksrepublik Jugoslawien» wie in jedem jungen Staatsgebilde ein Bedürfnis entstanden, die eigene Vergangenheit als Geschichte festzuschreiben und mit symbolischen Gesten und Ritualen zu markieren.

Man habe im luxuriösesten Hotel in Dubrovnik für drei Wochen Zimmer reserviert. Wir sollten das Datum bestimmen und unsere Pässe einschicken, um das Visum eintragen zu lassen.

Die Sache traf uns unvorbereitet: Guido konnte seine Praxis nicht plötzlich im Stich lassen, Elio war im Ausland, Gustl als Regierungsarzt in Indonesien, zu Hannes hatten wir den Kontakt verloren, wir wußten nicht, wo er war. Goldy und ich, wir wollten die Einladung jedenfalls annehmen, die alten Freunde wiedersehen und das Land auf seinem eigenen Weg. Ob im Sozialismus der Selbstverwaltung der «Neue Mensch» entstanden war, darauf waren wir jetzt als Psychoanalytiker besonders neugierig. Wir dankten, entschuldigten unsere Kameraden und baten, man möge die Idee mit dem Luxushotel fallenlassen und uns gestatten, mit unserem eigenen Auto durchs Land zu fahren, zu den Orten, die wir vom Krieg her kannten, und zum Schluß unsere Freunde von der Sanitätsverwaltung in Belgrad zu besuchen. Damit lösten wir eine bürokratische Komplikation nach der anderen aus. Im vornehm-diplomatischen Stil gab es nichts als Hindernisse: eine Kollektiveinladung lasse sich nicht in Einzelreisen umwandeln, nur diese Hotelreservierung gewährleiste eine standesgemäße Unterbringung der hohen Gäste, und dergleichen. Ende August, am letzten Termin, der für uns in Frage kam, war das Visum noch nicht da und noch keinerlei Vereinbarung getroffen. Wir beschlossen, nicht länger zu warten, kauften ein Touristenvisum und fuhren los.

Wir waren gar nicht so sicher, was uns diese Reise bescheren würde. Am Grenzübergang bei Postojna ging alles glatt, es gab eine Warteschlange von Autos aus dem Westen; wir nahmen uns vor, nicht allzu große Erwartungen auf diesen einzigen sozialistischen Staat mit Selbstverwaltung der Werktätigen zu richten. In Ljubljana, der ersten größeren Stadt, kamen wir am späten Nachmittag an und nahmen ein Zimmer im traditionsreichen Hotel «Slon», Elefant.

Als wir herunterkamen, um ein wenig in die Stadt zu gehen, hielt der Portier mich an. Ein Herr wünsche mich zu sprechen, nein, den Doktor Parin allein, der sei ich doch. Ob der Herr sich nicht in die Halle bemühen wolle, fragte ich. Er warte im Hinterzimmer. Der Portier war ziemlich aufgeregt; wir sahen uns an: die OZNA? Goldy sollte in der Bar warten, damit sie da wäre, wenn ich nicht bald wieder erschiene; mitkommen durfte sie nicht.

Der junge Herr, der mich erwartete, sah nicht aus wie von der Geheimpolizei – zu intelligent, lebendig und schlank. Er gab mir die Hand und war so gut informiert, daß ich bereits nach den am wenigsten kompromittierenden Antworten suchte. «Sie haben eine Einladung der Sanitätsverwaltung erhalten. Heute um 16.15 Uhr sind Sie mit Ihrem Fordwagen über Postojna aus Triest kommend eingereist, mit Ihnen reist Fräulein Goldy Matthèy, die ebenfalls im Besitz einer Einladung ist, jedoch reisen Sie beide mit touristischem Visum...» Ich konnte nur zustimmend nicken. Der Herr stand auf und stellte sich vor: Dr. med. Stojan Z., von der Sanitätsverwaltung. «Wir haben erfahren, daß man Ihnen bürokratische Schwierigkeiten bereitet.» Darum habe man ihn an die Grenze geschickt, um uns zu empfangen. Wir kamen aber durch, als er gerade einen Moment weggegangen war. «Wenn Sie überall herumgereist sind, erwarten wir Sie in Belgrad, die Genossen freuen sich sehr, Sie zu sehen; und das ist für Ihre Ferien.» Er zog ein dickes Bündel Banknoten aus der Manteltasche und drückte es mir in die Hand. Ich war einigermaßen verlegen. Eine Quittung? «Aber nein, unter Genossen und Kollegen; schöne Ferien!» Zum Abendessen wollte er nicht bleiben, er müsse auf den Zug, und war verschwunden.

Nicht nur das Geld – so viel hatten wir noch nie in der Hand gehabt –, die ganze Reise war üppig. Wir fuhren über Dalmatien, in alle die montenegrinischen Orte, bis hinunter nach Mazedonien. In Kosovo waren die Straßen erbärmlich, aber die Kinder, die sich von der Schule per Autostopp heimfahren ließen, waren wohlgenährt, gut angezogen und versuchten sich in Französisch; das hatten sie in der Schule gelernt.

«Kosovska Mitrovica» hieß jetzt «Titova Mitrovica», das Bergwerk war in Betrieb, die Hauptstraße glich einem Saumpfad, der von tiefen Sümpfen unterbrochen ist, im Hotel aber gab es fließendes Wasser, auf den Betten dicke weiche Wolldecken *made in Yougoslavia* und abends Tanz, mit Bier, *razniči* vom Holzkohlegrill und Eis für die Kinder. Am nächsten Morgen brachten wir ein Telegramm auf die Post; das Fräulein versicherte uns auf französisch, daß es in einer Stunde bei der Sanitätsverwaltung der Armee in Belgrad sein werde.

Wir waren freudig gespannt und versuchten, uns mit einer gewissen Distanz zu wappnen; seit dem Ende des Krieges waren acht Jahre vergangen, eine lange Zeit. Wir waren nicht mehr junge Chirurgen, sondern etablierte Psychoanalytiker, hatten die Utopie nicht aufgegeben, aber das politische Feld verlagert. (Später einmal hat Goldy das so ausgedrückt: «Für mich ist die Psychoanalyse die Fortsetzung des Guerillakampfes mit anderen Mitteln.»)

In Belgrad sollte klarwerden, was während der Reise offengeblieben war: Wie steht es, fünf Jahre nach Titos Bruch mit Stalin, im einzigen Staat, in dem Arbeiter und Bauern «sich selbst verwalten», wie steht es mit dem Sozialismus? Wir werden Freunde und Genossen treffen, die offen mit uns reden; und die wissen, worüber sie reden. In Belgrad sind alle Voraussetzungen gegeben, um einen Überblick zu gewinnen. Vor dem Krieg hieß es, daß zu Füßen der türkischen Festung Kalemegdan, wo Donau und Save zusammenfließen, der Westen auf den Osten trifft, Europa auf den Balkan. In der Hauptstadt der föderativen Republik werden wir das Zusammenspiel der so verschiedenen jugoslawischen Völkerschaften miterleben. Vielleicht gibt es da auch Zeichen, daß das Land auf dem Weg zu einem Sozialismus ist, der nach dem revolutionären Sieg des Volkes – getragen von der unbestrittenen Macht der KP – hinführt zur Utopie eines menschenwürdigen Lebens.

Wir näherten uns der Stadt auf einem Umweg von Norden her. Dort, wo sich heute Novi Beograd mit Glas- und Aluminiumpalästen und vielstöckigen Wohnblocks breitmacht, in der Niederung zwischen Save und Donau, ragten Betonkonstruktionen gespenstisch in den blassen Himmel. Viele der Bauskelette standen schiefer als der Turm von Pisa, ihr Gewicht drückte sie in den sumpfigen Grund. Das Erbe der Jahre an der Hand des großen Bruders.

Über die Savebrücke wimmelte das *narod*, das Volk, elegante Großstadtmenschen, Bauern, Arbeiter, Zigeuner, Soldaten mit Partisanenmütze, Männer mit rotem Fes, mit oder ohne Turban, ab und zu Bettler in Zottelpelzen und Lumpen. Hinauf in die alte Stadt steuerten wir auf die Terazije, den Hauptplatz zu, zum Hotel «Moskwa», wo wir alle uns wiedergetroffen hatten und wo Goldy die Genossen aus Spanien wiederfand, damals, als das Land tief Atem holte und die Rote Armee mit Militärmärschen dem Volk auf Straßen und Plätzen bekanntgab, daß Hitler in seinem Bunker in Berlin liegt, ein toter Hund.

Das «Moskwa», imposant wie das Grandhotel einer Metropole, liegt am Rand des breiten Ovals der Terazije, mit dem zur Straße offenen Wiener Café, mit der Jugendstilfassade, die mit protzigen Wölbungen moskowitisch wirkt. Der Portier war trotz seiner Manieren aus dem k. und k. Österreich ein tüchtiger Funktionär der Partisanenverwaltung gewesen. Im «Moskwa», der Unterkunft für Funktionäre und Offiziere, wo man uns damals einlogiert hatte, gab es für den agilen Mann mit dem roten Stern im Knopfloch kein unlösbares Problem. Jetzt waren die Räume nobel renoviert, für das Publikum aus dem Westen, unser Portier trug Gehrock und auf dem Rockaufschlag statt des roten Sterns die gekreuzten goldenen Schlüsselchen. Er sprach nur englisch und bedauerte: «Wir sind ausgebucht, Sie hätten reservieren müssen...» Ein Zucken um die Mundwinkel verriet, daß er uns wiedererkannt hatte: Ja, meine Lieben, jetzt seid ihr Hotelgäste wie andere auch, nicht mehr die Genossen aus dem Wald mit ihren Pistolen. Enttäuscht wandte sich Goldy zum Ausgang. Ich hielt sie zurück: «Wir sind über die Save gekommen und jetzt im Balkan. Wieviel erwartet er bloß?» Ich legte zwei schöne Scheine aus dem Geldbündel der Sanitätsverwaltung auf die Theke, und wir zogen uns in den Hintergrund der Halle zurück, wo tiefe Lederfauteuils zum Verweilen einluden. Die erste Zigarette war noch nicht geraucht, als der Herr Portier sich vor uns verbeugte: Ein glücklicher Zufall; soeben habe die mexikanische Botschaft eine reservierte Zimmerflucht freigegeben. Ob wir mit demselben Zimmer zufrieden seien wie bei unserem letzten geschätzten Besuch? Er wartete beim Lift und befahl dem Zimmermädchen nachzusehen, ob im Bad alles funktioniere.

Kaum waren wir in unserem Zimmer, läutete das Telefon. Zimolo, der Evakuierungsoffizier, jetzt Oberst Zimolo: Der General, nein, nicht Gojko Nikoliš, der sei außer Land als Ambassadeur in Indien, sondern sein Stellvertreter, der General Kraus – du weißt doch, der kleine Apotheker –, hat für heute abend zu einem Bankett auf der Avala eingeladen. Alle werden da sein, wir freuen uns so, die Limousine des Generals ist um sieben Uhr im «Moskwa»; euren Wagen laßt ihr schön stehen, ihr seid Staatsgäste.

Ein schwarzer Cadillac kam um acht, mit Fahrer und Ordonnanz in dunkelblauen Uniformen. Die Fenster des Wagens hatte man durch Kartons ersetzt, wir konnten aber doch hinaussehen, da die Verschalung von dem Gerüttel auf Belgrads Straßen herausfiel. Der Weg hinauf auf den Hügel, der seit den Zeiten des Königs von einem Luxusrestaurant gekrönt ist, wird von bronzenen Kandelabern eingefaßt. Die Laternen waren zerschossen; offenbar waren Partisanen vorbeigekommen und hatten nicht widerstehen können, wie bei den Kakteen im Garten von Meljine.

Es wurde noch schöner und fröhlicher, als wir erwartet hatten. Doch fehlten einige unserer Freunde. Sie waren in hohe Ämter eingesetzt, aber leider, so gut sie den Krieg auch überstanden hätten, es räche sich jetzt: Asthma, Magengeschwüre, Tuberkulose, viele seien krank, manche allerdings schon geheilt und wieder bei der Arbeit. Wir brauchten es gar nicht auszusprechen, Kraus kam selber darauf: Die Genossen, denen es im Krieg mit seinen Anstrengungen und Gefahren wohl gewesen war, stünden jetzt vor beinahe unlösbaren Aufgaben. Der einzige Ausweg, der diesen Genossen bleibe, um aus der Schere von bürokratischer Kontrolle und eigenem Verantwortungsbewußtsein herauszukommen, sei die Krankheit. Was wir als Psychoanalytiker dazu meinten? Wir konnten bestätigen, daß sich psychosomatische Zustände auf diese Situation zurückführen ließen. Unsere Freunde wurden sehr nachdenklich, als wir erklärten, daß eine solche «Flucht in die Krankheit» den Genossen hoch anzurechnen sei. Wer sich aus der Verantwortung herausstehlen wolle, der müsse nicht krank werden, der könne sich mit der mächtigen Bürokratie identifizieren, sich in den Schutz einer unverantwortlichen Machtposition retten und die krummen Wege der Partei gerade sein lassen. (Etwa ein Jahr später starb General Kraus; er war kaum fünfzig Jahre alt. Eine Tuberkulose-Infektion, die während seiner Partisanenzeit im Wald still geblieben war, sei plötzlich aufgeflammt. Schon vor der Erkrankung habe er mehrmals das Gesuch gestellt, vom Posten als Stellvertreter des kommandierenden Generals der Sanität, dem er sich nicht gewachsen fühlte, enthoben zu werden.)

Um uns zu überraschen, hatte die Sanitätsverwaltung Leni eingeladen, die mit Goldy im Sanitätsdienst der Interbrigaden in Spanien gewesen war, und meinen Studienkollegen Zdenko. Von beiden hatten wir im Krieg nie etwas gehört und angenommen, sie seien längst tot. Das Gerüchtetelefon hatte gut funktioniert; dieses Wiedersehen allein wäre die Reise in die Vergangenheit wert gewesen. Wie es war, als Tito mit Stalin brach? Davon erzählten sie gerne. «Es war, wie wenn man in einem stickigen Raum ist und die Fenster plötzlich aufgehen.» Keiner der zwei Dutzend Gäste trauerte dem Stalin-Regime nach. Wie die Partei es verkraftet habe? Ja gut; wir hätten doch selber gesehen...

Zdenko hatte seine Medizinstudien gleichzeitig mit mir in Graz begonnen. Die Histologieprüfung bereiteten wir gemeinsam vor, weil er einen vollständigen Satz von Präparaten angelegt hatte, während ich ein Mikroskop besaß und viel mehr Leichtsinn für die Vorbereitung der Prüfung beitragen konnte. Am nächsten Tag sollte er uns – wiederum mit der Staatskarosse – zu einem Badeausflug auf einer Donauinsel begleiten. Da erzählte er seine Geschichte.

Als Hitler einmarschierte, mußte er zur königlichen Armee einrükken. In der Lika, wo sein Regiment gegen die Invasion aufmarschiert war, verschwand der kommandierende General mit der Regimentskasse. Alles löste sich auf, und er fuhr zurück nach Zagreb, wo sein Vater ein angesehener jüdischer Zahnarzt war. Bald nachdem

Dr. Ante Pavelić den faschistischen Ustascha-Staat Kroatien von Hitlers Gnaden gegründet hatte, wurden alle jüdischen Ärzte zusammengetrieben. Sie sollten, auf Sanitätsposten in den Dörfern Nordbosniens verteilt, die dort endemische Syphilis mittels eines perfekt ausgedachten Depistagesystems mit Neosalvarsaninjektionen bekämpfen. Danach, ließ man durchblicken, würden sie in einem Lager konzentriert. Aus dem Dorf verschwand Zdenko sehr bald zu den ersten Partisaneneinheiten in das nahe Kosaragebirge. Er wurde zweimal verwundet, hielt durch, war zu Ende des Krieges Oberst und als erprobter Genosse Chefarzt der Flugwaffe, die nach dem Krieg als Eliteeinheit organisiert wurde.

Zum Badeausflug kam er nicht in Uniform, sondern in einem gelben Polohemd. Bevor wir bei der Fähre zur Insel angekommen waren, platzte ein Reifen des Cadillac, der Chauffeur hatte kein Werkzeug, und die Staatsgäste setzten die Reise per Autostopp fort. (Als wir abends zum Cadillac zurückkamen, war der Schaden repariert, und der Fahrer beschenkte uns zum Trost mit wunderbaren frühreifen Äpfeln, die er vom Baum gestohlen hatte.)

Auch Zdenko erzählte, wie er den Bruch mit Stalin erlebt hatte: «An diesem Morgen kam der Fahrer wie jeden Tag um sieben, um mich ins Kommando nach Zemun zu bringen. ‹Weißt du, Genosse Oberst, daß wir die Russen hinausgeworfen haben?› sagte er. Ich glaubte, er mache einen Witz. Wir wetteten sogar. Dann weiß ich nichts mehr, denn wir gingen alle zusammen saufen. Es war ein schöner Tag.»

Wenn sich die Freundschaft mit Zdenko nicht erneuert hätte und wir ihn nicht später als *medical adviser* in Äthiopien getroffen hätten, wäre es uns schwergefallen, die Entwicklung der Dinge in Jugoslawien zu verstehen.

Zdenko machte Karriere als Chefarzt und emigrierte Anfang der sechziger Jahre mit Frau und zwei Kindern nach Schweden, wo er bis zu seinem plötzlichen Tod im Jahr 1989 als Arzt arbeitete. Ich müßte viel über ihn erzählen, am besten ihn wieder lebendig machen, damit seiner Geschichte das Gewicht zukäme, die sie für uns hatte. Er war von unbändigem Temperament, voll guter Laune und Energie und von außerordentlicher Intelligenz. Jedesmal wenn wir ihn trafen, deutete er an: Ihr wißt, ich neige ein wenig zu Verfolgungswahn. Das verstanden wir als Anspielung auf seine Eifersucht, denn seine zweite Frau wirkte sehr anziehend auf Männer. Erst beim letztenmal, kurz vor seiner Emigration, stellte es sich heraus, daß er trotz seiner glänzenden beruflichen Laufbahn schon lange vom jugoslawischen Geheimdienst beobachtet wurde. Von Wahn keine Spur. Schließlich entging er nur knapp einem Anschlag der äthiopischen Geheimpolizei, die der jugoslawischen OZNA zudiente.

«Ich war der Partei loyal. Mehr als das. Am Tag, an dem ich zu den Genossen auf die Kosara kam, hatte ich meine Skepsis, die du ja kennst, aufgegeben. Erst Ende des Krieges in der Affäre mit meiner ersten Frau wurde ich wieder mißtrauisch. Das stimmt eigentlich nicht. Ich war nicht mißtrauisch, ich war empört. Mir ist nichts passiert. Aber anderen, Genossen, die mit mir im Wald waren. Das war etwas anderes als die Unerfahrenheit der jungen Kader, die ihren Aufgaben nicht gewachsen sind, nicht der bekannte Primitivismus unserer Leute. Es kam ganz systematisch von der Führung der Partei. Ich konnte es nicht ändern; was hat schon ein Arzt und Offizier zu sagen. Mit meinen Leuten, beim Arztdienst der Flugwaffe, gab es keine Diskriminierung und keine Willkür. Bis mir das passiert ist:

Es war eine gewöhnliche politische Konferenz der Sanitätskader. Ein junger Funktionär aus Belgrad hielt das Referat. Er griff die chinesische Partei an. Es war zu Beginn der Kampagne gegen Mao. Er verurteilte die Politik der chinesischen Partei, sie habe die proletarische Linie verlassen, die Revolution verraten, sie gehe mit den Kulaken. Und so weiter, reiner Unsinn. Es paßte den Sowjets einfach nicht, daß in China die Revolution weiterging.

Ich saß da und hörte kaum zu. Da ist der Kollege Milan Davidović aufgestanden. Man hat gemerkt, daß er sich ärgerte. Milan war viel älter als ich, er war die ganze Zeit Arzt auf der Kosara, wo auch ich war, ist aber ein paar Wochen früher weggegangen, nach Vukovar, weil er hoffte, noch jemand von seiner Familie anzutreffen. Den Vater und seine zwei Brüder hatten die Ustaschi im Lager Jasenovac umgebracht, aber er fand seine Tochter, die bei Bauern versteckt war. Als er sich wieder meldete, wollte ihn niemand haben, weil er quasi desertiert war, und ich nahm ihn in den Sanitätsdienst der Flieger. Er war ein gebildeter Mann und konnte es einfach nicht ertragen, daß man so primitiv über China schimpfte. Er hat gar nicht viel gesagt, nur daß das eine andere, eine uralte Kultur ist, daß die Chinesen eine eigene Geschichte haben, daß Mao ein großer Philosoph, ein Dichter und ein hervorragender Marxist ist, der für die Revolution unendlich viel geleistet hat. Der Funktionär wurde blaß vor Wut und hat Davidović zur Sau gemacht. Das Übliche: bourgeoise Sentimentalität, fraktionistische Abweichung, was weiß ich. Alle hörten sich das an, niemand hat was gesagt. Zwei Tage danach hat sich Davidović erschossen. Er war schon immer ein wenig depressiv und hat gemeint, jetzt sei es mit ihm aus. Du verstehst. Auch ich war still. Ich mochte ihn gern, ein sehr feiner Kollege. Ich hätte reden müssen. Ich weiß bis heute nicht, was mich gelähmt hat. Zu befürchten hatte ich eigentlich nichts. Dann habe ich begriffen: Es ist soweit. Ich bin dabei, so zu werden wie die anderen. Damals hab ich mich entschlossen: Ich muß weg, sonst gehe ich kaputt. Ich habe sofort angefangen, für die Auswanderung zu planen. Niemand hat etwas gemerkt. Daß die OZNA hinter mir her war, das hat andere Gründe, eine blöde Denunziation. Du verstehst: Moralisch war ich schon angefressen. Milan war mein Freund.»

In den kommenden Jahren bot Jugoslawien ein anderes Bild als die Staaten des realen Sozialismus. Von West und Ost umworben, war Tito der Vorkämpfer der Blockfreien. Die Adria-Insel Brioni, seine Residenz, wurde zum Treffpunkt der Politiker aus aller Welt. Im Land ein Boom, auf Pump natürlich, aber ein freieres Leben, Tourismus, Konsum, Arbeitslosigkeit, Auswanderung und Öffnung nach allen Seiten. Über den Zustand der Partei konnten wir uns keine Illusionen machen. Wir hatten berufliche und freundschaftliche Kontakte mit dem Psychiater und Soziologieprofessor Jakovlević in Belgrad und der Soziologin Vera Erlich-Stein in Zagreb und stellten fest: «Einfache» Leute wurden nicht bespitzelt, je höher aber die Funktion war, desto vorsichtiger mußten sie sein, da genügte irgendein Vorwand, daß die OZNA (die man in UDBA umgetauft hatte, die im Volk aber weiterhin OZNA hieß) ihre Spitzel losließ; wichtige Personen, z. B. Universitätsprofessoren – nicht nur in Kroatien, wo ohnehin immer der Verdacht auf «nationalistische» Abweichung in der Luft lag, auch in Belgrad –, waren ständig der Überwachung durch die Geheimdienste der Partei ausgesetzt. Sie wußten, daß sie damit leben oder aber auswandern mußten, wie viele andere. (Trotz dieser Situation haben diese beiden Soziologen Außerordentliches für die Entwicklung ihrer Wissenschaft in Jugoslawien geleistet.)

Auch wer keinen persönlichen Kontakt hatte, konnte in den westlichen Zeitungen lesen, wie wenig sich geändert hatte. Immer wieder gab es Prozesse gegen den einen oder den anderen Prominenten, aufgrund jenes dehnbaren Staatsschutzparagraphen: mit schöner Regelmäßigkeit einmal wegen Abweichung nach links (Stalinismus), dann wegen Abweichung nach rechts (CIA etc.). Das war nur so zu erklären, daß irgendwo im Hintergrund Ideologen oder, nach Milovan Djilas' treffendem Wort, die Neue Klasse das Heft, das heißt die Kontrolle und Herrschaft über das Volk nicht aus der Hand gegeben hatte.

Erst in den sechziger Jahren sickerte für uns die ganze schreckliche Wahrheit durch, die heute durch unwidersprüchliche literarische[13] und historische Dokumente belegt ist. Nach dem Bruch mit Stalin wurde die stalinistische Geheimpolizei nicht aufgelöst. Sie stand weiter im Dienst von Titos Herrschaft, der Diktatur der Partei, und machte sich, je freiheitlicher das Regime scheinen mochte, als Institution des Terrors selbständig; sie sicherte die Privilegien einer immer verfilzteren Nomenklatura. Auf die Insel Goli otok (die nackte Insel), die 1948 zur «Umerziehung» der Kominformisten eingerichtet worden war, ein grauenhaftes Konzentrationslager (eine Kombination des sowjetischen Gulag mit Foltermethoden der deutschen KZ und einigen kulturtypischen Primitivismen), wurden viele Jahre lang Mißliebige gebracht, häufig die besten Genossen, selbständige, kritische Geister oder einfach die Opfer irgendeiner Denunziation und persönlicher Rache.

Heute ist in Serbien und Montenegro der Bund der Kommunisten eine Partei, die ihre Herrschaft mit «stalinistischen» Methoden gegen freiheitliche und perestroikaähnliche Entwicklungen durchzusetzen versucht, während in Slowenien und Kroatien sich bereits ein demokratischer Pluralismus zu entwickeln scheint. Wir beide, Goldy und ich, sind weder erstaunt noch enttäuscht. Bisher war jeder Sieg einer Revolution nicht nur von einem Thermidor, einer Konterrevolution oder einer Intervention reaktionärer Mächte bedroht. Früher oder später gibt es Rückschläge: Das leitende Ideal geht kaputt, hat sich im Alltag der Verwaltung verschlissen, die Partei ist bürokratisch erstarrt oder durch die eine oder andere Fehlentwicklung diskreditiert und hat, wie es so seltsam heißt, den «Kontakt mit der Basis» verloren. Diese Basis, das Volk, will wieder beides: Ein besseres und freieres Leben und das, was einmal war. Die unstillbare Sehnsucht, die Unruhe, die wir in ihrer gereinigten Form Utopie nennen, greift auf die Überlieferung, auf die Traditionen von Heimat, Glaube, Familie zurück, die doch nie wirklich Zufriedenheit und Glück gebracht haben, unterliegt dem Wiederholungszwang der Geschichte. Gleichzeitig setzt diese Sehnsucht neue Möglichkeiten frei, emanzipiert sich von Herrschaft, und das geschieht auch, wenn sie durch den Zwang einer nie ganz lückenlosen Sozialisation im Unbewußten der Menschen verankert ist.

Manchmal dauert dieser Prozeß lange. Dann wieder geht er rasend schnell. Ende März 1990 hat Goldy an unsere Freundin Ursula, die seit sieben Jahren in Costa Rica lebt, geschrieben:

«Also, die Deutschen haben gewählt. Es ist wohl die schlimmste zu erwartende Variante geworden, die nicht nur uns, sondern sehr vielen Menschen Gänsehaut verursacht, jedenfalls denjenigen, die sich an 1933 erinnern können. Aus der plötzlichen, aber imponierenden Erhebung der Menschen in Leipzig, wo aus Untertanen überraschend revolutionäre, mündige Bürger entstanden: ‹Wir sind das Volk›, ist eine hysterische nationale Massenbewegung geworden. Die Revolutionäre, die den Aufstand ins Rollen brachten, sind weggeschwemmt von einer konsumgierigen, neidischen Menschenflut, die zur Wiedervereinigung drängt, zu ‹Heim ins Reich› und ‹Deutschland einig Vaterland›. So eilig haben sie es, sich von einer Knechtschaft in die andere, von der Knechtschaft ihres realen Sozialismus in die der kapitalistischen Marktwirtschaft zu stürzen. Das Schlimme ist, daß ihre Konsumgier, die man noch verstehen könnte, unter heilig-nationaler Flagge segelt.

Unsere Freunde aus Berlin sagten, daß sie noch nie so grauenhaft kaputte Kinder gesehen haben wie die DDR-Kinder der Übersiedler. Sie sind sauber und brav und vollkommen leer, nur gierig nach Konsum. Dahinter kann man etwas wie bleierne Wut vermuten, die niedergehalten ist. Wenn diese verbogenen Menschen sich nun dem real existierenden Kapitalismus anpassen, Rivalität ist gefordert, Ellbogen und Fressen und Gefressenwerden – mir wird kalt. Vor allem vor der unausbleiblichen Enttäuschung, die kommen wird, weil die hochgegeilten Wünsche im einig Vaterland ja doch nicht zu erfüllen sind; da hab ich Angst. Ja, Ursula, sei froh, daß Du weit weg bist.

Es ist ein alter Spruch: Die Revolution frißt ihre Kinder; diejenigen, die sie in Gang setzen, sind am Ende nicht mehr dabei. In Jugoslawien: Die Partisanen, die die gesellschaftliche Umwälzung und den Sieg erkämpften, haben sich danach sofort den Russen unterworfen, wurden Schüler. Und jetzt: Das nationalfaschistische Serbien unterdrückt grausam die Kosovo-Albaner, die Slowenen setzen sich ab, was wird daraus? Und wichtiger: Rußland! Wird Gorbatschow der Machtfülle, die er sich gegeben hat, widerstehen? Am längsten haben ja tatsächlich die Nicaraguaner versucht, ihre Revolution halbwegs zu halten ...»

Wenn wieder einmal alles kaputt ist, wofür wir gekämpft haben, kommen wir uns überflüssig vor. Das ist jedem der unseren schon mehrmals passiert. Es gibt einen Trost für die, denen es um ein besseres Leben der Menschen geht: Wirklich überflüssig sind sie nicht, die Arbeit wird ihnen nicht ausgehen, man braucht sie und wird sie bald wieder brauchen. Der «Neue Mensch», auf den es doch ankommt, wird nicht so bald entstehen und schon gar nicht ohne uns. «Hoffnung – aktiv werdende Unzufriedenheit» (Ernst Bloch). Oder sind die, die nicht aufgeben, die auf ihre Utopie gar nicht verzichten können, sind vielleicht sie alle – ohne daß sie es wissen – bereits die Neuen Menschen?

16
Eine Reise in der Reise

«Ruht euch ein wenig aus; geht am Strand spazieren; das wird euch guttun.» Wieder ließ uns Radoš abfahren. Seit einiger Zeit wiederholte sich das gleiche Spiel: Wir waren mit der Arbeit im Spital fertig und besprachen die Lage. Dann gingen wir zum Kommandanten, er solle im Hauptquartier melden, daß unsere Equipe für einen neuen Einsatz zur Disposition stehe. Titos Hauptquartier hatte uns nach Montenegro geschickt; es war logisch, daß jetzt, wo wir hier mit unserer Arbeit fertig waren, dasselbe Kommando uns dorthin schickte, wo wir am nötigsten gebraucht würden und am meisten leisten könnten. Unser Kommandant hatte täglich Radiokontakt mit dem Hauptquartier. Er gab sogar zu, daß wir recht hätten, tat aber nichts.

Elio, Gustl mit seinem Gips am Bein, Goldy und ich, wir waren der Rest der Schweizer Equipe in Meljine. Das Spital leerte sich allmählich. Die Front war weit nach Norden und Osten gerückt; die Kämpfe fanden in der Tiefebene entlang der ungarischen Grenze statt. Es waren vor allem Rekonvaleszenten, die neu eintrafen. Von den Patienten, die wir selber operiert hatten, war beinahe keiner mehr da. Das Spital in Herceg Novi schien zu funktionieren; es tauchten auch jugoslawische Ärzte auf, die keine Arbeit hatten und uns ersetzen könnten.

Wahrscheinlich verstand Radoš, daß es uns nicht paßte, in die montenegrinische Sanitätspolitik integriert zu werden, in die Intrigen, die Machtansprüche der alten Clans und die gierigen Manöver der neuen Eliten. Doch waren wir für ihn wertvoll: Er konnte unser Prestige für seine Zwecke einsetzen.

Dazu waren wir nicht hergekommen! Endlich wollten wir ins Zentrum, dorthin, wo der Sieg im Befreiungskrieg sich in den Sieg des Sozialismus, in die Organisation des neuen Lebens umsetzte. Die chirurgische Tätigkeit war bisher das gewesen, was wir als Aktivisten beitragen konnten; wenn sie wegfiel, waren wir überflüssig; seit dem Konflikt mit Radoš waren wir auch politisch isoliert. Wir müssen ihm ganz schön zugesetzt haben. Plötzlich rückte er mit dem Geständnis heraus, daß er für uns nicht mehr zuständig sei. Einzig das Territorialkommando, das neuerdings in Cetinje saß, könne über uns bestimmen.

Am nächsten Morgen fuhr ich los. Ich nahm eine der kanadischen Maschinenpistolen, die man uns einmal zugeteilt hatte und die unter unseren Betten verstaubten, steckte ein Magazin in den Gürtel und wartete auf der Straße vor der Spitaleinfahrt. Der erste Lastwagen nach Cetinje hielt an, obwohl er übervoll war; man machte den Sitz neben dem Fahrer für mich frei. Es stimmte also, daß die Chauffeure sich danach richteten: je toller die Waffe, desto wichtiger die Person. (Seitdem reiste ich nie, ohne zumindest eine Pistole umzuschnallen.)

Nach den langen Monaten im Spital war die Fahrt ein unerhörter Genuß. Das neue Grün, Blumen, Vögel, Schmetterlinge, der frische Frühlingswind, der vom Meer her über die Küstenberge strich, und sogar der Benzinduft versetzten mich in einen euphorischen Zustand. Als wir vor dem Kommando im alten Rathaus der ehemaligen Haupt- und Königsstadt hielten, begann es zu dunkeln.

Die Genossen vom Territorialkommando waren nach Hause gegangen. Der Diensthabende riet mir, morgen um sieben, zu Beginn der Arbeitszeit, vorzusprechen, und gab mir einen Soldaten mit, um mir ein Quartier anzuweisen. Es eilte; um sieben war *couvre feu*, und die Wachen hatten Befehl, ohne Warnung zu schießen. «Weil wir in Cetinje noch viele Tschetniks haben, die auf ihren König Nikita warten.» (Der montenegrinische König war schon im Ersten Weltkrieg abgesetzt worden.) Im Abendlicht sahen die Straßen, die bereits menschenleer waren, aus wie in einer k. und k. Provinzstadt. Das frische Grün der Roßkastanien verstärkte das friedliche Bild. Erst in der Vorstadt standen halb zerfallen die armseligen montenegrinischen Häuschen. Der Soldat steuerte auf eines zu und begann, mit dem Kolben gegen die Tür zu schlagen. Drinnen war es dunkel, und es rührte sich nichts. Der Soldat donnerte an die Fensterläden und fluchte laut: «Wenn ihr nicht sofort aufmacht, schlage ich die Tür ein, und ihr werdet auf der Stelle erschossen. Widerstand gegen die Volksarmee ist Verrat. Verdammte Tschetniks, ich befördere euch in die Hölle, wo ihr hingehört. Der Teufel wird deine Großmutter vögeln.»

Als die Tür endlich aufging, hörten seine Flüche auf. Ein magerer Mann in Hemdsärmeln starrte uns an: «Das ist dein Gast für eine Nacht. Sieh zu, daß er zufrieden ist. Sonst werdet ihr alle erschossen.» Dann umarmten sich die beiden, der wütende Soldat und der Häusler, der Soldat schulterte sein Gewehr und verschwand im Laufschritt. «Gott segne dich, Gast», sagte der Magere, faßte mich bei der Hand und zog mich hinein. Die Tür zum Schlafgemach stand offen, er zündete einen Kerzenstummel an und begann, die Kinder – es müssen fünf oder sechs gewesen sein –, die quer auf dem hohen Doppelbett lagen, hervorzuzerren und unter das Bett zu schieben. Die kleinsten begannen zu weinen, die größeren verkrochen sich wie verschreckte Tierlein. «Genosse Hausherr», sagte ich, «laß das. Ich werde nicht im Bett schlafen. Laß deine Kinder, wo sie sind. Habt ihr keinen anderen Raum?» Die Küche mit sauberen Steinfliesen und einem Eisenherd gefiel mir viel besser, besonders als der Mann eine Strohmatte ausbreitete. Er kniete wortlos nieder und schickte sich an, mir die Schuhbändel zu lösen. «Es ist gut hier, ich werde auf der Matte schlafen», sagte ich und dachte an die Flöhe, von denen es im Familienbett sicherlich wimmelte. «Gott segne dich, Partisan, du bist ein guter Mensch», sagte er und zauberte einen zweiten Kerzenstummel hervor, den er sorgfältig auf den kalten Herd stellte. Ich zog meine Zigaretten heraus und gab ihm eine Handvoll. Er stellte einen Tonkrug mit frischem Wasser neben die Matte. «Gott verzeih mir, wir haben nichts anderes, kein Brot, kein Salz. Die Tür dahinten geht zum Stall, dort kannst du dich erleichtern. Gott segne dich.» Er steckte eine Zigarette an der Kerzenflamme an, verbeugte sich tief und verschwand. Das Wimmern der Kinder hatte aufgehört. Ich lehnte die MP an die Wand, faltete die Uniformbluse als Kopfkissen und schlief zufrieden ein: Morgen bringe ich den Befehl zur Abreise nach Meljine.

Beim ersten Tageslicht inspizierte ich die Küche. In einem der Tonkrüge war eine Handvoll Hirsemehl, sonst gab es nichts, auch das Gefäß für Salz war leer. Ich legte noch einige Zigaretten auf den Tisch und war lange vor sieben Uhr beim Territorialkommando. «Du hast kein Glück, Genosse», begrüßte mich der Diensthabende, «sie sind in der politischen Konferenz. Sie haben schon vor sechs Uhr angefangen. Der General hat gesagt, er wird dich gegen Mittag anhören.» Meine Ungeduld schlug unversehens in Zorn um. «So! Zu Mittag! Sehr freundlich vom Genossen General! Zu Mittag bin ich längst wieder fort; es muß jetzt sein.» Ich schob den verdutzten Mann zur Seite und stürmte hinein. In allen Amtshäusern des alten Österreich ist im ersten Stock gegenüber der Treppe das größte Büro, für den Bezirkshauptmann. Ich riß die Tür auf; tatsächlich saß ein Dutzend Offiziere an einem langen Tisch und hörte einem Redner zu. «Genossen, *ima hitna stvar*, es gibt ein dringendes Geschäft. Ich bin Chirurg in Meljine, ich muß sofort dorthin zurück. Vorher aber müßt ihr mir den Befehl für die Verlegung der Schweizer Equipe – es sind nur noch vier – nach Belgrad ausschreiben. Radoš sagt, ihr seid zuständig.»

Es ist unerhört, eine politische Konferenz zu unterbrechen. Ein ungeschriebenes Gesetz sagt, daß sie das Wichtigste im Partisanenleben ist. Sogar wenn ein Angriff drohte, soll bis zum letzten Augenblick palavert worden sein.

Die Genossen nahmen mein ungebührliches Benehmen nicht übel. Vielleicht waren sie froh, daß die langweilige Sitzung von meinem Auftritt unterbrochen wurde. «Genosse», sagte der General, ein Mann mit gefurchten Zügen, dessen rechter Ärmel leer baumelte, «Genosse Doktor, wir können nichts für euch tun. Der gute Radoš war kürzlich da und hat von euch erzählt. Er will euch dabehalten. Er hat mir gesagt, solche Doktoren findet man nie wieder. Ihr kennt ihn ja. Im Kampf ist er ein Held. Er hat eben ein wenig gelogen. Er weiß sehr gut, daß nur der Sanitätsreferent des Armeekorps diesen Befehl geben kann. Das Kommando ist weit fort, vielleicht schon in Sarajewo, und Radoš will euch ja gar nicht weglassen.»

Das waren klare Worte. «Genossen, es war nicht umsonst, daß ich nach Cetinje gekommen bin. Entschuldigt die Unterbrechung.» Sie lachten. «Euer Fall ist doch politisch genug, der paßt in die Konferenz. Der Krieg ist beinahe zu Ende, aber die Politik ist auch im Frieden kompliziert.» Noch vor dem Abend war ich wieder in Meljine.

Irgendwann kamen wir zu der Überzeugung, daß Radoš Befehle des Hauptquartiers unterschlagen habe; ob uns jemand das verraten hat, weiß ich nicht mehr. Wir jedoch wollten uns an die militärische Ordnung halten. Einer von uns mußte beim Kommando des II. Armeekorps den entsprechenden Befehl erwirken und ihn selber nach Meljine weitergeben. Nach dem Betrug konnten wir auf die Kader des Spitals keine Rücksicht mehr nehmen. Daß niemand wußte, wohin der Siegeszug unser Kommando geführt hatte, daß in dem zerrissenen Land überhaupt niemand reisen konnte, daß uns Radoš keine *objava*, keinen Marschbefehl ausstellen würde, das waren für uns keine Hindernisse. Die Trennung von Goldy und den Kameraden war nicht leicht. Auch diese Gefühle mußten schweigen. Gerade wenn man eines Entschlusses nicht sicher ist, verhilft die aktive Bewältigung der Lage dazu, «spielend» damit umzugehen. Die Vernunft, die zur Entscheidung geführt hat, verbündet sich unmerklich mit den Wünschen. Die realen Schwierigkeiten und die Gefühle, die dagegenstehen, werden nicht ganz verdrängt, verblassen aber und verlieren an emotionalem Wert.

In einer Nacht sortierten wir das reiche chirurgische Instrumentar; ein Teil sollte in Meljine bleiben, ein komplettes Operationsbesteck, das wir für den nächsten Einsatz mitnehmen wollten, wurde in zwei Kisten verpackt. Das persönliche Gepäck war kein Problem; am unhandlichsten waren die sechs MPs, die wir wohl mitnehmen mußten. Mit dem Formular, das wir zur Entlassung von Patienten benützten, stellte ich mir selber eine *objava* mit dem Reiseziel «Kommando II. Korpus» aus, packte eine Umhängetasche mit Rasierzeug und einem kleinen chirurgischen Besteck und organisierte eine Pistole mit Futteral, da eine MP für die Reise zu unhandlich war. Sobald ich den

Befehl erwirkt hatte, sollte ich so rasch wie möglich nach Belgrad fahren, wo wir uns alle beim Kommando der Sanitätsabteilung treffen wollten; die aus Meljine mit dem Material, womöglich auch mit Guido, der uns schon vor Wochen abhanden gekommen war.

Am nächsten Morgen stand ich mit Goldy an der Straße, bis mich ein Lastwagen nach Dubrovnik mitnahm. Radoš ließ sich nicht blikken. Goldy hatte gerade ein schlimmes Fieber überwunden, war aber guter Dinge, die Trennung war nicht für lange, und ich war froh, endlich aus dem Spital herauszukommen. Auf der überfüllten Brücke des Lastwagens summte ich das Lied der Partisanen vor mich hin: «*... sur l'appel du grand Lénine, s'élevaient les partisans.*»

In Dubrovnik, das jetzt zum Dalmatinischen Armeekorps gehörte, herrschte eine für montenegrinische Verhältnisse ungewohnte Ordnung. Beim Diensthabenden mußte ich die Pistole abgeben und bekam eine Quittung. Der Transportoffizier gab mir den Gutschein für Unterkunft und Verpflegung. Man würde mir die erste Fahrgelegenheit nach Norden melden. Wo genau der Korpus – wie man das Zweite Revolutionäre Armeekorps nannte – sei, wisse man nicht; wahrscheinlich schon über Sarajewo hinaus. Nach zehn Minuten war ich wieder draußen und bekam die Pistole zurück.

Beim Ausgang traf ich Ilona, eine Partisanenärztin, die uns einmal in Meljine besucht hatte. Ihre wahrhaft mütterliche Figur sah in der Uniform komisch aus. An der mächtigen Hüfte hing ihr eine große Mauserpistole. Von der wollte sie sich nicht trennen. Die sonst sanfte und gütige Frau fuhr wütend auf den Wachsoldaten los. Sie sei drei Tage gereist, um mit dem Kommandanten wichtige Fragen zu besprechen, und jetzt wolle der Genosse, dessen Kompetenz und Verstand sie heftig anzweifelte, sie daran hindern. Der Junge wiederholte seinen Befehl. Ilona wandte sich an mich: «Genosse Pavel, würdest du deine Pistole weggeben?» – «Ja, doch, hier schon. Es ist nur eine Formalität. Ich war eben drin und konnte alles erledigen.» Ilona wurde sofort ruhig. «Du bist ein glücklicher Junge. Ich war Ärztin in Varaždin, du weißt, wo das ist, an der ungarischen Grenze, im verfluchten Ustascha-Staat, und ich bin Jüdin. Der dort mag ja recht haben, aber mit mir ist nichts zu machen. Eher laß ich mich umbringen, als mich von der da zu trennen.» Sie strich mit der Hand zärtlich über das Pistolenfutteral. Ich bemerkte, daß ihre Augen feucht waren. Dann umarmte sie mich und trottete gegen die Ausfallstraße. Der junge Wachsoldat nahm beim nächsten, der zum Kommando wollte, Stellung an und brüllte: «Waffe abgeben!»

Unten im Hafen von Grumo gab es viel Betrieb, Lastwagen, Jeeps, Ochsenkarren, mit Transporten ins Innere. Aus einem Fischkutter wurden Soldaten ausgeladen, die aus den Spitälern der Alliierten bei Bari kamen. Aber auch sie wollten nach Süden.

Noch vor dem Abend des zweiten Tages schlug meine Stimmung um. Die Euphorie war einer Unruhe gewichen. Wie konnten wir glauben, daß die Armee, deren Organisation dem Siegeszug kaum besser standhalten würde als früher den Niederlagen, daß die Genossen nichts Besseres zu tun hätten, als uns behilflich zu sein? Ich mußte mich zurückhalten, nicht einfach zu Fuß loszumarschieren, indem ich immer wieder nachrechnete, wie lange es dauern würde, bis ich den Korpus fand: vierzehn Tage oder mehr. So lange konnten die Kameraden nicht warten. In Meljine würde es eine Katastrophe geben. Während ich ungeduldig durch die Stadt strich, um ein Fahrzeug zu finden, wurde mir klar, daß es für mich und die Kameraden unmöglich war, unabhängig von der Armee einen Ausweg aus unserer Lage zu suchen. Ich selber war ein Teil der Bewegung geworden. Das Land Jugoslawien kannte ich nicht; vielleicht gab es hier gar nichts – außer uns Partisanen.

Ich fragte beim Transportoffizier nach. «Ich habe dir gesagt, daß wir dich benachrichtigen werden. Hab Geduld. Ruh dich aus und geh am Strand spazieren.» Ich schlenderte zur Altstadt hinunter. Da stand ein Jeep. Der Fahrer saß daneben und starrte vor sich hin. «Genosse Chauffeur, wohin bist du unterwegs?» Ich setzte mich neben ihn und bot ihm eine selbstgedrehte Zigarette mit dem blonden Tabak aus der Herzegowina an. «Danke, Genosse Doktor.» Er hatte mein Äskulapschlänglein am Ärmel bemerkt und reichte mir seinerseits ein Päckchen russische Zigaretten mit langem Mundstück. «Wir fahren nach Sarajewo, in besonderer Mission, mit einem Kriegskorrespondenten der Roten Armee. Er läßt mich warten. Dann taucht er plötzlich auf: ‹Los, fahren wir!› Er ist kein richtiger Genosse, er ist wie ein Offizier... Mitnehmen kann ich dich nicht; es haben schon einige gefragt, auch der Kommandant hat sich eingesetzt. Der aber sagt jedesmal *njet*. Er hat Anrecht auf den Jeep und will allein sein.» – «Das ist schlimm, dein Russ' ist nicht *drugarski*, nicht wie ein Genosse. Ich werde euch auflauern und den Kerl totschießen, dann fährst du mich zu meinem verdammten Korpus.» Er lachte: «Das ist nicht nötig. Du wartest an einer steilen Stelle, ich werde dir erklären, wo, du springst auf... Wenn er reklamiert, verstehen wir beide nicht, was er will, er spricht kein Wort Serbisch. Bis Sarajewo bin ich im Dienst, das ist auch für dich am besten.»

Um sechs Uhr früh war ich an der steilen Kurve, wo sich die Straße über die karstigen Küstenberge hinaufwindet. Weit unten leuchtete silbern das Meer, Singvögel schmetterten ihr Frühlingslied, Häher kreischten in den Pinien, und hoch oben segelte ein Weih. Von meinem Platz aus überblickte ich die weißen Windungen der Straße, während ich selber gut gedeckt war. Einmal kam ein Bauer mit einem Esel vorbei; sonst nichts. Ich begann, mir Vorwürfe zu machen; ich hätte lieber dem Offizier vertrauen sollen; der Fahrer hat mir was vorgemacht; oder der Russe will noch ein paar Tage die schöne Stadt am Meer genießen.

Es war Mittag, als zuerst das Alarmkreischen der Häher und dann und wann der Motor zu hören war. In der Steilkurve schaltete der Fahrer zurück, ich sprang auf. Sein Gast, der in einer dunkelgrauen Uniform mit roten Klappen hinten saß, döste vor sich hin. Als er später wegen mir doch irgendwie unzufrieden war, ließ der Chauffeur einen Wortschwall auf ihn los. Der sagte noch etwas auf russisch, zog sein Notizbuch heraus, begann darin zu lesen und beachtete mich für den Rest der Reise nicht mehr.

Es war eine herrliche Fahrt. Im stillen rechnete ich aus, daß ich schon morgen oder übermorgen beim Korpus sein könnte. Als es dunkelte, hatten wir noch zwei Stunden bis Sarajewo, meinte der Fahrer und teilte seinen Vorrat russischer Zigaretten mit mir. Verkehr gab es fast keinen, nur ab und zu einen Armeelastwagen. Plötzlich, als die Straße wieder einmal zu einem Paß anstieg, war es aus. An einer

Schlucht, in der tief unten ein Bergbach rauschte, gähnte ein Abgrund. Die Brücke mußte erst vor kurzem gesprengt worden sein. Wir waren nicht in Gefahr, ins Loch zu stürzen; mitten auf der Straße standen zwei Packesel. Die Leute hatten ein Feuerchen angezündet.

«Nein, Autos können da nicht weiter, es sind schon welche umgekehrt. Wir bleiben über Nacht da und versuchen es morgen mit einem Steigweg durch die Schlucht. Jetzt im Dunkeln ist das zu gefährlich. Setzt euch zu uns, Genossen, rauchen wir eins, wir haben ein wenig *rakija.*» Der Russe blieb im Jeep sitzen und lehnte das Gläschen ab, das man ihm anbot. Mein Traum von einer schnellen Reise war dahin.

Plötzlich schweigen die Leute still; vom Tal her ist Motorengeräusch zu hören. Nach wenigen Minuten kriechen drei große Lastkraftwagen, wie die britische Armee sie benützt, die Straße herauf. Der Fahrer muß den Jeep zur Seite manövrieren, auch die Esel müssen weg. Die Lastwagen gehen am Rand der Schlucht in Stellung. Die Motoren dröhnen. Soldaten in Khaki schwärmen aus, ziehen Kabel hinter sich her. Nach wenigen Minuten ist die Landschaft in weißes Licht getaucht. Tief unten liegen wie Zündhölzer die Trümmer der Brücke. Hell beleuchtet steht ein Soldat auf einem Felsblock. Es tönt metallen, manchmal ein Knall wie ein Schuß. Sie haben ein Kabel über den Abgrund geschossen, Khakimänner gleiten auf einem Seil über die Schlucht. Auch dort wird es hell.

Der Fahrer gerät in Ekstase. «Doktor, Genosse, schau doch, wie die das machen. Ich kenn das. Wie die Gehilfen des Teufels. Du gehst in die Büsche schiffen, du kommst zurück, und die Brücke ist fertig. Die Arbeit von Monaten in einer Stunde, diese Teufel! Heut nacht schlafen wir in Sarajewo.»

Die Wagen speien metallene Dielen aus, schieben sie mit Kranen und Hebeln über ein Gestänge oder Netzwerk, verankern die Konstruktion mit Kabeln. Die Diesel dröhnen. Kaum zwei Stunden, sie ziehen Kräne und Hebelarme ein, ein Laster setzt sich in Bewegung, fährt wippend über die Brücke, kehrt um, kriecht langsam wieder zurück. Ein englischer Soldat kommt zu unserem Jeep: *«The road is open. Drive carefully, please.»* Die Lastwagenriesen blinken zum Abschied, der Fahrer antwortet, es geht weiter durch die milde Sternennacht.

Vor Mitternacht hielten wir vor dem Grandhotel in Sarajewo. Der Portier begrüßte den stummen Gast in russischer Sprache. In Krisenzeiten ist es wegen des Ausgehverbots beinahe unmöglich, in einer Stadt so spät einen Platz zum Schlafen zu finden. Ich wartete auf den Portier, der den Russen in sein Zimmer gebracht hatte. In der Hotelhalle könne ich nicht bleiben: «Ich habe für Sie etwas Besseres, ein Luxuszimmer mit Bad, gratis. Wenn es Sie nicht stört: da wohnt seit der Befreiung ein russischer General. Er schläft nie hier, weil er die Nacht bei einer Dame in der Stadt verbringt.» Im Zimmer fand ich ein großes Stück Brot und eine Schale mit Äpfeln. Ich steckte den Proviant in meine Tasche und ließ nur einen schrumpeligen Apfel liegen.

Der Vorsatz, früh zu erwachen, war stärker als das wundervolle Bett. In der Hotelhalle war es noch dunkel. Ich schob den Riegel der Haustür zurück und stand zögernd auf der Straße, mit dem Problem, in der fremden Stadt, die noch schlief, den Bahnhof zu finden. Da gingen zwei schwarz verschleierte Frauen mit leeren Henkelkörben vorbei, vielleicht zum Bahnhof, um draußen bei Bauern Lebensmittel einzukaufen. Das stimmte genau, ein Zug «nach Banja Luka» stand unter Dampf, sonderbar nur, daß er nicht überfüllt war. Bald wußte ich, warum. Nach kaum zehn Kilometern hielt der Zug an, alles stieg aus, auch die Frauen mit den Körben. Weiter, hieß es, weiter fahre man nicht, die Strecke durch das Bosnatal sei zerstört.

Ich war zufrieden, zu Fuß weiterzuwandern. Wenn ich mich an die Bahnlinie hielt, war der Weg nicht zu verfehlen. An den Hängen blühten die Pflaumenbäume; in der Morgenluft glaubte ich den Duft zu riechen. Wo das Tal weiter wird, stehen hoch hinauf an den Hängen die Häuschen der Muselmanen. Mit dem silbrigen Schindeldach über dem kalkweißen Mauerwerk sahen sie einladend aus. Aus der Nähe war der Anblick weniger erfreulich, viele Dächer waren verbrannt, an den Mauern schwarze Brandspuren. In manchen Dörfern war kein einziges Haus mehr bewohnt, die Wachhäuser an der Bahnstrecke waren zerstört, die Gleise von weißen Margeriten und blauen Glockenblumen überwuchert.

Das Tal war nicht ganz verlassen. Einmal kamen mir zwei Kinder nach, ein kleiner Junge und ein schönes blondes Mädchen von etwa zwölf Jahren. Sie wollten bei einer Tante, die eine Ziege versteckt hatte, Milch holen. «Das dürft ihr niemandem sagen, sonst nimmt euch jemand die Milch weg und stiehlt auch die Ziege.» Das Mädchen lachte: «Du bist Partisan. Die sind gut, hat die Tante gesagt. Komm mit, sie gibt dir Milch!» Mehrmals überholte ich Heimkehrer, Leichtverwundete mit Verbänden; einer mit einem schweren Beingips humpelte an Krücken. Ab und zu saß eine schwarz gekleidete Frau mit weißem Kopftuch, unverschleiert, wie es in dieser Gegend Brauch ist, am Weg und spann Wolle. Sie grüßten freundlich aus verhärmten Runzelgesichtern. Ich lief weiter; vielleicht fürchtete ich, sie würden mich nach einem im Krieg verschollenen Sohn fragen.

Mein Brot aß ich an einer klaren Quelle unter einem Blütenbaum und ging eilig weiter bis spät am Nachmittag. Ich schätzte, daß ich seit Sarajewo fünfzig Kilometer vorwärts gekommen war, spürte keine Müdigkeit und wäre noch weiter gegangen, wenn ich gewußt hätte, wohin. An dieser Stelle teilt sich das Tal, auch das zerstörte Gleis verzweigt sich im spitzen Winkel in eine östlichere und eine westlichere Linie.

Ich setzte mich auf die moosige Wiese, die östlich vom Flußufer aufsteigt. Durch den Laubwald auf der anderen Seite des Flusses stürzt ein Bergbach über Felsen in die Bosna; ein Weglein führt mit einem Steg darüber. Auch von den anderen Hügeln laufen Hirtenpfade herunter. Der Ort war nicht so einsam, wie es mir anfangs vorkam. Wanderer, die wie ich haltgemacht hatten, saßen über die breite Böschung verteilt in der Abendsonne und ruhten sich aus. Bald erfuhr ich, daß die östliche Bahnlinie nach der Industriestadt Zenica führt, das westliche Tal nach Travnik. Den Weg nach Banja Luka kann man da oder dort nehmen. Vom montenegrinischen Korpus hatte niemand etwas gehört.

Vom Hang gegenüber kam auf dem steilen Waldweg ein Zug Partisanen herunter. Die wollte ich um Rat fragen. Sie hatten drei Tragpferde, eines mit einem schweren Maschinengewehr, die anderen mit Munitionskästen beladen. Vor dem Steg, einem dicken Fichtenstamm, hielt das erste Pferd an. Weiter unten vor der Mündung in den Fluß war eine Furt. Der Soldat trieb das Pferdchen auf den Steg; vorsichtig setzte es die kleinen Hufe, glitt aus und fiel ins Wasser. Soldaten sprangen hinein, richteten das Pferd auf, das sich anscheinend kein Bein gebrochen hatte, fischten die Last heraus, machten sie fest und führten das zitternde Tier hinüber. Das zweite Lastpferd kam an den Steg, das Schauspiel wiederholte sich; auch das dritte Pferd fiel ins Wasser. Ich verzichtete darauf, diese Partisanen nach dem Weg zu fragen. Es wäre auch schwierig gewesen, weil der Bosnafluß zwischen mir und ihnen rauschte.

Immer mehr Wanderer kamen auf dem Weg, den ich gegangen war, und von den Hügeln herab und lagerten auf der moosigen Wiese. Sie waren wohl ebenso unschlüssig und müde wie ich. Die Sonne war untergegangen, es wurden Feuer angezündet. Ich ging von einer Gruppe zur anderen und erfuhr, daß die Bahnlinie von hier nach Zenica repariert war; wenige hundert Meter weiter war eine Station mit Dienstpersonal. Morgen früh gebe es einen Zug in die Stadt.

In der Stationsbaracke war tatsächlich ein Bahnangestellter mit Mütze und Pfeife; er habe telefonische Verbindung mit der Station Zenica. Ich merkte allmählich, wie müde ich war. «Ich brauche noch heute einen Zug», sagte ich, «ich bin Arzt der Armee und muß meine Patienten sofort ins Spital bringen.» – «Das ist kein Problem, Genosse Doktor, für solche Fälle bin ich da. Wie viele Waggons sind nötig?» – «Ein oder zwei große Wagen werden genügen.» Er ging zum Telefon: «Ich habe drei Wagen und eine Wache bestellt. In ein oder zwei Stunden sind sie da.»

Heute wundere ich mich, daß mir keine Bedenken kamen. Ich ging von einem Feuerchen zum andern: Wer noch heute abend nach Zenica will, soll neben der Baracke warten. Ein weiteres Feuer wurde angezündet, und ich sah mit Genugtuung, daß genügend Patienten da waren, einige sogar mit Verbänden und Krücken. Ich legte mich hin und erwachte erst, als die Dampflokomotive fauchend anhielt; sie zog drei gedeckte Waggons mit etwas Stroh darin. Ich stellte mich beim ersten Wagen auf und rief laut: «*Vojna bolnica*, Militärspital, alle Patienten hierher!»

Bald war der Waggon voll, ich schloß die Tür, das übrige Volk durfte in die beiden anderen Wagen hinein. Die Lokomotive stieß einen Pfiff aus, und wir dampften in die Nacht. Einmal waren Schüsse zu hören. Der Lokführer tat der Wache einen Gefallen und hielt auf offener Strecke für eine kleine Schießerei. Meine sogenannten Patienten lachten. Sie waren froh, die Nacht nicht im kühlen Bosnatal verbringen zu müssen. Vom mühelosen Wunder der Reise eingenommen, machte ich mir keine Sorgen mehr: der Rest – kein Problem.

Zum Unterschied vom nächtlichen Sarajewo war Zenica noch wach. Den Patienten hatte ich befohlen, sich sofort aus dem Staub zu machen. Einige waren enttäuscht, sie hatten gemeint, es gehe wirklich in ein Spital. Das Stadtkommando war leicht zu erfragen, da überall Gruppen von Arbeitern, Frauen und Kindern herumstanden und diskutierten. Der Kommandant, ein älterer Mann in Majorsuniform, nahm mich ohne Formalitäten in sein Büro. «Sie essen mit mir; ich bin noch nicht dazu gekommen. Sicher haben Sie Hunger. Von Sarajewo hierher, das ist eine Leistung.»

Er war so freundlich, daß ich ihm den Trick mit dem Spitalzug gestand. «Das ist gar nicht schweizerisch. Ich sehe, daß Sie schon lange bei uns sind. Auch ich habe mich an diese Sitten gewöhnen müssen. Ich habe an der ETH in Zürich studiert. Bedienen Sie sich doch!» Es war ein unerhörtes Essen, wie im Frieden. Suppe, Fleisch, Gemüse, Nachspeise und dazu eine Flasche Wein. Leider war der montenegrinische Korpus nicht hier durchgekommen; wahrscheinlich hatte er den Weg über Travnik genommen. Der Ingenieur machte mir eine Skizze, wie ich über einen Fußweg von Zenica direkt nach Travnik gehen könnte. Dann führte mich ein Kurier zum Haus der Apothekerin, die der Stadtverwaltung das Gästezimmer zur Verfügung gestellt hatte. Das bürgerliche, gepflegte Zimmer trug zu meiner guten Laune bei.

Wieder gelang es mir, früh zu erwachen. Der Weg war noch schöner als im Bosnatal, eine Parklandschaft mit Wäldchen, Wiesen und Feldern, kaum besiedelt – und doch hätte es mir auffallen müssen, daß mir kein Mensch und kein Gefährt begegnete und daß im Staub keine frischen Spuren waren. Wie schon immer junge Männer froh gewandert sind, ging ich sorglos «für mich hin», dachte nicht an Krieg, an Tschetniks und Landminen. Als ich später erfuhr, welch unverschämtes Glück ich hatte, daß ich heil nach Travnik gekommen bin, empfand ich nicht einmal das bekannte Gefühl des Reiters über dem Bodensee.

Die Straße macht einen weiten Bogen durch das alte Travnik. Über der grasigen Böschung stehen die dunklen Holzhäuser, hölzerne Haremsgitter vor den Fenstern, mit einer Freitreppe herunter zum schattigen Vorplatz. Es war früher Nachmittag, da saßen die Herren im Fes, das Tischchen mit dem kupfernen Kaffeekännchen vor den Füßen. Sie schlürften aus winzigen Porzellantassen und rauchten. In der Hoffnung, man würde mich einladen, ging ich langsam die Zeile der Holzhäuser entlang. Die Herren würdigten mich keines Blicks. Ein Partisan war hier nicht gern gesehen.

Müde und hungrig setzte ich mich ins Gras und hatte solche Lust auf Kaffee, daß ich in Versuchung kam, mich als ungebetener Gast selber einzuladen. Zum erstenmal seit Tagen kam ein Zweifel auf, ob ich den Korpus je finden würde. Doch hörten die Wunder nicht auf. Ein Konvoi ratterte vorbei. Kaum hatte sich die Staubwolke gelegt, als in höllischem Tempo ein zerbeulter und mit Menschen vollgepackter Ambulanzwagen auftauchte, bremste, schleuderte und anhielt. Ein großer schwerer Mann lief auf mich zu. Ich dachte noch, vielleicht kann ich mitfahren, da war der Riese bei mir angekommen, umarmte mich und küßte mich auf beide Wangen. «Doktor, Doktor, welches Glück, dich zu sehen, du hast mir das Leben gerettet, und ich wäre beinahe an dir vorbeigerast. Doktor, schau, wie gesund ich bin!» Er zog die Uniformhose hinauf und zeigte mir seine mächtige Wade. Da erinnerte ich mich. An einem der ersten Tage in Meljine war eine Ambulanz vorbeigekommen, der Fahrer klagte über Krampfadern, und ich versuchte, mit einer der wenigen Ampullen, die wir zu diesem Zweck mitgebracht hatten, seine Krampfadern zu veröden.

Es gab eine große Verbrüderung. Er wollte nicht zugeben, daß er damals nicht eigentlich in Lebensgefahr schwebte. Als Montenegriner fand er heraus, daß ich ihm die Lebensfreude wiedergegeben hatte, weil die Beine nicht mehr weh taten; das sei mehr, als einfach nur das Leben zu retten. Auch die Mitfahrer mußten die Heldentat würdigen: ein junger Partisanengeneral, auf dem Weg zu seiner Einheit, ein dicker italienischer Chirurg mit seinem Gehilfen, der zu einem weiteren Spitaldienst gebracht wurde, mißlaunig, weil man ihn als Kriegsgefangenen nicht zur Arbeit zwingen durfte, ein Patient, dem nichts fehlte, und ein anderer, der immerzu furchtbare Kopfschmerzen hatte, die erst aufhören würden, wenn er seinen Bruder, der bei einer montenegrinischen Einheit verschollen war, wiedergefunden hätte.

Mein Weg bis Banja Luka war gesichert. Die Stadt war voll Soldaten. Da waren Patienten aus Badija, aus Meljine und bald auch die Sanitätsreferentin des Korpus. «Das bin ich gar nicht mehr», sagte sie, «man hat einen jungen Genossen auf meinen Platz gesetzt. Drum muß ich zum Kommando. Komm morgen um acht zur Station. Wir fahren zusammen.»

Nur selten habe ich das eigenartige Gefühl erlebt, das «Aufgehen in der Menge», das ich ozeanisch nennen würde, wenn Sigmund Freud den Ausdruck nicht für die religiöse Empfindung verwendet hätte, wofür das Wort seither reserviert ist. An jenem Abend war es soweit. Die Quartiere waren überfüllt, man wies mich ab, bis mich ein mitleidiger Posten zu einer Turnhalle brachte, in die niemand mehr hineindurfte. Der große Raum war dicht mit schlafenden Soldaten belegt. Im schwachen Licht sah es aus, als hätten sich die Körper aufgestaut und lägen übereinander. Manche hatten sich ausgezogen, ihre weiße Haut leuchtete zwischen den dunklen Uniformen. Es muß nicht gut gerochen haben. Ich zog Schuhe und Bluse aus, schob mich zwischen die atmenden Leiber, schmiegte mich hinein und verfiel einem Gefühl, das schwer zu beschreiben ist: ein sinnliches Behagen, völlige Entspannung und ein traumhaftes Wissen, dazuzugehören, das Aufhören von Wünschen, Ängsten und eigenem Willen. Ich war ein Teil des *narod*, des Volkes, der Masse der Partisanen. Bald schlief ich ein.

Das Kommando des II. Armeekorps war gewaltig angewachsen. In den Baracken vor der Stadt Prijedor, die noch vor wenigen Tagen deutschen Truppen gedient hatten, wimmelte es von Soldaten. Montenegriner, die organisieren, machen immer einen chaotischen Eindruck. Es gab kein bekanntes Gesicht. Ich hätte den Sanitätsreferenten kaum so rasch gefunden, wenn ich meine Geschichte nicht jedem erzählt hätte, der mir zuhören wollte. Ein älterer Artillerieoffizier mit einem gewaltigen rötlichen Schnurrbart, der in der königlichen Armee gedient hatte und der den Stern der «Ersten Stunde» trug, nahm sich meiner an. Zusammen stürmten wir in ein Büro nach dem anderen, bis wir gegen Abend den Sanitätsreferenten fanden. Der junge Mann leugnete zuerst, daß er der Referent sei. Mein neuer Freund ließ ihn aber nicht los.

Es war sonderbar, auf einmal einen älteren Freund zu haben, der umsichtig für mich sorgte. Er ließ mich nur allein, als ich mit dem russischen Chirurgen Alfiorow wegfuhr, war dann wieder zur Stelle und kam zur entscheidenden Konferenz mit, die für den dritten Tag angesetzt war. Als ich ihm meinen Namen sagte, lachte er: «Das paßt gut. Ich bin der Bruder von Peko: nochmals Peter und Paul. Sag einfach Genosse, nicht Major, das kann ich nicht leiden.» (Ich vermute, daß er der Bruder des Chefs des Generalstabs, des berühmten Peko Dapčević war, und fragte ihn. «Laß das sein; wir sind einfach Genossen.» Im Jahr 1948 nach dem Bruch Titos mit Stalin wurden Altkommunisten verfolgt. Damals war ein Bruder des Peko Dapčević ein prominentes Opfer; ins Ausland geflohen, soll er Jahre später von der OZNA aus einem Hotel in Bukarest nach Jugoslawien entführt und umgebracht worden sein.)

Der Sanitätsreferent wollte allein mit mir verhandeln. Mein Begleiter setzte durch, daß er den Kommissar des Korpus beizog; der kam mit zwei anderen, so waren wir sechs, eine richtige *konferencija*. Der Referent begann energisch: «Ich weiß, was los ist; ich telegraphiere, daß man euch gehen läßt. Das ist alles.» Ich war sicher, daß nur ein formeller Befehl auf Radoš Eindruck machen würde. «Genosse Referent, weißt du überhaupt, wie viele wir sind, weißt du die Namen der Schweizer in Meljine?» – «Gut, schreib mir die Namen auf, wie viele seid ihr überhaupt?» Es gab ein unangenehmes Hin und Her, bis mein neuer Freund eingriff: «Nimm ein Papier, schreib den Befehl aus, der Doktor bekommt eine Kopie mit Stempel für Belgrad!» Alle nickten. Nach einer Stunde war das Dokument erstellt, das den Gepflogenheiten der Partei entsprach, mit den Unterschriften des Referenten und des Kommissars, dem Stempel des Korpus. «Wir sind noch nicht fertig», sagte ich, durch den Erfolg ermutigt, «ich brauche eine Kopie.» Wütend gab er mir ein Formular, und ich schrieb den Befehl ab. Stempel und Unterschrift bekam ich nicht mehr. Alle waren fortgegangen. Mein Freund meinte: «Du hast 50 Prozent Chancen, daß er das Telegramm abschickt, und nochmals 50 Prozent, daß eure lieben Genossen in der Boka dem Befehl folgen.» Ich aber wollte 100 Prozent Sicherheit. Der Telegraphist der Radiostation, dem ich unsere Geschichte erzählte, gab den Text als Privattelegramm an die Ärzte im Spital Meljine durch und behielt meine Kopie für etwelche Rückfragen. Das mußte genügen.

Mein Freund hatte auf mich gewartet: «Jetzt willst du natürlich schnell nach Belgrad. Grüß meine Stadt! Ich muß noch heute abend fort; in der Lika wird wieder gekämpft. Versuch es beim englischen Transportoffizier. Es heißt, daß Funktionäre einen Jeep nach Belgrad verlangt haben, wegen irgendwelcher Affären, weil sie sich verantworten müssen.»

Noch einmal blieb er stehen, zog das Pistolenfutteral am Gurt nach vorne, zögerte, schob es wieder zurück, umarmte mich und ging eilig fort. Wahrscheinlich wollte er die Pistole mit mir tauschen, wie es im Wald Brauch war, wenn Freunde sich trennen mußten. Tatsächlich haben wir uns nie wiedergesehen.

Der englische Offizier in einem Häuschen, vor dem Laster und Jeeps parkten, sah aus wie mein Mathematiklehrer, klein, rothaarig mit dikken Brillengläsern. Er hörte mir geduldig zu: «Ich will es dem Fahrer sagen. Mit Ihren Herren Kommissaren müssen Sie selber reden. Ich weiß nicht, wie sie es aufnehmen werden.» Als ich danken wollte, wurde er verlegen: «Es ist nicht uneigennützig. Wenn Sie mitfahren, habe ich das Gefühl, daß ich den Wagen wieder zurückkriege.»

Der Fahrer, der pünktlich um 6 Uhr früh erschien, war mit der

Pfeife in der Brusttasche eines Khakihemdes für die Reise ausgerüstet. Die drei Funktionäre trugen große Kartons mit Amtspapieren zum Gepäck-Anhänger, schnürten sie fest und plazierten als Wache einen Kurier mit einem langen Gewehr darauf. Der Junge mußte sich an den Schnüren festhalten. Ich setzte mich neben den Fahrer, der seine Pfeife stopfte. Ob er glaube, heute bis Belgrad zu kommen? Er sah mich erstaunt an, weil Partisanen gewöhnlich nicht englisch sprechen: «Ich fahre nicht nach Belgrad. Die Richtung ja, aber nur *one hundred miles*, einhundert Meilen; abends bin ich wieder da.»

Die Kommissare fluchten, weil sie sich zu dritt auf dem Hintersitz zusammendrängen mußten. Einer schrie den Fahrer an, wieso er noch einen aufgeladen habe: das war ich. Der Engländer beschäftigte sich mit seiner Pfeife. Als es hinten ruhig wurde, warf er einen Blick zurück, ließ den Motor an und fuhr langsam an. Er vermied die Löcher und Steine auf der Straße so geschickt, daß ich nicht fürchten mußte, der Junge würde vom Anhänger fallen.

Nach zwei Stunden befahlen die Kommissare Pause; sie setzten sich an den Straßenrand, packten Brathühner, Brot und Wein aus und frühstückten. Ich war empört, daß sie uns nicht einluden, setzte mich neben den Fahrer und zündete eine Zigarette an. Der rothaarige Captain war tatsächlich Mathematiklehrer an einer Londoner Mittelschule, er kenne ihn von damals, ein sehr genauer Herr, aber immerhin besser als ein richtiger Militär. Ich vermutete, der Fahrer sei ebenfalls Lehrer. «Nein, das bin ich nicht, ich bin Gärtner in den königlichen Parks, auf Rosenzucht spezialisiert, also doch etwas Ähnliches wie Lehrer.» Bis zum Krieg habe er den interessantesten Beruf gehabt, dann kam die Mobilisierung; Jeeps fahren, warten und wieder fahren. Er werde vor Langeweile sterben, wenn der Krieg nicht bald zu Ende gehe. «Der Krieg ist am Ende», meinte ich.

Die waldigen Berge hatten einer offenen Landschaft Platz gemacht, auf der Straße waren keine Steine mehr, dafür noch tiefere Löcher, die mit weißem Staub gefüllt waren. In einem Dorf, in dem nur noch wenige Hütten bewohnt waren, hielt der Fahrer an, füllte Benzin in den Tank und sagte wie nebenbei: «Ich bitte die Herren auszusteigen. Es sind genau hundert Meilen. Ich muß umkehren.» Ich übersetzte.

Einer der Kommissare protestierte laut, das komme nicht in Frage, er habe bis Belgrad weiterzufahren. Da der Fahrer sich neben den Wagen ins Gras setzte und so tat, als ginge ihn das alles nichts an, der Kommissar immer wütender wurde und ein zweiter sich mit gräßlichen Flüchen beteiligte, übersetzte ich wiederum. Der Engländer fischte einen Zettel aus der Hemdentasche und reichte ihn mir. Es war ein Marschbefehl für 100 Meilen und retour, mit Datum, Uhrzeit und Reservebenzin. Als ich vorgelesen hatte, sprang der dritte Fahrgast, der bisher apathisch dagesessen war, heraus, zog die Pistole und hielt sie dem Fahrer vor die Brust. Der schaute nicht einmal auf.

Mein Vermittlungsversuch wurde von ihren Wutausbrüchen unterbrochen. Schließlich bekam der Fahrer ein zweisprachiges Dokument mit Unterschrift, in dem zu lesen war, daß er mit Waffengewalt gezwungen worden sei, bis Indija weiterzufahren, und sie sich verpflichteten, *4 gallons*, einen Bidon Benzin für den Rückweg zu besorgen. Der Fahrer vermißte noch den amtlichen Stempel. Fluchend suchten sie auch den heraus. Der Fahrer ließ die Pfeife ausgehen und setzte sich ans Steuer. Mir imponierte der Mann, und ich war nicht gerade stolz auf meine Politpartisanen: Sie sind eben primitiv, stehen unter Druck; mit solchen Mitteln haben sie den Krieg gewonnen. Erst später habe ich begriffen, daß sich Funktionäre der Partei unter allen Umständen im Recht fühlen.

Es begann zu regnen. Als wir endlich im Hof einer Kaserne anhielten, waren wir triefend naß. Der Kurier hatte versucht, die Akten mit einer Zeltplane zu schützen. Die drei verschwanden ohne ein Wort, ein Soldat brachte das versprochene Benzin, der Fahrer roch daran, tauchte den Finger ein und kostete, ob es wirklich Benzin war und nicht Wasser.

Ich stand durchnäßt im Dunkeln auf der Straße am Rand einer serbischen Kleinstadt, die wahrscheinlich Indija hieß, und war froh, schließlich ein Notspital zu finden, in dem ich über Nacht bleiben konnte. Am nächsten Morgen konnte ich mit einem leeren Sanitätszug mitfahren, der in Zemun – heute der Flugplatz von Belgrad – erst am Abend ankam.

Der Krieg war am Zentrum der Stadt vorbeigegangen; die Fenster der würdigen Bürgerhäuser waren schon um 8 Uhr verdunkelt. Am Offiziershaus prangte eine Tafel mit dem roten Stern. Es begann gerade wieder zu regnen. «Genosse, ich möchte etwas essen und hier schlafen. Morgen früh geh ich weiter nach Belgrad.» Der Diensthabende sah von seiner Zeitung auf: «Das geht in Ordnung. Du bezahlst...» Ich weiß nicht mehr, wieviel es war. «Wo ißt man?» fragte ich. «Erst bezahlen», meinte er. «Laß deine Witze», sagte ich. Seit wir vor sechs Monaten in Grumo gelandet waren, hatte ich nie etwas bezahlt, ich hatte kein Geld, und es gab keine Währung. Er ging nach hinten, kam mit einem Papier zurück und reichte es mir herüber. Es war die Preisliste des Hauses, die Beträge in Dinar. Offenbar gab es wieder Geld, die Währung hieß Dinar wie vor dem Krieg. «Ich habe kein Geld», sagte ich. Er wartete. Da erinnerte ich mich, daß in der Brusttasche meiner Uniformbluse noch eine Inflationsnote des Ustascha-Staates sein mußte, eine oder zehn Millionen Kuna, die mir ein Patient als Andenken gegeben hatte. Ob er dieses Geld annehme? Er verstand meinen Witz nicht und zog eine Tabelle zu Rate: «Das sind soundsoviel Dinar und Para. Es reicht für Abendessen und Quartier.» – «Fein. Nimm das Geld und sag mir, wo es zu essen gibt!» Wechseln könne er nicht; das sei erst morgen ab 6 Uhr bei der Filiale der Nationalbank möglich. Schließlich wurden wir einig, daß er mir bis dahin Kredit gab.

Zuerst staunte ich nicht einmal. Logisch, daß es Geld gibt, auch im Sozialismus kann nicht ein ganzes Land mit der solidarischen Verteilungswirtschaft durchkommen. Bald ging mein Staunen in Grübeln über. Ich konnte immer nur denken: Natürlich! Geld, was sonst. Was soll ich anfangen ohne Geld? Wie kann ich zu Geld kommen? Wie soll das weitergehen?

Am Morgen war ich wieder ruhig. Mir war noch immer nicht klar, wie ich ohne Geld auskommen sollte; es machte mir aber keine Angst mehr. Erst als ich in Belgrad den ersten Sold bekam, gehörte Geld wieder zum normalen Leben.

Als Wechselgeld für die Kuna-Banknote bekam ich eine Handvoll Münzen heraus. Ich freute mich auf das Wiedersehen mit Goldy und den Kameraden und war neugierig auf Belgrad. Die Sonne schien, im

Morgendunst über der Ebene war die Silhouette der Stadt zu ahnen. Ein Leiterwagen mit einem trabenden Rößlein überholte mich. Oben auf der Ladung von frisch geschnittenem Gras lag der Bauer auf dem Rücken. Ich rief ihn an, er saß auf und musterte mich: «Wieviel zahlst du?» Ich hielt ihm die Münzen hin, die ich herausbekommen hatte. «Gib her, steig auf!» Sorglos lag ich auf dem duftenden Gras und sah in den Himmel. Vor der Brücke über die Save hielt der Bauer an: «Gott mit dir, Partisan.» Er bog in einen Seitenweg ein, und ich ging über die Brücke, hinauf in die Stadt.

Die Sanitätsabteilung war im oberen Stockwerk eines Bankhauses untergebracht. Sofort führte man mich zu einem jungen Offizier, der uns erwartete. Daß die anderen noch nicht da waren, fand er ganz normal. Der Befehl zur Abreise sei schon vor einigen Wochen abgegangen; es dauere immer etwas lange. Unsere Geschichte interessierte ihn nicht sehr. Ich solle mir keine Sorgen machen und jetzt zum Hotel «Moskwa» auf der Terazije gehen. Ich bekam einen Zettel fürs Quartier und ein Bündel Banknoten.

Ich war zehn Tage unterwegs gewesen; es war der 30. April. Am 1. Mai trafen Goldy, Elio und Gustl mit dem Material aus Meljine in Belgrad ein. Ihre Reise war kürzer und dramatischer gewesen als meine.

Die Telegramme aus Prijedor hatten sie nicht erreicht. Ihre Situation im Spital war unhaltbar geworden. Radoš war für sie nicht mehr zu sprechen. Sie waren besorgt, weil ich nichts von mir hören ließ, Goldy fürchtete das Schlimmste, Elio und Gustl hofften, ich sei schon längst in Belgrad.

Als bekannt wurde, daß russische Flieger eine Verbindung von Podgorica (das heute Hauptstadt von Montenegro ist und Titograd heißt) nach Belgrad hergestellt hatten, beschlossen sie, ohne Befehl wegzufahren. Sie organisierten einen Lastwagen und verließen Meljine. Radoš zog es vor, die Desertion nicht zur Kenntnis zu nehmen. Noch wenige Tage vorher wäre es uns gar nicht in den Sinn gekommen, die Disziplin derart außer acht zu lassen. Vielleicht war gerade ich zu brav gewesen. Goldy, Elio und Gustl hatten keine Bedenken, ihre Sache selber in die Hand zu nehmen.

Nach einer Nacht in den Trümmern der Stadt gelang es ihnen, mit dem russischen Piloten zu sprechen, der aussah wie die heldenhaften Flieger in russischen Kriegsfilmen mit blonder Mähne und Medaillen auf der Brust. Er nahm sie mit der ganzen Fracht an Bord.

In der Sanitätsabteilung kommt als erster Gojko, Goldys Kamerad bei den Interbrigaden, heraus; jetzt ist er General der Sanität. Er stutzt einen Moment, umarmt sie und überschüttet sie in Wiedersehensfreude mit einem Wortschwall in spanischer Sprache. Auch Mesterović aus Spanien ist da. Die ganze Abteilung strömt zusammen. Auch Elio und Gustl werden umarmt: «Besser, ihr kommt spät als gar nicht. Kommt herein und erzählt!»

«Wo ist Paul?» fragt Goldy. Sie sehen sich stumm an. Goldy erschrickt. Wenige Tage nach meiner Abreise war in Meljine die Nachricht eingetroffen, daß vier junge Engländer, unsere Freunde von der *Typhus commission*, auf dem Weg von Zenica nach Travnik mit dem Jeep auf eine Mine gefahren und alle vier tot sind. Goldy konnte nicht wissen, daß ich kurz nach dem Unglück sorglos gerade diesen Weg gegangen war; unwahrscheinlich war es aber nicht. Sie erklärt den Genossen, daß ich nach Norden gegangen sei, um den Korpus einzuholen. Die Gesichter werden sehr erst.

Gerade als Gojko den Suchbefehl ausgeschrieben hat, kommt der junge Zimolo herein, der sein Büro nebenan hat. Gojko spricht auf ihn ein. Leider wird einer der Schweizer Ärzte, ein gewisser Pavle, vermißt. Zimolo richtet sich in ganzer Länge auf, schlägt dem General auf die Schulter und lacht schallend: «Der Pavle ist doch da. Gestern war er hier bei mir. Ich hätte es gleich melden sollen. Ich hab ihn ins ‹Moskwa› geschickt. Dort ist er jetzt.»

Ich saß mit Henry Tanner auf der Terrasse des «Moskwa». Henry, ein lieber Freund, einer der Studenten aus dem Café Select, war als Journalist in Belgrad. Da er keine Erlaubnis bekommen hatte, in Jugoslawien zu arbeiten, war er als Verwalter einer kinderärztlichen Mission der CSS nach Belgrad gekommen, um über die geheimnisumwitterten Tito-Partisanen zu berichten. Täglich schickte er einen

Artikel für die *Weltwoche* nach Zürich, ohne allerdings zu wissen, ob die Sendungen ankamen. Ich hatte nichts zu tun, als auf meine Kameraden zu warten, die mein Telegramm längst bekommen haben mußten. Wir hatten viel zu erzählen, ich von unserer Zeit in Montenegro, er von Zürich und der übrigen Welt.

Da kam ein sonderbarer Zug über die Terazije. Drei Schweizer in abgetragenen Uniformen, den roten Stern an der Mütze, eine MP über der Schulter, mit ihnen Soldaten mit Packen, Säcken und weiteren MPs. Als Henry sie sah, packte ihn ein Lachanfall: «Sie kommen geradewegs aus dem Wald. Die Lieben! Echter als alle jugoslawischen Partisanen.» Er lachte, wie der Besitzer des Café Select damals in Genf auf der Bahnhoftreppe gelacht hatte. Selectianer kommen als siegreiche Partisanen aus dem Wald. Das war noch komischer als der Auszug in den Befreiungskrieg. Wir umarmten uns.

Es war der 1. Mai, der Krieg beinahe vorüber; meine Reise war zu Ende, wir waren am Ziel.

17
Stalin am Himmel und auf Erden

Zwischen den beiden Kriegen, zur Zeit des Königreichs Jugoslawien, kam aus Smederevo, donauabwärts nahe bei Belgrad, der Weißwein Smederevac, aus den Fabriken und Bergwerken kamen Kohle und Stahl. In diesem «Ruhrgebiet» Jugoslawiens erlitt die kommunistische Partei wenige Jahre vor dem Krieg eine fürchterliche Niederlage. Nach Jahren klandestiner Agitation hatten die von der königlichen Polizei verfolgten Genossen die Arbeiter von Smederevo dazu gebracht, gegen ihre elende Lage zu protestieren. Als der Streik losging, befahl die Partei den Kommunisten, sich zurückzuziehen; die Situation sei noch nicht reif, der Streik gefährde die Organisation der illegalen Arbeit. Die führungslosen Arbeiter wurden zusammengeschlagen und verrieten unter der Folter die Namen zahlreicher Kommunisten. Infolge dieser Ereignisse entließ die Komintern den jugoslawischen Parteisekretär. Sein Nachfolger hieß Josip Broz, der sich Tito nannte und den Sitz der Partei sogleich von Paris zurück nach Jugoslawien verlegte.

Am 2. Mai 1945 (wir hatten uns am 1. Mai in Belgrad wiedergefunden) ließ Dr. Lavrič, der so etwas wie der oberste Chirurg der Armee geworden war, Elio, Goldy und mich rufen. Er hatte uns Marschbefehle in das Militärspital Smederevo und zurück ausgestellt: «Kommt bald zurück. Ich habe noch andere Arbeit für euch.» Was wir dort tun sollten, sagte er nicht.

Am Bahnhof von Smederevo erwartete uns eine Delegation des Personals und brachte uns zum Spital. Der unversehrten Fassade entsprach das Innere, ein gut eingerichtetes und ordentlich gehaltenes

Provinzspital. Der Chirurg, der uns im Vorraum erwartete, war ein junger, großgewachsener Mann; ich würde sagen, ein typischer Serbe. Doch war sein Benehmen höchst ungewöhnlich, die Haltung vorgebeugt, die Augen niedergeschlagen, die Gestik steif und gehemmt. Er sprach so leise, daß man ganz nahe herangehen mußte, um ihn zu verstehen. Er habe eine Visite vorbereitet, um den geehrten Kollegen seine Patienten vorzustellen und um Anweisungen entgegenzunehmen. Nicht nur der Chef, auch die Spitalangestellten waren in tadellos weiße Schürzen gekleidet, eine würdevolle Krankenschwester hielt einen Stoß in Leinen gebundener Krankengeschichten bereit, und die ältliche «Gouvernante» bat uns, aus einem Sortiment frisch gestärkter Arztmäntel auszuwählen. Das Spital sei kurz vor dem Krieg für die städtische Bevölkerung erbaut worden, jetzt seien 109 der 110 Betten mit verletzten Soldaten belegt. Da es später Vormittag war, machten wir uns darauf gefaßt, für den Rest des Tages eine klinische Visite über uns ergehen zu lassen.

Das ehrwürdige Ritual der Chefvisite folgt einer eigenen Choreographie. Die Tür zum Krankensaal wird aufgerissen, die Patienten liegen in frisch bezogenen Betten auf dem Rücken, den Blick erwartungsvoll auf die Tür gerichtet. Der Chefarzt schreitet schnellen Schritts auf das erste Bett zu, gefolgt von den Kollegen; der Herr Chef steht am Fußende, zu seiner Rechten die Gäste, hinter ihm das Gefolge, während links die Herren und Damen gehobener Funktion das Krankenbett flankieren. Kein Zweifel, daß der also eingekreiste Patient im Mittelpunkt steht oder vielmehr liegt. Die Oberschwester überreicht dem Chef das aufgeschlagene Krankenblatt, eine untergeordnete Helferin holt die Fieberkurve vom Kopfende und hält sie vor ihn hin, während er murmelnd Diagnose, Verlauf, Therapievorschlag bekanntgibt. Die Umgruppierung zum nächsten Bett gelingt mühelos. Der eilige Fortgang wird kaum aufgehalten, wenn sich der Patient mit einer Frage bemerkbar macht; er erhält ein Lächeln und eine tröstliche Antwort. Hat er noch nicht genug, neigt sich eine erfahrene Pflegerin zu seinem Ohr und flüstert auf ihn ein, was seine Aufmerksamkeit ablenkt, so daß der Zug sich schon um das nächste Bett formiert hat, bevor er den Mund wieder aufmachen kann.

Es waren meist schwere Verletzungen der Extremitäten da, seit wenigen Tagen, manche seit einer Woche. Die Wunden waren frisch verbunden. Wegen der notwendigerweise eiligen Visite konnten die Verbände nicht aufgewickelt werden. Der Therapievorschlag – fast hätte ich geschrieben «das Urteil» – lautete beinahe in jedem Fall: Amputation. Elio, der schneller war als ich, fragte ein paarmal, ob Amputation wirklich indiziert sei. «Die Kurve ist septisch, wenn die Temperatur auf 39 Grad steigt, können wir nicht länger zuwarten.» So oder ähnlich. Ich glaubte, eine bessere Frage gefunden zu haben: «An welcher Stelle gedenken Sie zu amputieren?» – «Oberes Drittel Unterschenkel, das ist für die Prothese am besten.» Schon standen wir am nächsten Bett. Als ein Patient wegen einer Venenentzündung am Unterschenkel als Kandidat für eine Amputation vorgestellt wurde, sagte Elio ganz laut: *«Il est complètement fou*, er ist völlig verrückt.» Der Chirurg zuckte zusammen und machte rasch weiter.

Gewöhnlich kommen Freunde und Verwandte der Patienten, Verwaltungsbeamte und vor allem politische Funktionäre mit auf die Visite. Hier war unter den weißen Schürzen nur eine einzige Uniform, ein kleingewachsener drahtiger Mann, dem man die Spuren der Kämpfe ansah. Bald war klar, daß der nervöse Mann, der sich immer hinter dem Chirurgen hielt, der Kommissar des Spitals war. Oft wurden im Kampf bewährte Genossen auf solche Vertrauensposten gehievt, wo sie Angst und Schrecken verbreiteten. In den verkrampften Zügen des Uniformierten, im mißtrauischen Blick, im Zucken der Mundwinkel, in seiner aufgereckten Haltung zeichnete sich bereits etwas ab, das nach Jahren, zur Maske erstarrt, der typische Habitus des Apparatschik sein wird. Es lag nahe, die Angst und die Amputationswut des jungen Chirurgen auf die Präsenz des Parteimannes zu beziehen.

Wir lehnten es ab, gleich nach der Visite an einer politischen Konferenz teilzunehmen. Erst wollten wir selber die Patienten untersuchen. Morgen um 6 Uhr sollten zwei Verbandsequipen bereit sein; auf die Gegenwart des Chirurgen legten wir keinen Wert. Dieser fiel noch mehr in sich zusammen, der Kommissar war wütend, aber niemand wagte es, zu widersprechen.

Unser Zimmer in einer requirierten Wohnung in der Stadt war nicht schlecht und ganz ohne Ungeziefer. In einer der engen Gassen zum Fluß hinunter fanden wir eine Schenke, in der es Wein gab. Der trübe säuerliche Saft war der berühmte Smederevac nach vier Jahren Krieg. Wir genossen den Abend sehr.

Bis zum nächsten Abend wurden wir in zwei Equipen mit der Untersuchung aller Patienten fertig und hatten 109 Krankengeschichten neu angelegt. Das Ergebnis war eindeutig. Amputiert werden mußte in einem einzigen Fall, der von einer vereiterten Zertrümmerung des Kniegelenks in eine schwere Sepsis geraten war.

Er war ein schöner junger Zigeuner, der im Fieberdelir vor sich hin sang. Während des ganzen Krieges hatte er sich bei einer Bäuerin versteckt gehalten. Als die Befreier über die Felder anrückten, sei er ihnen singend mit einem Strauß roten Mohns entgegengelaufen und auf eine Landmine getreten.

Die anderen Patienten hatten infizierte offene Knochenbrüche, die man mit guter Aussicht auf Erfolg behandeln konnte. Bevor wir fertig waren, kannten wir die tragikomische Geschichte: Der Chirurg hatte das Spital bereits unter dem Nedić-Regime geleitet, und man schätzte ihn sehr. Nach der Befreiung war er als Kollaborateur eingesperrt worden und hatte kürzlich das Spital «zur Bewährung» übernehmen müssen. Jetzt war er vor Angst gelähmt und hatte Grund dazu. Von den ersten Patienten waren zwei gestorben, bevor man etwas unternehmen konnte. Der Kommissar sprach von Sabotage und sagte, daß er den Chirurgen eigenhändig erschießen werde, wenn noch ein einziger Patient sterbe. Zur Bekräftigung soll er seine Pistole herausgezogen und durchgeladen haben. Der Chirurg wagte nichts mehr, überwachte jedoch den Zustand seiner Patienten, damit er rechtzeitig amputieren konnte, um eine auftauchende Lebensgefahr abzuwenden. «Besser, der Patient verliert sein Bein als ich mein Leben.»

In der politischen Konferenz hielten wir uns streng an die medizinischen Probleme. Alle Patienten mußten chirurgisch versorgt werden: Reinigung der Wunde in Narkose, Gips nach Judin; die einzige nötige Amputation würden wir selber ausführen. Als wir beim zehnten Fall waren, hatte sich der Chirurg gefaßt: Ja, er habe nichts gegen diese Vorschläge. Doch könnten auch die Schweizer nicht zaubern. Beinahe hundert große Gipse, das übersteige die Kapazität des Spitals; für einen Oberschenkelgips brauche man einen halben Tag; wir behaupteten: zehn Minuten. Der Kommissar mischte sich ein, wir sollten das Eingipsen öffentlich vorführen. Der Chirurg sah plötzlich ganz anders aus, ein selbstbewußter junger Mann, der seine Wette gewinnen wird.

Der Kommissar wurde eingeladen, beim Wettgipsen zuzusehen. Laut, damit es alle hören konnten, fügte ich hinzu, es sei den politischen Kadern verboten, sich in medizinische Handlungen einzumischen; bei Sabotageverdacht müsse ein Protokoll ausgefertigt und dem Kommando der Sanität vorgelegt werden. Jede direkte Einmischung falle unter Sabotageverdacht. Der Erfolg gab meiner Amtshandlung recht. Er lächelte gequält, die Drohung mit Erschießen sei ein Scherz gewesen. Der Chirurg blühte weiter auf: er wollte als Assistent mit uns arbeiten.

Am Abend beim trüben Smederevac war uns nicht ganz wohl. Zwanzig Minuten für einen «großen» Gips wäre realistischer gewesen.

Am Morgen hatte Goldy eine große Zahl Gipsbinden eingeweicht, zwei Pfleger durften die eingerichteten Knochen des kräftigen Patienten, den wir für die Vorführung ausgewählt hatten, fixieren, und es ging los. Zu zweit wickelten, strichen und wickelten wir, der Gips quatschte und spritzte, die Helfer hielten eisern fest, wir lobten und brüllten. In der Tür stand mit der Uhr in der Hand der Kollege, hinter ihm der Kommissar mit seiner Armbanduhr, dahinter Pfleger und Schwestern. Nach genau zehn Minuten war ein prachtvoller Femoralgips entstanden. Die Gipsspritzer hatten uns in Müllergesellen nach Wilhelm Busch verwandelt, und der Raum war bis zur Decke mit einer Gipsschicht überzogen.

Ich mußte noch an die schreckliche Beinamputation des Zigeuners heran. Er war unansprechbar, tief im Delir. Bald nach der Operation starb er, ohne zu erwachen. Es heißt, daß Zigeuner die Zerstörung der körperlichen Integrität besonders schlecht vertragen und daß manche sich nach einer Amputation umgebracht haben. Ich war froh, daß es mir erspart geblieben war, mit dem schönen Jüngling zu sprechen.

Trotz des Todes des Zigeuners schlug die Stimmung im Spital um. Patienten und Personal, die steif und stumm gewesen waren, begannen zu diskutieren. Die Patienten wetteten, wer als nächster drankomme. Der junge Chirurg funktionierte wieder. Noch am gleichen Nachmittag arbeitete er so gut, daß wir keine Bedenken hatten, unsere Abreise für den übernächsten Tag anzusetzen. Der Kommissar ließ sich nicht mehr blicken. Es hieß, er sei um Versetzung eingekommen.

Bevor wir abfuhren, erzählte man uns, es seien außer uns noch andere Schweizer in der Stadt. Während wir Aktivisten den blockierten Spitalbetrieb in Ordnung brachten, seien jene üble Herumtreiber und Säufer. Nächtelang hätten sie in den Kneipen unheimliche Mengen Smederevac getrunken. Tagsüber schliefen sie ihre Räusche aus. Mit ernster Miene erklärten wir den Genossen, es gebe eben auch in der Schweiz *hooligans*.

Als wir Dr. Lavrič über die Smederevo-Mission berichten wollten, war er bereits informiert, einschließlich der Gipsshow. Er strahlte. «Keiner der Unseren hätte es gewagt, den Chirurgen sofort wieder einzusetzen. Wir haben einige gute Chirurgen, aber solche Genossen wie euch gibt es bei uns kaum. Eure nächste Mission wird weniger unangenehm sein, rein chirurgisch.»

Im Städtchen Bela Crkva nahe der rumänischen Grenze waren einige tausend Amputierte zur Rehabilitation konzentriert. Die Orthopäden hatten gemeldet, man müsse mehrere Operationsstümpfe nochmals operieren, bei denen Narbengewebe oder eine ungünstige Lokalisation der ersten Operation es unmöglich mache, die Prothese richtig anzumessen.

Schon beim Empfang verstanden wir, warum man das Rehabilitationszentrum für sechstausend Verletzte gerade in dieser entlegenen Kleinstadt eingerichtet hatte. Die Gegend war verschont geblieben, die Stadt mit Wohnhäusern, Läden und Restaurants war unversehrt.

Vom Zentrum gingen breite Alleen aus, an denen in gehörigem Abstand Bauernhöfe standen. Um die geräumigen Gebäude weideten Pferde, Rinder, Schweine und große Herden prächtiger Gänse. Unser Quartier war nicht etwa requiriert. Ein Bauer hatte einen Flügel seines Hauses zur Verfügung gestellt, der frei geworden war, weil sein Sohn geheiratet und einen eigenen Hof bezogen hatte. Die Zimmer waren luxuriös eingerichtet, mit Teppichen, Ölbildern und einem Klavier, das nicht einmal verstimmt war.

Das städtische Spital war für die Bevölkerung reserviert. Darum hatte man für uns das Labor einer Apotheke als Operationssaal eingerichtet, und zwar so gut, daß wir nur wenig ändern mußten.

Etwa fünfundzwanzig Invalide, darunter einige junge Frauen, kamen mit einem Orthopäden zur Untersuchung. Sie waren gut genährt, braun gebrannt und in bester Stimmung. Keine Spur von Angst vor der Operation; sie wußten genau, was wir an ihren Stümpfen verbessern sollten. Singend zog die fröhliche Bande wieder ab. Heute, wo ich selber mich mit Krücken fortbewege, sehe ich nicht ohne Neid das Bild auftauchen, wie Doppelamputierte mit zwei Krücken balancierend die Treppe hinunterspringen.

In der Frische des frühen Morgens war der Weg zu unserer Apotheke angenehm. Die Stadt schien irgendwie verändert, belebt und angeregt. Die Tür zum Operationssaal war verschlossen; wir gingen wieder auf die Straße. Immer mehr Menschen, mit Fahnen und bunten Bändern geschmückte Leiterwagen, mit Frauen und Kindern in serbischer, ungarischer, rumänischer Volkstracht, Soldaten und Bauern im schwarzen Sonntagsgewand, die Mütze mit dem Stern auf dem Kopf, zogen zum Fußballplatz. Die Glocken läuteten, ein Lautsprecher trompetete Unverständliches über die Menge.

Einer der Operationsgehilfen, die uns im Stich gelassen hatten, tauchte auf, reichte uns eine Flasche Weißwein und machte das V-Zeichen: «Wir haben gesiegt, Genosse Tito und Stalin sollen leben, Gott und die Jungfrau gelobt, es ist Friede, der Teufel soll seine Großmutter ... *Victory day*!» Er umarmte einen nach dem andern, und ein altes Frauchen in schwarzen Röcken schlug jedem das Kreuzzeichen auf die Brust und segnete uns und ihren Sohn.

Erst als es dunkelte, ging das Mahl allmählich zu Ende. Die Musik setzte mit Trommelwirbeln ein. Im Lautsprecher wurde ein Feuerwerk angesagt, ein Geschenk der siegreichen Roten Armee. Weiße, rote, blaue Sterne stiegen auf, Lichtkaskaden, eine nie gesehene Pracht. Pause. Der Rausch verzieht sich, Trommelwirbel, und eine gewaltige Rakete fährt gen Himmel, bildet Striche und Punkte. *Živio* aus allen Kehlen, es lebe die Rote Armee, es lebe Genosse Stalin! Am dunklen Himmel steht leuchtend Stalins Kopf, deutlich der Schnurrbart, die Achselklappen der Uniform. Unter brausendem Applaus verlöscht der Gewaltige. Die Lichter gehen an, weißer Rauch sinkt herunter, die Musik setzt ein: die Internationale.

Für unseren Kampf hatten die Sowjets keine Waffen übrig, nicht mehr als drei Infanteriekanonen, wie es hieß. In unserem Korpus gab es außer den Beutewaffen und einzelnen Kalaschnikows nur Waffen kanadischer und englischer Produktion. Anders am Siegestag: Nicht allein in Belgrad, in vielen Städten stand pünktlich am 8. Mai *sein* Porträt am Himmel. Im Verlöschen legte sich sein Rauch wie Nebel über das Volk.

Das Kommando der Invaliden von Bela Crkva gab uns ein Dankschreiben an die Sanitätsabteilung mit. Dort lagen Marschbefehle für den nächsten Einsatz, in Sombor, bereit. Dr. Lavrič war auf Dienstreise, Zimolo, der uns die Papiere gab, sagte, die halbe Stadt sei in ein Spital verwandelt, mit einigen tausend Verwundeten von den Kämpfen an der östlichen Grenze. Auf dem Marschbefehl stand lediglich: «Ärzte für das Spitalzentrum Sombor.» Wir hatten das Gefühl, es werde ähnliche Probleme geben wie in Smederevo.

Unsere Arbeit begann mit einer politischen Konferenz. Kommandant war ein russischer Oberst, ein großer dicker Mann; er hatte die Mütze in den Nacken geschoben, die Uniform über dem Bauch aufgeknöpft. Es waren noch achtzehn Ärzte da, weiteres Personal in nicht allzu sauberen weißen Schürzen und zwei üppige Frauen in ausgeschnittenen Kleidern, die zum Russen gehörten. Man stellte uns als die neuen Mitarbeiter vor. Damit war die Konferenz zu Ende. Der Russe nahm rechts und links einen an die Hand und führte uns in einen Büroraum, in dem drei junge Leute eifrig schrieben und zeichneten. An Tabellen und statistischen Kurven, die an den Wänden hingen, erklärte er das Spital, einen imposanten Betrieb. Wo und wie wir arbeiten würden, war ihm gleichgültig. Er war einverstanden, daß Elio dem Chef der septischen Abteilung, ich dem der aseptischen assistierten.

Der Chef der aseptischen Abteilung, ein grauhaariger hagerer Herr, sah aus, wie man sich einen Chefchirurgen vorstellt. Er sprach mit mir deutsch mit ungarischem Akzent. Beim Hautschnitt fragte er, wie lange ich für eine Blinddarmoperation brauche. Dreißig bis vierzig Minuten, sagte ich wahrheitsgemäß. Er lachte trocken: «Sie werden sehen, Herr Kollege, schauen Sie auf die Uhr, ich mache es in fünf, höchstens sechs Minuten.» Er hielt sich daran. Mit großer Routine fand er den gangränösen Blinddarm. Mir kam seine Art zu operieren schrecklich vor, kaum eine Blutstillung, das Bauchfell unzureichend vernäht, Schließen der Wunde mit Durchstich aller Gewebsschichten. Ich wagte es, einzuwenden: «Meinen Sie nicht, Herr Doktor, man sollte..., man müßte...; so kann es doch nicht halten, wollen Sie nicht wenigsten einen Drain einlegen?» Er gab keine Antwort und warf nach sechs Minuten die Instrumente hin.

Ich durfte die nächste Blinddarmoperation ausführen, eine tüchtige Operationsschwester reichte die Instrumente. Ich sah nicht auf die Uhr. Wahrscheinlich brauchte ich 45 Minuten oder mehr.

Dann ging ich durch die aseptische Abteilung. Es gab eine ganze Anzahl frisch Operierter mit «akutem Blinddarm». Einer starb gerade an einer Bauchfellentzündung; nicht zu entscheiden, ob der Blinddarm schon früher durchgebrochen war oder ob er Opfer der Operationstechnik des Chefs geworden war. Diese jungen Soldaten waren Bulgaren.

Gerade als wir ankamen, hatte die Spitze eines Heereszuges Sombor erreicht. Der Zug riß nicht ab, solange wir dort waren. Eine bulgarische Armee zog vom Norden her vorbei, zu Fuß und mit Planwagen, die mit Beutestücken, mit Möbeln, Gerät und Bettzeug beladen waren. Auch Frauen und Kinder waren dabei, so daß der Zug an Bilder vom Dreißigjährigen Krieg erinnerte. Diese Armee war gleich nach der Besetzung des Landes von der Roten Armee rekrutiert worden, bis tief hinein nach Deutschland marschiert, aber nie im Kampf eingesetzt worden und zog jetzt heim. Wenige Tage von der Grenze der Heimat entfernt, war die Stimmung alles andere als sieghaft. Bulgarien war mit dem Reich verbündet gewesen und stand jetzt auf der anderen Seite. Die Soldaten marschierten langsam und müde; sie schienen ängstlich zu zögern. Wir deuteten die Epidemie von Blinddarmentzündungen der Heimkehrenden als Ausdruck eines unbewußten Konflikts zwischen dem Wunsch heimzukehren und der Angst vor dem, was sie zu Hause erwartete.

Am Abend des ersten Arbeitstages saßen wir lange zusammen. Was Elio gesehen hatte, war ebenso niederschmetternd. Der Chef der septischen Abteilung, ein Urologe, der in Belgien gearbeitet hatte, tat so wenig wie möglich. Eine Anzahl Patienten mit Ellbogenfrakturen, alle im selben Saal, wie im russischen Medsanbat vorgeschrieben, hatten den Unterarm falsch eingegipst, in gestreckter Stellung, so daß der Arm nach der Versteifung des Gelenks unbrauchbar sein würde. Dem Kollegen war das gleichgültig; er dachte nicht daran, die Gipse neu anzulegen, um die Gelenkstellung zu korrigieren. Das Personal hatte die Wand zwischen dem septischen und dem aseptischen Operationssaal durchgebrochen, um sich Wege zu sparen, und ging mit Eiterkeimen an Schuhen und Kleidern in den aseptischen Teil hinüber. Goldy, die sich um die Sterilisation zu kümmern hatte, ließ die Öffnung sogleich zumauern.

Die Ärzte waren uns ausgewichen, mit Ausnahme des Ohrenarztes, der für Hirnoperationen zuständig war. Seine Patienten waren gut versorgt. «Ich wußte nicht, daß man so viel Hirn entfernen kann, und der Mensch bleibt am Leben und normal», sagte er. Über den Zustand des Spitals war er ebenso entsetzt wie wir. Der Russe fahre täglich mit seinen Mätressen an die Donau fischen und saufen. Wenn man etwas kritisiere, verweise er auf die Statistik, nach der das Spital von Tag zu Tag mehr leiste. Wegen politischer Konferenzen komme das Personal erst gegen Mittag zur Arbeit. Es dauere acht Stunden, bis eine akute Blinddarmentzündung durch die Bürokratie geschleust sei und vom Arzt untersucht werde.

Wir beschlossen, uns so schnell wie möglich nach Belgrad zurückrufen zu lassen, denn wir sahen nicht die geringste Möglichkeit, den korrupten Betrieb, der durch das Prestige des russischen Funktionärs unantastbar war, zu ändern. Am nächsten Tag operierte ich. Der Chefchirurg tauchte im Operationssaal gar nicht auf. Gegen Abend meldeten wir uns beim Russen, der bester Laune von einem Ausflug zurückkam, und verlangten eine politische Konferenz für den nächsten Morgen. Er tat erstaunt, aber nicht sehr, goß für uns Wassergläser mit Schnaps voll und befahl seinem Sekretär, die Konferenz einzuberufen. Wir bestanden darauf, daß der Chefchirurg und alle anderen Ärzte dabeisein mußten. Der dicke Mann lachte boshaft: «Sehr gut, sehr gut, die werden was zu hören kriegen.» Er schenkte die Gläser zum drittenmal voll, war aber selber so weit hinüber, daß ich den Inhalt meines Glases unter den Tisch gießen konnte.

Wir hatten uns gut überlegt, wie wir vorgehen sollten, und ich war wie gewöhnlich der Sprecher: «Wir haben jetzt zwei Tage im Militärspital Sombor verbracht. Die Chirurgie, die wir betreiben, ist durchaus verschieden von der, die wir hier angetroffen haben. Deshalb können wir hier nicht arbeiten und ersuchen das Kommando, uns sofort nach Belgrad zurückzuschicken.» Der Russe schlug mit der flachen Hand auf den Tisch. «Das ist eine Lüge! Es gibt nur eine Anatomie, es gibt nur eine Physiologie, es gibt nur eine Asepsis. Darum gibt es nur eine Chirurgie. Ich glaube euch nicht. Was ist los?» Darauf waren wir vorbereitet. Ich zog ein Papier aus der Tasche. In vierzehn Punkten hatten wir alle Mißstände, die Organisation, die alles lähmte, und die verbrecherischen Fehler der Ärzte zusammengefaßt. Laut las ich einen Punkt nach dem anderen vor. Ich begann mit der aseptischen Abteilung, den Todesfällen wegen verspäteter und wegen schlecht ausgeführter Blinddarmoperationen. Der Chefchirurg verließ den Raum und warf die Tür hinter sich ins Schloß. Nach und nach schlichen alle Ärzte hinaus, dann die Oberpfleger und Schwestern. Als wir bei Punkt 14 anlangten, waren wir mit dem Russen und seinem Sekretär allein. Der dicke Mann war blaß geworden, der Schweiß rann ihm übers Gesicht. Er ließ Schnaps kommen, kippte ein Wasserglas und noch ein zweites, bevor er sprach. Sein Serbisch hatte er vergessen. Schließlich übersetzte der Sekretär: Wegfahren komme nicht in Frage, wir sollten die Abteilungen als Chefärzte übernehmen. Das sei ein militärischer Befehl. Eine Diskussion war sinnlos, weil der Kommandant betrunken war. Auf den Arm des Sekretärs gestützt, wankte er hinaus.

Man ließ uns gewähren, die Bulgaren mit Blinddarmentzündung wurden sofort beim Eintritt ins Spital untersucht, es mußte keiner mehr sterben. Doch wußten wir, daß es uns allein unmöglich war, das verrottete Spital in Ordnung zu bringen.

Am nächsten Morgen erschien ein liebenswürdiger älterer Herr in Zivil, der sich als Chirurg des Städtischen Spitals in Novi Sad vorstellte. Er würde gern die aseptische Abteilung besuchen. Beim ersten Bett ließ er sich den «Fall» von mir erklären, eine Sudecksche Atrophie, eine seltene Störung, die die Heilung sonst harmlos verlaufender Knochenbrüche verzögert. Es gab eine angeregte Diskussion über die Entstehung des «Sudeck». Die Prüfung – darum handelte es sich – war bestanden, und der Gast wünschte zu speisen. Die Konversation mit ihm war anregend und interessant.

Tags darauf bestellte uns der Russe in sein Büro. Er war noch nüchtern, doch standen die Schnapsgläser bereit. Der Sekretär übersetzte Satz für Satz: «Dank für die brüderliche Hilfe, für den fachmännischen medizinischen Einsatz, ein Hoch für die Jugoslawische Befreiungsarmee, für die Sanitätsabteilung, für die Schweizer Equipe» – nach jedem Spruch wurden die Gläser wieder vollgegossen. Zum Schluß überreichte er uns den Marschbefehl, zurück nach Belgrad.

Unterwegs kamen wir zu dem Schluß, daß es einfach Schlamperei war. Nur der Chefchirurg sei wahrscheinlich ein echter Saboteur. Er sei persönlich gekränkt, habe national-ungarische Motive und einen Haß auf die siegreichen Kommunisten. Es war der einzige Fall von Sabotage, auf den wir während der ganzen Zeit in der Armee gestoßen sind, obwohl es gegen Ende des Krieges üblich war, alles, was schiefging, auf die Sabotage faschistischer Agenten zurückzuführen.

Es kam uns damals nicht in den Sinn, die verrotteten Zustände könnten die Folge des bürokratischen Systems sein, das sich rasch breitmachte. Wir waren sogar ein wenig stolz darauf, daß uns die

Partei zugetraut hatte, gerade dann Ordnung zu schaffen, wenn ihre Funktionäre versagt hatten. Dabei merkten wir nicht, daß wir zwar politisch gut angeschrieben waren, aber nicht von der Partei eingesetzt wurden. Dr. Lavrič war einer jener Männer, die bereits damals gegen die bürokratische Zerstörung der Errungenschaften des revolutionären Kampfes vorgingen. Er hatte erkannt, daß wir uns dem Sozialismus verpflichtet fühlten und nicht von einer Parteilinie oder von der Sowjetmacht beeindruckt und abhängig waren. Zu den Mißständen in Sombor äußerte er sich nicht. Der Chirurg aus Novi Sad war sein Freund, den er gebeten hatte, Berichte über unser Auftreten in Sombor nachzuprüfen. «Es werden Köpfe rollen», war sein Kommentar.

Später hörten wir, eine neue Equipe habe Sombor übernommen. Dem Ungarn sei nicht viel passiert; er arbeite als subalterner Assistent in der Poliklinik eines serbischen Dorfes.

18
Die Revolution stirbt ab – die Utopie bleibt

Der Sommer des Jahres 1945 wurde ungewöhnlich heiß. Über der pannonischen Tiefebene, an deren Rand das Städtchen Pančevo östlich der Donau liegt, strahlte die Sonne schon im Mai mit hochsommerlicher Kraft. Ohne den Mittagsdunst, der in anderen Sommern ihre Strahlen dämpft, tat sie ihr Werk von Aufgang bis Untergang, bis tief in den September. Als ob die Natur versuchen würde, dem Irrsinn der Menschen metaphorisch entgegenzutreten, setzte sie den heißen Krieg ins Physikalische um und tat, was sie konnte, dem einsetzenden Kalten Krieg zu begegnen.

Am *Victory day* waren die Okkupanten noch nicht aus ganz Jugoslawien vertrieben, so daß der Krieg erst am 15. Mai 1945 zu Ende war. Sogleich nahm die Partei den Wiederaufbau in Angriff. Die zersplitterte Gesellschaft war neu zu organisieren – das hatte in der Nationalen Befreiungsfront längst angefangen; die zerstörten Wohnstätten, die gesprengten Gleise und Brücken mußten repariert, die gelähmte Produktion in Gang gebracht werden. Eine Eile und Energie, als ob es gälte, die verlorenen Jahre einzuholen. Die Spuren des Krieges sollten zugleich mit den Resten der verrotteten Monarchie, die unter den Horizont der Geschichte gesunken war, verschwinden; rasch vorwärts in die strahlende sozialistische Zukunft.

Uns fiel es zu, die Wiederherstellung der vom Kriege beschädigten Leiber, *udarni*, mit revolutionärem Elan zu betreiben. Als wir von unserer Smederevo-Mission zurückkehrten, war auch Guido mit seiner Chela gerade in Belgrad aufgetaucht – blaß und mager vom letzten Einsatz, aber voll Tatendrang. Bevor er im «Moskwa» abgeholt wurde, um den berühmten Chirurgen Oberst Papo zu treffen, fand er zehn Minuten Zeit, uns zu informieren, daß in chirurgischen Kreisen der Armee beschlossen worden war, ihm und seiner Equipe (das waren wir!) das beste Spital in der Umgebung von Belgrad, das Lazarett der deutschen Flieger in Pančevo, als Zentrum für Nachkriegschirurgie zu überlassen. Er habe natürlich zugesagt und festgelegt, welche Sparten der reparatorischen Chirurgie wir übernehmen würden: Naht peripherer Nervenverletzungen und Fisteloperationen.

So um den 20. Mai wurde die ganze Equipe auf einen Lastwagen verladen, auf der Fähre über die Donau befördert und mit Kisten und Packen auf dem beschatteten Platz vor dem Spital abgesetzt. Man erwartete von uns, daß wir die Verletzten aus ganz Jugowlawien in wenigen Monaten mit allen nötigen reparatorischen Operationen versorgten; das war nicht zu bewältigen. Jedem einzelnen Patienten mußten wir zumuten, lange auf das Ergebnis des Eingriffs zu warten. Der Lohn für den Mut, sich nochmals «schneiden» zu lassen, würde sich erst einstellen, wenn sich nach vielen Monaten die genähten Nerven wieder belebten. Erst ein Jahr nachdem eine eiternde Fistel versorgt worden ist, kann man sicher sein, daß die Eiterung aufgehört hat. Als Guido uns seinen Entschluß bekanntgab, gerade solche Operationen zu übernehmen, waren wir einverstanden. Besser als jeder jugoslawische Arzt konnten wir standhalten, wenn die Partei im Eifer des Neubeginns auf schnelle Erfolge drängte.

Das Spital der Luftwaffe, das man uns überließ, unterstand direkt der Sanitätsabteilung. Da wir keinen militärischen Kommandanten und als Verwalter einen untergeordneten Beamten hatten, war die Armee- und Parteibürokratie ausgeschaltet. Dr. Lavrič half, wo er konnte. Nie wieder habe ich ein Spital kennengelernt, in dem sich die Verwaltung ebenso reibungslos den medizinischen Erfordernissen gefügt hat.

Die erste Nacht in Pančevo schliefen wir im Haus für Offiziere. Ein Heer ausgehungerter Wanzen stürzte sich auf uns. Wir hatten jetzt nichts mehr dagegen, eines der Häuser zu beziehen, aus denen Banater Schwaben, ob sie nun mit den Nazis sympathisiert hatten oder nicht, vertrieben worden waren. Die hübschen Häuser standen nicht leer; sie waren von Flüchtlingen aus Serbien besetzt worden. Goldy und ich wurden bestimmt, ein Haus auszuwählen. Sie ging voraus, um die hygienischen Einrichtungen zu inspizieren, ich sollte im Gespräch mit den Besetzern herausfinden, ob das Haus von Wanzen verpestet war. Ängstlich fragte man mich, ob die Genossin sie hinauswerfen werde. Goldy hatte den montenegrinischen Befehlston angenommen, den man in dieser zivilisierten Gegend fürchtete. Als wir uns entschieden hatten, zogen die Hausbesetzer, denen man eine andere Unterkunft versprach, murrend ab. Es war uns so wichtig, unseren Einsatz bestens zu organisieren, daß wir uns kaum schämten.

Die deutsche Luftwaffe hatte ihr feines Spital voll eingerichtet hinterlassen. Der einzige Nachteil war, daß die Sterilisationsapparate drinnen im Operationssaal standen. Die beiden übermannshohen Metalltürme strahlten zusätzliche Wärme aus. Man mußte die Fenster lange vor den Operationen dichtmachen und die eingedrungenen Fliegen erschlagen. Obwohl wir um 6 Uhr früh, später sogar um 5 Uhr mit der ersten Operation begannen, wurde es im Laufe des Vormittags unerträglich heiß. Hinter den Operateuren standen Pfleger, die uns den Schweiß von der Stirn wischen mußten, damit er nicht ins Operationsfeld tropfte. Immer wieder schrie ich nervös: «*Znojim se*, ich schwitze.» Der alte Pfleger, ein russischer Siebzehner Emigrant, der mich abtrocknen sollte, kam kaum nach, da er seine Funktion zu sonst verpönten Liebkosungen benützte. Genüßlich kostete er es aus, einen jungen Mann mit Wattebäuschchen zu betupfen.

Die Krankenschwestern aus der Vojwodina, «nette» Mädchen mit weißen Häubchen, kamen uns wie Wunder an Intelligenz vor, weil wir an die montenegrinischen Bauerntöchter gewöhnt waren, die nicht lesen und schreiben konnten. Die neuen Pflegerinnen hofften, daß ihr Einsatz für die verwundeten Partisanen ihre ohnehin erzwungene Kollaboration vergessen lassen würde, und waren allein deshalb sehr lieb und eifrig.

Damit wir an zwei Tischen gleichzeitig operieren konnten, hatte sich Guido entschlossen, «seine» Equipe zu vergrößern. Zwar war Gustl wieder auf beiden Beinen; Hannes jedoch war abhanden gekommen. Seine Division hatte ihn «behalten», ähnlich wie man uns nicht aus Montenegro fortlassen wollte, mit dem Unterschied, daß er selber gern dort blieb, wo er der einzige Chirurg war. Schließlich kam eine Nachricht von ihm durch, daß er ein Spital in Slowenien als Chefarzt übernommen hatte. Wir sahen ihn erst in Zürich wieder. Dafür bekamen wir erfreulichen Zuwachs, Beth Diem, eine junge Schweizer Ärztin mit chirurgischer Erfahrung, und die Krankenschwester Marianne, beide von der pädiatrischen Hilfsmission der CSS, mit der Henry Tanner nach Belgrad gekommen war. Diese Mission wurde nie eingesetzt, weil Belgrader Kinderärzte gegen sie intrigierten und die Armeesanität sich wenig für Kinder interessierte. Beth war stolz, nun auch eine Uniform und die Mütze mit dem roten Stern zu tragen, während Marianne, eine Baslerin, bekannt gab, daß sie für den Kampf gegen Wanzen und Fliegen wirklich keine Uniform nötig habe.

Guido operierte, assistiert von Gustl oder Beth, Elio am zweiten Tisch mit mir. Wenn Guido wieder unterwegs war, operierte Elio mit Gustl und ich mit Beth. Wir konnten uns die Operationen nach unserer Fähigkeit und Neigung aussuchen, Guido reiste herum und sorgte für Nachschub von geeigneten Patienten; auch für die Evakuierung der Rekonvaleszenten war gesorgt. Fünfzig und mehr große Eingriffe in der Woche brachten wir zustande; das konnte sich sehen lassen.

Im Spital Pančevo arbeitete ein wohlorganisiertes Team von Spezialisten. Anstelle kollektiver Arbeit wurde eine hierarchische Organisation mit dem Chefchirurgen an der Spitze eingeführt. Das revolutionäre Engagement war von einer erfreulich kollegialen Zusammenarbeit abgelöst worden. Die Brüdergemeinde des Aufbruchs hatte sich unmerklich verloren. Im dringlichen und notwendigen Wiederaufbau war einfach kein Platz mehr für das, was wir so liebten: die wechselvolle Dialektik revolutionären Umbruchs. Die reparatorische Chirurgie war ein Teil des großen Programms zur Behebung der Kriegsschäden; das meinten wir selber, so verstand es Dr. Lavrič, und in der Propaganda der Partei spielte die Rehabilitation der Verstümmelten eine wichtige Rolle.

Trotz dieser Entwicklung ist das politische Engagement auch damals nicht aus unserem Leben geschwunden. Unter uns und mit Besuchern aus Belgrad diskutierten wir die täglich anwachsenden Probleme: Wie ist das Leben der befreiten Menschen – die bereits «die Masse der Werktätigen» genannt wurden – zu organisieren, wie können die Erfahrungen des Befreiungskrieges in eine neue Ökonomie, in eine neue Ethik, in menschliche Verkehrsformen umgesetzt werden – ein dialektischer Sprung von der Theorie zur Praxis. Wir hätten jede Nacht bis zum Morgen diskutiert, doch die Besucher mußten mit der ersten Donaufähre, die den Betrieb früh am Morgen aufnahm, zurück in die Stadt. So konnten wir vor dem Operationsprogramm noch schnell ein wenig schlafen.

Unwillkürlich hatten wir zu einer typisch jugoslawischen Form der politischen Diskussion gefunden. In der neuesten Nummer des *Geographic Magazin* (August 1990)[14] schreibt ein amerikanischer Reporter, der das ganze Land bereist hat: Die Eigenheit der Jugoslawen, die dem Fremden am meisten auffalle, sei die Neigung, sich in lange und heftige politische Diskussionen einzulassen. Darum könnten die Machthaber nicht unkontrolliert über die Köpfe hinweg regieren; vielleicht aber entziehe die Leidenschaft für das Streitgespräch der Politik die besten Kräfte und ersetze eine aktive Teilnahme. Immerhin ist in keinem anderen kommunistischen Einparteienstaat der Presse und den Medien so viel Freiheit zur Kritik und Kontroverse erhalten geblieben. In den Umwälzungen dieser Jahre (1989/1990) spielt die öffentliche Diskussion eine große Rolle. Die national-reaktionäre Politik des serbischen Parteigewaltigen Slobodan Milošević konnte sich erst durchsetzen, nachdem in den beiden größten Belgrader Tageszeitungen, *Borba* und *Politika*, die redaktionelle Leitung mittels Parteiintrigen abgesetzt und durch hörige Anhänger des Führers ersetzt worden war.

Unter den Teilnehmern der Mission der CSS in den Jahren 1944 und 1945 waren zumindest Goldy und ich überzeugt, für jene Utopie einzustehen, die im spanischen Bürgerkrieg Tausende nach Spanien geführt hatte. Mit der Niederlage in Spanien war der Kampf nicht zu Ende, die Utopie nicht tot. Für uns war der jugoslawische Befreiungskrieg die logische Fortsetzung, in einer anderen Zeit, in einem anderen Land. Mit dem Ende des bewaffneten Kampfes verlor sich auch dort die Utopie; ihre Kraft schien aufgebraucht zu sein.

Heute, so scheint es, hat der «Bund der Kommunisten Jugoslawiens» ausgespielt. Das wirtschaftliche Scheitern und die politische Niederlage des Selbstverwaltungssozialismus haben zum Aufflammen nationalen Hasses, zu reaktionären Bewegungen und zu konfliktreichen Versuchen der Erneuerung geführt. Sind die politischen Optionen der Partisanen, die schon in Spanien gekämpft hatten, obsolet geworden? Sind die Wünsche der utopischen Sozialisten unerfüllbar? Müssen wir unsere Utopie nicht endlich auf den berühmten «Müllhaufen der Geschichte» werfen, sie der Entsorgung durch die Theoretiker und Praktiker der Moderne und Postmoderne anheimgeben?

Schon bald nach Titos Tod (1980) war es offensichtlich, daß die trotz der Selbstverwaltung fest etablierte Nomenklatura das Land in eine Krise gesteuert hatte. Wie schon des öfteren versuchte die Partei über die ihr hörigen Gerichte ein Signal zu setzen. Wer nach einer gründlichen Revision der erstarrten Verhältnisse strebte, sollte diszipliniert werden. In Sarajewo wurde der Soziologe Šešelj in einem ersten «Intellektuellen-Prozeß» wegen eines von der Polizei gestohlenen nichtöffentlichen Manuskripts zu acht Jahren Gefängnis verurteilt. Dann wurden die Hörer eines Vortrags von Milovan Djilas verhaftet. Dieser langjährige Vertraute Titos, ein hoher Parteifunktionär, hatte wegen seiner kritischen Bücher lange Jahre im Gefängnis gesessen, war aber rehabilitiert worden, und die Versammlung in seinem Haus war legal. Einer der Zuhörer, der Student Radomir Radović, wurde unter mysteriösen Umständen tot aufgefunden. Der Name unseres Freundes Gojko Nikoliš wurde zum erstenmal im Mai 1984 mit den Dissidenten in Verbindung gebracht, als er eine Petition an den Sekretär der Föderation für Innere Angelegenheiten unterzeichnete, in der eine Untersuchung dieses Todesfalls verlangt wurde.

Am 22. Oktober 1984 war es soweit: Die jährliche Versammlung der Ehemaligen Jugoslawischen Spanienkämpfer richtete eine Warnung an die Leitung des Bundes der Kommunisten, die als Herausforderung wirken mußte: einen Brief an das Zentralkomitee und die Rede des 73jährigen Generals und Revolutionärs Gojko Nikoliš.[15]

Beide Dokumente wurden erst zwei Monate später, versehen mit abfälligen Kommentaren, veröffentlicht. Im Prozeß gegen die verhafteten Dissidenten wurden – nach anfänglich drakonischen Strafanträgen – die Strafen gemildert und einige Verfahren eingestellt. Hatte der antifaschistische Geist der dreißiger Jahre noch einmal kraftvoll seine Stimme erhoben? Das sind große Worte – für Worte, von denen die Weltöffentlichkeit kaum Kenntnis genommen hat. Ihr Gewicht liegt im Gehalt der Kritik, aber auch in der Geschichte der jugoslawischen Spanienkämpfer und ihres Sprechers.

In den Oststaaten waren fast alle heimgekehrten Spanienkämpfer nach und nach liquidiert worden. Wegen ihrer spanischen Erfahrung waren sie Stalin verdächtig. Anders in Jugoslawien. Von 1600 jugoslawischen Interbrigadisten blieben nur etwa 250 am Leben, wurden in Frankreich interniert, kehrten später nach Jugoslawien zurück und kämpften als Partisanen. Viele wurden Kommandanten. Nach dem Krieg waren sie das Rückgrat des Offiziersstabs in Titos Armee, hatten hohe Funktionen in der Partei und spielten eine wichtige Rolle in der Außenpolitik. Unser Freund Gojko war seit 1934 Mitglied der kommunistischen Jugend, seit 1935 in der Partei. Nach Spanien war er 19 Monate in französischen Lagern. Seit Beginn des Befreiungskrieges 1941 leitete er die Medizinischen Dienste in Titos Hauptquartier und war bis zum Ruhestand 1971 – mit einem Zwischenspiel als Gesandter in Indien – Chef der Militärmedizin. Er ist Träger der höchsten Auszeichnung, «Held des Volkes», ist Soldat, Revolutionär, Arzt, Diplomat und auch ein anerkannter Schriftsteller, Mitglied der serbischen Akademie der Künste und Wissenschaften.

Der Brief an das Zentralkomitee verlangt die Einberufung eines außerordentlichen Parteikongresses, um die Krise von Partei und Staat zu diskutieren. Ein letzter Versuch, die Partei zur dringend nötigen Erneuerung und Revision ihrer Politik zu veranlassen.

Gojko brandmarkt in seiner großen Rede die Mißwirtschaft in der Verwaltung, die Verfolgung Andersdenkender und die Unterdrükkung der Menschenrechte. In einer gesunden Gesellschaft hat «jedermann das *unveräußerliche* Recht auf ein eigenes Gewissen». Seine Meinung über «die gegenwärtige Situation in Jugoslawien» faßt er so zusammen: «Es scheint mir, daß sich eine gegenrevolutionäre heilige Allianz gebildet hat, eine Diktatur gegen die Herrschaft der Arbeiterklasse, gegen das Volk und die Freiheit, und daß die Stützen dieser Allianz... unter dem Deckmantel von Selbstverwaltung und republikanischer Staatlichkeit gegen Fortschritt, Freiheit, Unabhängigkeit... dieses Landes eingestellt sind.»

Einige Monate später trafen wir Gojko: «Ja, endlich hat uns das Präsidium[16] vorgeladen. Zweimal haben sie mit uns gesprochen. Sie haben nicht das geringste eingesehen. Nichts haben sie getan. Geschimpft haben sie; sonst absolut nichts.» Die krisenhaften Veränderungen, die heute Jugoslawien erschüttern, waren vorauszusehen. Die Partei und ihr etablierter Apparat hatten die letzte Chance verspielt.

Heute, sechs Jahre nachdem die Rede gehalten worden ist, lese ich den Text mit Rührung. Wir Sympathisanten, die sich in günstigen Lebensumständen ihre Unabhängigkeit von jeder Institution und Partei bewahren konnten, treffen auf einen Gleichgesinnten. Woher nimmt dieser Mann nach einem Leben, das bestimmt war von der Loyalität zur Partei, seine klare und mutige Kritik? Naiv ist er nicht. Er glaubt nicht, mit seinen Worten eine unmittelbare Wirkung zu erzielen, und schließt «als Kommunist, der nach 50 Jahren seinen Dienst an der Partei abgeschlossen hat».

In jenem Sommer 1945 wurden wir uns der Doppelspurigkeit bewußt, die unser Leben seither kennzeichnet: «pragmatisch» sind wir als Ärzte und Wissenschaftler in die Gesellschaft integriert; gleichzeitig kämpfen wir «utopisch» gegen die gesellschaftlichen Verhältnisse, die wir ungerecht und unmenschlich nennen. In der Regel erinnert man sich nicht, wann sich die eigene Ideologie gewandelt hat. In so mancher Autobiographie gibt es das Ereignis, die Begegnung oder das Leseerlebnis, das «meinem Leben einen neuen, einen tieferen Sinn gegeben» oder «das mich erschüttert», «aus der Bahn geworfen» oder «den Sinn des Lebens zerstört» hat. In Wirklichkeit ist der ideologische Ruck nur selten genau so und schon gar nicht genau damals erfolgt. Eine Kryptomnesie, eine Täuschung der Erinnerung, wird durch die Rationalisierung, die Benennung des Vorgangs überbrückt, in der allerdings oft ein Kern von Vernunft und Einsicht verborgen ist.

Unsere Erinnerung an den Sommer in Pančevo kann sich auf Konkretes stützen. Je leichter uns die chirurgische Arbeit von der Hand ging, desto fragwürdiger wurden wir uns als Aktivisten. Wie absurd ist es doch, seine Zeit damit zu verbringen, verstümmelte Opfer der Gewalt notdürftig und unvollständig zusammenzuflicken, wenn man weiß, daß Machtkämpfe und die scheinbar unbeherrschbare Industrieproduktion ständig neue Opfer erzeugen, daß täglich Morde begangen und Wunden zugefügt werden.

Guido ging ganz in «seiner» Chirurgie auf. Er versuchte immer kompliziertere orthopädische Operationsmethoden, die den gelähmten Gliedern doch noch irgendeine nützliche Funktion verschaffen sollten. Wir machten fleißig mit. Skeptisch sahen wir uns als emsige Bienen, die sich die üblen Ergebnisse von Krieg und Gewalt mit dem Honig tätiger Hilfe versüßen. Der wunderbare sozialistische Neubeginn!

Die Bierbrauerei Pančevo, ganz in der Nähe unseres Spitals, war einer der ersten Industriebetriebe, die die volle Vorkriegsproduktion erreicht und sogar übertroffen hatten. Bevor der letzte Patient eines Vormittags genäht, verbunden und in sein Bett gebracht war, eilte der zärtlich gestimmte alte Pfleger mit einer Gießkanne zur Brauerei. Wenn wir glühend und ausgetrocknet aus dem Operationssaal kamen, stand er da. Wir labten uns am eiskalten bitteren Bier, tranken viele Liter und lobten den sozialistischen Aufbau der Industrie. Wenn wir mit den Genossen aus Belgrad über die neue Gesellschaft gestritten hatten, war unser stereotyper Witz: «In der Tat, das sozialistische Bier stillt den Durst ganz wunderbar.» Das war ernst und gleichzeitig zynisch gemeint. Wir wußten: So wie die Genossen den Sozialismus aufbauen, kann es nicht gutgehen. Die Geheimpolizei OZNA war dabei, sich in allen nur möglichen Gebieten die Macht zu sichern. Statt Probleme zu diskutieren und praktisch zu lösen, setzten Kontrollen und eine Suche nach Schuldigen ein. Daß der Aufbau der Gesellschaft nach stalinistischem Vorbild bereits selber heimlich von Agenten des NKWD durchsetzt war, weil der Sowjetmacht das revolutionäre und unabhängige Jugoslawien ein Hindernis ihrer imperialen Politik zu werden schien, wußten wir damals nicht. Aber das eine war uns klar: Sobald eine Partei ihre Herrschaft auf diese Weise abschirmt und sichert – mögen es auch unsere tapferen freiheitsliebenden Genosssen und Genossinnen sein –, sind wir überflüssig. Wer immer so befiehlt und staatliche Gewalt übt, läßt für unseresgleichen keinen Raum. Wir müssen unseren Weg gehen.

Gojko Nikoliš hat bald nach seiner Rede auf dem Kongreß der ehemaligen Spanienkämpfer sein Parteibuch nach fünfzig Jahren revolutionärer Arbeit zurückgeschickt. Wenig später traf der junge Parteisekretär des Belgrader Wohndistrikts Gojkos Frau in einem Laden. Er wolle mit dem bewunderten alten Kämpfer reden. Gojko ließ ihm ausrichten, der Partei habe er nichts mehr zu sagen, mit ihm als Mensch spreche er jedoch gerne. Sie trafen sich im Café des Stadtviertels. Der junge Kommunist klagte: «Was soll mit uns Jungen geschehen, wenn die wahren Sozialisten, die bewährten Kämpfer, die besten Köpfe die Partei verlassen? Ihnen, Genosse Doktor, konnte ich folgen. Jetzt habe ich kein Vorbild mehr.» – «Das ist gut so», meinte der Alte, «gerade so soll es sein. Solange du ein Vorbild nötig hast, bist du kein Marxist. Jetzt mußt du selber herausfinden, was richtig und was falsch ist. Das ist nötig, wenn du ein Genosse sein willst. Du allein mußt deine Wahrheit vertreten.»

Diese Worte leuchten mir heute ein; sie hätten schon damals im Pančevo-Spital unsere Haltung richtig wiedergegeben. Meine Selbstdefinition als «kritischer Sozialist» stimmt nicht ganz. Goldy hat recht, wenn sie uns als Anarchisten bezeichnet.

Meine Erzählungen sollen hier, wo die Reise zu Ende geht, nicht von Bitterkeit oder Enttäuschung zeugen. Diese Gefühle hatten wir nicht.

Es ist der beste Teil unseres Lebens geblieben, soziale und menschliche Verhältnisse mit der Neugier des Forschers zu durchleuchten, der Unterdrückung und Ausbeutung entgegenzutreten; befriedigt, dem eigenen Gewissen zu folgen, die Solidarität mit Gleichgesinnten genießend, können wir die vielen Fehlschläge und Niederlagen leicht verkraften. Ob das verrückt oder normal zu nennen ist? *Ne smeta*, einerlei. Wo ist im Alltag für uns der richtige Ort? Den hat uns einmal ein Mythos zugewiesen.

Spätabends rief uns eine der freundlichen und intelligenten Pflegerinnen in einen Krankensaal. Kein Notfall. Eine Schar Patienten aus Montenegro war in Pančevo eingetroffen. Wie sie es gewohnt sind, stimmten sie ihren Gesang an, das uralte Heldenlied des mythischen Dichterfürsten Njegoš. Die Jahre des antifaschistischen Krieges hatten dem Epos der ewigen Freiheitskämpfe der Crna Gora viele Strophen hinzugefügt. In endloser Wiederholung, die Melodie am Ende der Zeile abgerissen wie ein Aufschrei, sangen sie den Ruhm der Schweizerärzte: «*Švajcarci*, aus fernem Land, mit dem Mut zum Kampf, solidarisch mit den Verwundeten, pflegen sie die Leidenden, tragen sie mit den eigenen Händen, betten die Leiber, unsere Helden-Ärzte...» Niemand anderes war gemeint als wir selber. Die Sänger wußten nicht, daß sie bei ihren Helden gelandet waren.

Wie in jedem Mythos war auch in diesem ein Körnchen Wirklichkeit versteckt. Wenn wir damals in der Crna Gora zu einer Operation rüsteten, war oft niemand da, der den Patienten aus seinem Bett in den Operationssaal tragen wollte. Die starken Genossen und Genossinnen standen schwatzend und rauchend umher. Ungeduldig gingen wir selber den Verwundeten holen, wuschen uns nochmals die Hände und trugen später die Bahre mit dem operierten Helden, genau wie im mythischen Gesang, mit eigenen Händen in sein Bett zurück.

Teilnehmer der Ersten Chirurgischen Mission der CSS bei der jugoslawischen Befreiungsarmee 1944–1945

Dr. med. Elio Canevascini, geb. 1913
Dr. med. Hannes Merbeck, 1906–1981
P. D. Dr. med. Marc Oltramare, geb. 1914
Dr. med. August Matthèy-Guenet, «Gustl», 1913–1960
Elisabeth Charlotte Matthèy-Guenet, «Goldy», geb. 1911
Dr. med. Paul Parin, geb. 1916
Dr. med. Guido Piderman, 1911–1989

Im Leben aller Teilnehmer unserer Mission haben die jugoslawischen Erlebnisse eine nachhaltige Wirkung entfaltet.

Elio wurde als Chefarzt des Kantonalen Spitals Mendrisio ein bedeutender Traumatologe. Als Präsident der CSS (1985–1986) reiste er zur Eritreischen Befreiungsbewegung (EPLF) und in die Sahara zu den Saharauis, die ihren Befreiungskrieg gegen Marokko führen.

Hannes hat die Zusammenarbeit mit jugoslawischen Ärzten fortgeführt und einen Internationalen Ärztekongreß für Orthopädische Chirurgie in Istrien organisiert.

Marc spezialisierte sich in Arbeitsmedizin, unterrichtete diese an der Universität Genf und war Präsident der französisch-schweizerischen Sektion der CSS.

Gustl arbeitete drei Jahre als Arzt der indonesischen Regierung in Kalimantan und ging als Regierungsarzt nach Äthiopien, wo er als Arzt des Spitals Adua 1960 plötzlich gestorben ist.

Guido wurde ein bedeutender Traumatologe, forschte und dozierte in der «Arbeitsgemeinschaft für Osteosynthese». Er ließ sich für die Schweizerische Rettungs-Flugwacht zum Fallschirmspringer ausbilden, leitete während des Jemenkriegs (1962–1963) das Rotkreuz-Spital in Ukd und war dreimal mehrere Monate lang Chefchirurg in Biafra während des Aufstandes gegen die Regierung von Nigeria; er war Vorstandsmitglied der CSS.

Die *Centrale Sanitaire Suisse* – Schweizer Ärzte- und Sanitätshilfe – ist weiterhin aktiv. Nach den Worten ihres Gründers Hans von Fischer ist sie «keine neutrale Organisation, denn es gibt keine Neutralität zwischen Fortschritt und Rückschritt». Ihre Tätigkeit kommt «Menschen zugute, die in der Front der Freiheitskämpfer stehen». Heute arbeiten ihre wichtigsten Missionen für Palästinenser im Gaza-Streifen, für die EPLF in Eritrea, für die Sandinisten in Nicaragua und für den Widerstand in San Salvador und Guatemala.

Anmerkungen

1 Diese Darstellung entspricht dem, was wir in Jugoslawien über den Beginn des *ustanak*, des Aufstands des jugoslawischen Volkes, «gewußt» haben. Wahrscheinlich hielt sich Tito in jener Zeit im Haus der Familie Ribnikar in Belgrad verborgen.
Hier, wie auch weiterhin, versuche ich von den Ereignissen des jugoslawischen Befreiungskampfes das Bild zu vermitteln, das wir uns als Teilnehmer der Mission der CSS gemacht hatten. Obwohl und gerade weil wir «mit dabei» waren, ist unsere Version nicht objektiv, müßte oft im Interesse der historischen Richtigkeit korrigiert werden und kann da und dort, wo die Geschichtsforschung Fragen offenläßt, als eine Version neben anderen gelten.
Eine Darstellung des Partisanenkrieges, die sowohl teilnehmend als auch aus genügender Distanz geschrieben und die beste mir bekannte Biographie Titos ist: Fitzroy Maclean: «Disputed Barricade», Jonathan Cape, London 1957.

2 Wilhelm Bittorf: «Es zittern die morschen Knochen». Über die Vorgeschichte des Zweiten Weltkrieges. «Der Spiegel» Nr. 35, 28.8.1989, S. 97 ff.

3 Siegfried Kogelfranz und Eckart Plate: «Sterben für Spanien». C. Bertelsmann Verlag, München 1989, S. 205, 209.

4 Egon Erwin Kisch: «Westfront 1918 – Französische Revolution – Goethe». In: Gesammelte Werke, hg. von B. Uhes und G. Kisch, S. 527–534.

5 «La libération», envoyé spécial: «Valmy célèbre la Nation», 16./17.9.1989.

6 Michail Gorbatschow: Fernsehinterview, abgedruckt in der «Prawda». In: W. F. Haug: «Gorbatschow», Argument Verlag, Berlin 1989.

7 Diese Darstellung entspricht nicht der historischen Wahrheit. Es waren auch Truppen der Roten Armee, insbesondere Artillerie, an der Eroberung der Hauptstadt, die von den Deutschen heftig verteidigt wurde, beteiligt. Eine Schilderung des Kampfes um Belgrad von einem Augenzeugen findet sich in dem ausgezeichneten Buch des Britischen Verbindungsoffiziers Fitzroy Maclean: «Eastern Approaches», Jonathan Cape and the Book Society, Sept. 1949 (Part three: Balkan War), S. 303–533.
Wahrscheinlich als Ergebnis verschiedener Absprachen mit russischen Generälen und des geschickten politischen Manövrierens Titos, der kurz vor dem Kampf um die Hauptstadt zum erstenmal Stalin in Moskau besucht hatte, blieb keine sowjetische Truppe in Belgrad. Die einzige offizielle Vertretung der Sowjetmacht in Jugoslawien war die Gesandtschaft der UdSSR. Die jugoslawischen Behörden allein bestimmten über die Zahl und den Einsatz der «Berater».
Diese historischen Ereignisse und andere, die ich in diesem Buch erwähne, schildere ich so, wie wir sie erfahren haben, auch wenn die Geschichtsforschung zu einer anderen Darstellung oder Beurteilung gelangt ist.

8 Josip Broz Tito: «Die nationale Frage im Lichte des Volksbefreiungskampfes» (erschienen im Organ des ZK der Kommunistischen Partei Jugoslawiens, Dez. 1942). In: J. B. Tito: «Der jugoslawische Weg», Paul List Verlag, München 1976, S. 35, 45, 46, 120, 122.

9 Milovan Djilas: «Streljanje, i druge pripovetke», 1964. Französisch: «L'exécution», Calman-Lévi, Paris 1966. Deutsch: «Die Exekution», Piper, München 1968

10 In der Hauptsitzung des AVNOJ (Antifaschistischer Rat der Nationalen Befreiung Jugoslawiens) am 29. November 1943 wurden die wichtigsten Fundamente für den neuen Staat gelegt. Als Präsident des AVNOJ wurde Dr. Ivan Ribar gewählt. Tito wurde Präsident des Nationalkomitees, Kommissar für die nationale Verteidigung. Stalin soll über die Konstituierung des neuen Staates nach dem Prinzip «Jugoslawien den Jugoslawen» wütend gewesen sein, weil er wünschte, das Land als «Einflußgebiet» der Großmacht UdSSR zu sehen; nach kurzer Zeit lenkten die Sowjets jedoch ein.
Näheres z. B. in Vladimir Dedjer: «Tito. Autorisierte Biographie», Ullstein, Berlin 1953, S. 181–200.

11 Sigmund Freud: «Neue Folge der Vorlesungen zur Einführung in die Psychoanalyse». Gesammelte Werke Bd. XV, S. 73.

12 Paul Parin und Goldy Parin-Mathèy: «Subjekt im Widerspruch», Syndikat/Athenäum, Frankfurt 1986, S. 7–39.

13 Branko Hofmann: «Nacht bis zum Morgen». Schneekluth Verlag, München 1983 (Original: «Noč do jutra», Ljubljana 1981). – Jože Javoršek: «Gefährliche Erinnerung», Wieser Verlag, Klagenfurt 1989 (Original französisch).

14 Kenneth C. Danforth: «Yugoslavia. A house much divided». In: «National Geographic» Nr. 178, 2, S. 92–123 (1990).

15 Eine deutsche und eine englische Übersetzung beider Texte liegen mir vor.

16 Das «Präsidium» des BKJ entspricht dem Politbüro anderer kommunistischer Parteien.